日本海交易と都市

中世都市研究会編

山川出版社

日本海交易と都市——目次

第二部●上越大会『中世日本海の地域圏と都市』報告

本書は、二〇一四年に島根県益田市において開催された二〇一四年度中世都市研究会益田大会「都市の景観」、二〇一五年に新潟県上越市において開催された二〇一五年度同研究会上越大会「中世日本海の地域圏と都市」の研究発表の記録をもとに、新たに原稿を執筆していただいたものです。

序

古代・中世における日本海域の海運と港町

市村高男

はじめに

前近代における日本海域の海運が、季節的な制約条件を伴いながら太平洋岸の海運を凌ぐほどに発展していたことは、近世の北前船による海運の繁栄から、すでに周知の事実に属するといってよかろう。しかし、古代・中世の海運論については、中世水運全般を概観した徳田釼一氏の先駆的研究(1)以降、新城常三氏の地道な研究(2)が継続されていたとはいえ、学界の関心が集まってくるのは、一九七〇年代〜八〇年代の戸田芳実・網野善彦両氏の研究に刺激されてからのことであった。

戸田氏の研究は、古代・中世の東西交通全般について鋭く切り込むなかで、日本海の海運についても示唆に満ちた論点を提示しており(3)、また、網野氏は若狭や霞ヶ浦などの独自な海民論をベースに、中世海運の発展のありようとその重要な役割を評価しつつ、改めて日本海の海運の重要性とその究明の必要性を喚起することによって、その後の海運論を牽引することになった(4)。

こうした研究と前後して、岩崎武夫氏が説経・語り物の検討を展開し、そのストーリーのなかから人や物の移動のありようを浮上させ、日本海の海運の実態究明の可能性を広げており[5]、さらに八〇年代～九〇年代に進展した北方史と連動した北日本海の海運研究[6]や、綿貫友子氏の太平洋海運研究[7]、井上寛司氏の西日本海海運研究[8]、そして、東アジア交流史のなかで、海域世界における諸勢力の動きの究明が進むにつれて[9]、北海道から北部九州にかけての海運の実態と特質も次第に明らかになっていった。

一方、港町については、一九九〇年代の半ばの柘植信行氏の武蔵品川の都市空間の復元研究[10]、草戸千軒町遺跡の検討の深化[11]や博多・十三湊・阿野津などの発掘による実態究明の進展[12]に導かれながら、二十一世紀に入って学際的手法を駆使した個別事例研究が各地で活発化し、敦賀・小浜・三国港・新潟・尾道・宇多津・野原（高松）をはじめ、列島各地のさまざまな成果が蓄積されるまでになっている[13]。そして、平泉藤原氏を中心に新たな段階に入った北方史研究[14]や東アジア交流史・日朝関係史からの西日本海の海運に絡む諸成果の蓄積[15]と相まって、古代・中世の日本海域における海運と港町に関する議論は、具体的かつ多様に論じることが可能な状態になったといえよう。

とはいえ、古代・中世の海運論に関していえば、時代差による港町の盛衰やそれを規定した後背地の変遷を踏まえつつ、その全体像を解明しようとする試みは、現在に至るも十分になされているとは言いがたく、今後に多くの課題を残しているのが現状である。そのような状況のもとで、港町の構造・特質を究明した研究や港湾施設の具体的なあり方を全面的に検討した研究[16]と並行し、島根県益田市の港湾遺跡の調査とそれに絡んだ研究[17]や、能登半島周辺地域の検討を踏まえた日本海沿岸中央部の海運に関する研究[18]は、日本海域における海運論を深化させるうえで注目に値する動きであるといってよかろう。

本稿は、こうした研究状況を踏まえて、古代・中世の日本海域における海運と港町の全体像を素描しようとする試みである。具体的には、時代差を踏まえた日本海の海運のあり方とその変遷について概観し、それと連動する港町の性格変化・地域分布などの変化・変遷について検討を加える。さらに基幹港湾となる港町に焦点をあて、その実態と特質がどのように変化していったのかを概観することによって、それが日本海海運の変化と不可分な関係にあったことを明らかにしていく。

一 古代・中世の日本海海運の変遷

日本海の海運について言及する際、北の発着点として必ずあげられるのが津軽の十三湊である。これに対し、西の発着点は必ずしも明確に提示されるわけではないが、古代那津の後身である筑前博多津を念頭に置いて議論されている場合が多い。実際、これまでの日本海の海運論は、この二つの基幹港湾の間に存在する港町、そこを往反または寄港する船舶や積み荷、問や船頭など海運の担い手などについて論じられてきたのは確かであり、それは当時の「日本国」の拡がりからみて妥当な捉え方であったといえよう。

しかし、「日本国」の拡がりが奥羽北辺まで及ぶのは、藤原清衡の時代、十一世紀末になってからであり、主要港湾の多くが国家権力とのかかわりのなかで成立したことを想起するならば、古代の「日本国」の北の発着点となる港湾は、十三世紀初めに成立した十三湊ではありえない。その点で注目されるのは、八世紀後半に渤海使が米代川河口の野代（能代）湊に着岸している事実である。[20]この頃すでに、出羽国の支配・軍事拠点として飽田城（秋田城）が築城され、その外港である飽田湊にも渤海使が着岸していることを想起するならば、当該期の「日本国」最北にあたる出羽国北辺の主要港湾は、飽田湊と野代湊であったと考えるのが妥当であろう。

十世紀においても、北は飽田湊・野代湊、西は博多津が日本海海運の発着点となっているが、その頃に編纂された『延喜式主税 上』[21]の「諸国運漕雑物功賃」によれば、日本海に面した北陸道諸国（若狭・越前・加賀・能登・越中・越後・佐渡）と山陽道諸国・南海道諸国が、租税官物の京輸送に際し、陸路・海路の併用地域とされる一方、海路について具体的かつ詳細な記載がみられることから、現実には海路の果たす役割がより重要な意味をもっていた国々であることがうかがえる。[22]

なかでも注目したいのは、北陸道諸国から平安京までの輸送ルートについての記載であり、若狭は陸路で近江の勝野津へ陸送し、そこから琵琶湖に入って大津へ水上輸送、越前は比楽湊―敦賀津、能登は加嶋津―敦賀津、越中は亘理湊―敦賀津、越後は蒲原津―敦賀津、佐渡は国津―敦賀津という海上輸送、加賀・能登・越中は敦賀津へ海上輸送し、そのあと陸路で近江の塩津へ輸送し、塩津から琵琶湖の水運を利用して大津に運び、そこから陸路をとって平安京に至っていた。すなわち、当時の日本海から平安京への公的な輸送ルートは、若狭は若狭湾の湊（どこかは不明）―琵琶湖西岸の勝野津―大津―平安京というルートをとるが、それ以外の諸国はそれぞれの国衙の外港から越前の敦賀津―大津―平安京というルートをとっており、越前以東の国々の租税官物はすべて敦賀津から琵琶湖の水運を利用していたことが明らかになる。おそらく飽田湊・野代湊をはじめとする出羽沿岸からの海上輸送も、敦賀津への着岸後は、若狭以外の北陸道諸国同様、塩津―大津―平安京というルートをとっていたと考えて間違いないであろう。

一方、山陰道からの公的な海路は、自然環境・条件に左右されやすかったことや、古くから発展していた瀬戸内海の海運を利用できることから、本格的な開拓がそれほど進んでいなかったようであるが、少なくとも若狭・因幡両国については、若狭湾内から陸路をとって琵琶湖西岸に至り、そこから湖上水運を利用し、勝野津―大津を経て平安京に通じる租税官物輸送ルートが、脆弱ながらも存在したのであった。

以上のように、租税官物の輸送に際し、北東日本海の海路の発着点が越前敦賀津であり、西日本海の海路の発着点が若狭湾の湊（どこかは不明）であった。そして、この双方からの海路が、琵琶湖西南岸に位置する大津で集約され、そこから陸路で平安京に通じるルートが定着していたのであり、これが十世紀における公的な日本海海運の基本的なあり方として位置づけられていた。

これは周知の事実に属するといってよいが、戸田芳実氏が指摘するように、十一世紀になるとこの日本海の海路は変化を遂げ、敦賀津―塩津―大津とともに、若狭湾の気山津―木津―大津から京に至るルートが発展して輸送路の複線化が明確化する。[23] もっとも後者は、十世紀に存在した若狭湾内の湊—勝野津—大津の発展したかたちであった可能性があるが、港湾の現地役人である刀根たちの変質、官物以外の諸物資輸送とその担い手の拡大、そして平安京から王朝都市京都への転換などの要因が、その変化をもたらす大きな要因になっていたことは間違いなかろう。[24] この航路の複線化は十二世紀に入るとさらに進展し、敦賀津—塩津を結ぶ陸路から分岐し、塩津の西方に位置する海津から大津に至り、[25] 中世都市として成長する京都に向かうルートが史料に散見するようになる。

この現象は、日本海の海運が京都の発展と不可分の関係にあったこと、十一〜十二世紀が日本海海運の中世的交通体系への大きな転換期であったことを示しており、同時にそれは、京都が中世都市に発展を遂げる画期とも完全に重なっていたのである。

この古代から中世への転換との関連で注目されるのが、近年の発掘調査で実態が明らかになりつつある海津のあり方である。現地説明会資料等によれば、海津は八世紀に港湾として現れると、十一世紀後半には埋め立てを伴う港湾集落の造成が開始され、十二世紀に入って石敷護岸や桟橋状の船着きを伴う港湾都市への整備が進み、十二世紀末の地震でかなりの部分が水没、港湾都市としての機能を低下させることになるが、かさ上げ工事によって復興を遂げ、十四世紀初頭の琵琶湖水位の変化によって水没するまで存続する。[26] そして、その前後に現在の塩津の集落と重なる位置に中心をずらし、明治期に至るまで繁栄を維持していくが、その変遷を通じて、やはり十一〜十二世紀は、塩津が港湾都市として発展する画期となっていたことが明らかとなろう。おそらく海津が塩津と並び立つほどに発展することになるのは、塩津が自然災害に遭遇し、それに変わる港湾都市が必要とされたこと、海津が大津により近かったこと、などによるところが大きかったと思われる。

十一〜十二世紀の変化は西の発着点の博多津とその周辺でも起こっていた。すなわち、この時期に博多津は日宋貿易の拠点として転生し、やがて平清盛の築港事業と日宋貿易の振興策によって、東アジアに対する中世日本の窓口として不動の地位を獲得することになった。[27] 博多津の東には筥崎宮と対をなす箱崎、さらにその東方には香椎宮と対をなす香椎が成長を遂げてくるが、同じ頃、博多津の西方にある皇室領怡土荘の年貢積出し港から出発した今津が日宋貿易の要港として発展するなど、十二世紀の博多湾沿岸には博多津を中心とする複数の港湾が並存するようになる。ここではその中核をなす狭義の博多に対し、その周囲の密接な関係で結ばれた港湾群を併せて広義の博多と捉えることにする。

同様に、蝦夷島など北方地域でも十二世紀は、擦文文化がアイヌ文化に移行する転換期にあたっており、この時期に和人の蝦夷島移住の史料が現れ始めることや、列島が東アジアの物流・商品経済圏に組み込まれて日本海海運の比重が高まっていくことなどが指摘されている。[28] 十三世紀初めになると、津軽西ケ浜で自然の浜を利用しただけの十三湊が機能を開始し、十三世紀後期になると砂丘を挟んで小規模な領主館が築造される。[29] この時期の道南の松前・茂別などの港湾は、発掘調査が実施されておらず、詳細はなお不明であるが、十三湊と密接な関係を有していたことや、奥大道の延長に位置することなどから判断して、この頃に港湾として成立していた可能性が高い。

二　中世日本海海運の発展と港町

(1) 日本海海運の新展開

十三湊が北方世界の海の玄関口として発展するのは、下国系安藤氏がこの地に入部する十四世紀前半以降、とりわけ十四世紀後半の教季《のりすえ》の時代のことであった。そして、教季の子盛季《もりすえ》・鹿季《かのすえ》兄弟の時代、西ヶ浜の折曽関を本拠とする西関安藤鹿季が、室町幕府将軍の承認を得て出羽秋田湊へ進出し、十三湊を本拠とする兄の盛季とともに北日本海の海運の要衝を掌握する。[30] 十四世紀後半の十三湊は、安藤館と港湾施設・港町とが一体化するように改造されるが、[31] これは教季らの入部・定着を契機としていた可能性が高く、十五世紀前半の盛季・康季の時代に最盛期を迎える。同じく十四世紀後半に秋田湊へ進出した鹿季も、秋田城介の遺産を継承して秋田湊を掌握し、湊安藤氏として自立・発展を遂げ、十三湊の本家と連携し、北日本海の海運に大きな影響力を与えるようになる。

十五世紀半ば、盛季の子康季が南部氏に敗れて道南に没落すると、前潟の埋没の進行と相まって、十三湊は衰退の一途をたどり、北の玄関口としての位置を失うことになるが、その頃には鰺ヶ沢・小泊や深浦など、十三湊の機能をカバーする港湾が発展する。とりわけ鰺ヶ沢は津軽の代表的な港町に成長し、南部氏が津軽に配置した一族や津軽藩祖大浦氏の海運の拠点として重視されるが、深浦も葛西氏一族の木庭袋《きばくら》氏の影響のもとに発展を遂げており、それと前後する時期に道南の茂別《もべち》・上国《かみのくに》・箱館などの港湾が活発化する傾向も認められる。(32) これまでの研究は、ともすれば十三湊のみを取り上げ、周囲の港湾群にほとんど光をあてることなく論じるきらいがあったが、津軽西ヶ浜から道南の港湾群のなかに占める十三湊の位置、そしてそれらの相互関係を踏まえながら、日本海海運の北の窓口の多面的な検討を進化させることが必要になってきたといえよう。

こうした津軽・道南での安藤氏らの動きの変化は、北東アジアで巻き起こった経済発展とそれに伴う流通・交易の活発化の波動を受けて巻き起こったものであり、蝦夷島のアイヌたちの交易も自ずと活発化・広域化し、「和人」との交易の場となる道南・津軽に新たな港湾を相次いで成立させていった。安藤氏の十三湊・秋田湊への進出や、安藤氏と南部氏との抗争は、この北からの変動に刺激された動きであり、道南・津軽・南部に割拠する海の領主たちの再編の一環をなすものであったということができよう。

十四世紀後半〜十五世紀の変化は、敦賀湾・若狭湾や琵琶湖沿岸の港湾でも明確に現れていた。敦賀湾の要津敦賀津は、それまでのように塩津を経て琵琶湖に入る水路を維持しつつ、その西側の海津・大浦とりわけ海津から琵琶湖に入る水路がより重要視されるようになり、若狭湾でも十三世紀頃から小浜が成長し、小浜—今津から琵琶湖に入る水路が新たな発展を遂げ、西日本海の海運の活発化と相まって、塩津・海津に比肩しうる琵琶湖北西部きっての要津となっていた。さらに注目されることは、かつて北陸・山陰の海の玄関口であった敦賀を凌ぎ、小浜が当該地方の基幹港湾に成長したこと、塩津・海津や今津から琵琶湖を往反する船舶の発着点が、大津を凌いで発展した坂本に変化していたことである。十五〜十六世紀の坂本は、紛れもなく琵琶湖と京都を結ぶ近江最大の港町へと成長を遂げていたのであった。

比叡山の山下にある坂本は、もともと門跡寺院や多くの里坊を擁し、湖岸の比叡辻・三津浜・富崎などの津と山上とを結ぶ要地にあり、早くから一定の発展を遂げていたが、十四世紀以降、その南側に発展した今津・戸津・坂井の津から松ノ馬場を経て京都に通じる陸路の重要性の高まりとともに、大津を凌ぐ港町として大いなる発展を遂げることになったのである。[33] もとよりそれで、大津が決定的に衰退したわけではないが、琵琶湖を往反する船舶の多くが坂本を発着点とするようになると、問に加えて商職人や馬借・車借らを一層吸引し、京都への陸上輸送の拠点としても成長したのであった。[補註1] 十六世紀後期、織田信長の重臣明智光秀が、この地に配置されて坂本城を築城したのは、比叡山の山下、琵琶湖沿岸最大の港町であった坂本の重要性を踏まえた処置であり、その背景に十四〜十五世紀の首都京都の新たな発展があったことは間違いなかろう。そして、十六世紀末に大坂城とその城下町が建設され、大坂中心の流通・経済構造が創出されるに伴って、ふたたび大津が「大津百艘船」の創設などを通じて琵琶湖沿岸の港町の中心に返り咲くようになるが[34]、その頃に至るまで、坂本が基幹港湾としての位置を占め続けたのであった。

同じ頃、西の博多津も大いなる発展期を迎えていた。博多津は、十四世紀前半の寺社造営料唐船による交易の時代を経過し、十五世紀に日明貿易・日朝貿易、さらには琉球を介した東南アジア諸国との貿易が活発化するようになると、日本を代表する国際港湾都市として一層充実する。そして、博多商人たちの自治による都市運営が発展する一方で、周防の大内氏や豊後の大友氏らが、博多津に集まる富や技術・情報の吸収を目指して争奪戦を開始するようになるが、とりわけ十六世紀半ばの筑紫氏の焼討ち、それにつぐ毛利氏の九州進出によって、問・商人らの博多退去などの事態をもたらし、おのずと荒廃を余儀なくされたのであった。[35]

それと前後して、博多には別の変化の波も押し寄せていた。すなわち、十六世紀になって倭寇の活動が活発化すると、それに便乗したポルトガル人の東南アジア・明国への進出と、それにつぐ種子島への来航、また、フランシスコ＝ザビエルの鹿児島着岸を契機とする九州・中国・京都でのキリスト教布教の進展、そして大内・大友・大村・有馬氏らの領内でのキリスト教徒急増をみるが、それと表裏の関係で、周防の山口・豊後の府内・臼杵や大村領の横瀬浦・福田浦・長崎浦、有馬領の口之津等で、南蛮貿易が活発に行われるようになる。[36] そうした状況のなかで、肥前の平戸や豊後府内の商人に加えて、和泉堺津の商人たちもこれらの港湾に進出し、ポルトガル商人・日本商人と入り乱れて貿易の利益の争奪戦を展開するが、その結果として、それまで日本随一の国際港湾として存在した博多津が、相対的にその地位を低下させることに繋がったのである。

（2）港町の簇生と海路の実態

十四世紀後半〜十五世紀のアジアの変動の波は、列島の北東と西南の双方から押し寄せて、蝦夷島・津軽・南部や九州・山陰方面に変化をもたらし、その変動の波は程なく畿内にも及んでいった。その間、日本海の海運や港町にも明確な変化が現れるようになった。

その第一の変化は、伝統的な港町の変質と新たな港町の簇生であった。それまでの主要な港町は、国衙や郡衙の外港に系譜を引くものが大半を占めていたが、自然環境の変化に伴う港湾機能の変化と港湾の淘汰、守護大名の成立と連動して内陸部で進行した新たな都市形成の動き、それと連動する地域再編・経済再編・交通体系の再編などにより、沿岸部に立地する港町の存立条件に大きな変化がもたらされ、その淘汰・再編・新興の動きが本格化することになったのである。

この時期及びそれ以降の日本海沿岸の主要な港町を概観すると、道南・北奥・出羽では、上国・松前・茂別、十三湊・鯵ヶ沢・深浦・八森・野代・秋田・金浦《このうら》・酒田・吹浦、北陸では岩船・新潟・寺泊・出雲崎・柏崎・越後府中（直江津）・糸魚川・魚津・岩瀬・放生津・氷見・七尾・羽咋・三国・敦賀、山陰では小浜・丹後府中・久美浜・

図　古代・中世の日本海沿岸の主要港湾

吉津・赤崎・美保関・境港・白潟・宇龍・温泉津・江津・浜田・湊浦（三隅）・中須（益田）・玉江浦（萩）・仙崎、九州北岸では門司・芦屋・神湊（宗像）・津屋崎・博多など、沿岸部を文字通り数珠状に連なるように存在していた。[37]

このうち野代・秋田・酒田・府中（直江津）・放生津・敦賀・小浜・丹後府中・白潟・浜田は、古代の城柵や官衙の外港に起源を有しているが、自然環境や政治的・社会経済的環境の度重なる変化に対応して着実に自己変革を遂げるとともに、しばしば領主権力の振興策にも支えられながら、それぞれの国を代表する港町として存続してきたのであった。もとより右の港町群のなかには、安藤氏の没落とともに衰退する十三湊（近世に再生）、地震被害や権力配置の変化によって戦国末期以降に衰退する放生津（新湊に転生）・丹後府中（宮津とともに観光地として再生）などの事例もあるが、十四世紀後半〜十五世紀、あるいはそれ以降に史料上に現れ、本格的に発展していったことを伝えるものが大半を占めている。[38] その背景には、列島各地における諸産業の発展と生産力の向上に伴う物流の量的・空間的拡大があったことは確実であり、おそらくはそれと絡む守護大名や次代の地域権力による流通・経済政策、都市建設・交通政策の影響下に現出した現象と考えてよかろう。

第二の変化は、港町の構造や造作が変化していったことである。すなわち、港町の中核となるのは、船着き場・荷揚げ場などからなる港湾施設であるが、初発期の十一〜十二世紀には自然の浜を利用するか、簡単な加工を施したものであったのに対し、十四〜十五世紀になると、十三湊・備後の尾道、そして益田市の中須西原遺跡・中須東原遺跡のなどの事例が示すように、礫を敷き詰めた礫敷きの荷揚げ場・船着き場が増加する。[39] もとより、前述の塩津のように、古くから特別の地位を与えられた港湾のなかには、すでに十二世紀後半の段階で礫敷きの荷揚げ場が造成される事例もみられるが、こうした類例が急増するのは十四〜十五世紀のことであり、この時期が中世港湾の大きな発展の画期になっていたことを物語っている。

また、この時期の港町は、港湾とその関連施設を中核として、漁撈者や港湾労働者の集落、問の集団と倉庫群、商職人を中心とする町場など、成り立ちの異なる集落群の複合体として一体性を強めるとともに、漁撈・製塩・農業や海運・陸運・倉庫業、商業・金融業など、多様な職種と多角的な生業を営む住人の活動も一段と活発化する。そして、景観的にも機能的にも、一般の海村・漁撈集落とは明確に一線を画される港町、港湾都市に進化を遂げる。その間、かつての海運を主導した神人や供御人たちも、住人のなかに同化・吸収されて、その主要な構成員として活動するようになっていく。[40]

第三の変化は、十四〜十五世紀に港町が質的進化を遂げながら、各地で急増するようになると、それらの間に階層や機能の相違がはっきりと現れてくる点である。すなわち、十二〜十三世紀の港町は、国衙・郡衙や一宮などの公的施設の外港から発展したものが中心であり、雄物川河口部の秋田湊、最上川河口の酒田、九頭竜川河口の三国や、富山湾の放生津、七尾湾の七尾、敦賀湾の敦賀、宍道湖の白潟、博多湾の博多などのように、その地域を代表する大河川の河口周辺や大きな湾・内海に立地し、国衙・郡衙等に集まる河川水運や陸運をバックに優位を占めていたが、自然環境の変化に伴う港湾の埋没や国衙等の中心機能の変化のなかで淘汰と再編が進展し、それに対応した港町が新たな発展を遂げる。

それと軌を一にして、①内陸部に勃興した新たな中心地（政治都市・宗教都市）の外港として成長する港町、②沿岸地域の物流の増加に対応し、地域経済の中心地として発展する港町、さらには③航海途中の風待ちや避難港としての機能を担って発展した港町など、多様な機能をもつ港町が簇生する。このうち①②のなかには、伝統的港町から変質・再生した港町と競合し、優位に立つものも現れるなどの変化を伴いながら、日本海海運の象徴となる基幹港湾都市、地域経済の中心であり避難港も兼ねる有力な港町、地域密着型の港町など、その規模・経済的影響力や役割・機能による階層差・較差を生み出していく。

そして第四に注目されるのは、船舶が実際に航海していた航路のあり方の変化である。江戸期の北前船が、日本海の沿岸部の要港に寄港しながら航海していたことは知られているが、中世の航路については、漠然と北前船のそれと同じような航路を想定するきらいがあったように思われる。その点で注目されるのが、文禄期（十六世紀末）

の豊臣秀吉直書[41]に見える航路のあり方である。

この史料によると、大浦為信の鷹進上使は、八森―のしろ（野代）―ふすへ沢（福米沢）―舟こし（船越）―湊（秋田湊）と進み、出羽南部沿岸・越後沿岸を経て越中沿岸に至ると、とまり（泊）―三日市―うほつ（魚津）―と山（富山）―中田―今ゆする木（今石動）―かね沢（金沢）―小松―大正寺（大聖寺）―北庄―荷中（府中、武生）―今城（今庄）―疋田―かい津（海津）―大みぞ（大溝）―坂本、というルートをとっている。すなわち、男鹿半島では野代から陸路をとって、半島と八郎潟の間の福米沢から船越に抜けてふたたび海路をとり、能登半島でも魚津から陸路をとって半島の付け根を陸路で越え、金沢・北庄などの城下町を通って、海津から琵琶湖に入って坂本へ渡っており、当時の日本海の海運が海路だけの移動ではなく、海路と陸路の組み合わせによるものであったことを示す。

問題は上洛使が二つの半島を陸路で越えたのに対し、乗船は引き返したかどうかであろう。その点、永禄七年（一五六四）の能登守護畠山義綱奉行奉書によれば、出羽から南下して能登半島を迂回する船も、半島の付け根を横断する上洛使も、それぞれの「泊々宿」で各領主の差配のもと、舟子人数・舟子銭の給付を約束されていることから[42]、このときの使者は半島の付け根を横断、乗船は半島を迂回したと考えるのが自然であり、文禄の津軽の使者の男鹿半島越えも、使者は半島の付け根を横断し、半島を迂回した船に船越で再乗船したと考えてよかろう[43]。すなわち、十六世紀半ば頃の日本海の隔地間航海は、乗船が男鹿半島・能登半島を迂回し、乗船していた人々は半島の付け根を陸路で横断し、再乗船するという方式で行われていたのである[補註2]。

ただし、男鹿半島には北浦・戸賀・女川などの良港があり、能登半島でも七尾・穴水・珠洲・輪島・富来などの良港が群在する点からみて、半島の周囲をめぐる地回り航路は十四～十五世紀にはかなり発展していた可能性が高く、隔地間航海に際して右のような方式がとられていたのは、この地域の領主権力の政治的経済的意図によるのか、航海技術上の問題があったのかは、ここでにわかに判断するのは難しいが、江戸初期の北前船の航海では、船と人とが分かれて半島越えをすることがなくなり、乗船ごと半島を迂回するようになる。それは海路と陸路を抱き合わせにした中世の隔地間航海と、海路のみに集約された近世の隔地間航海の大きな違いであった。

三　海運と港町の課題——結びにかえて

以上、日本海の海運と港町について、時間と空間を鳥瞰するかたちで考察を試みた。すでに与えられた紙面を大幅に超えているので、最後に現在の港町論の抱える課題について若干の課題をあげて、結びにかえたいと思う。

その一つは、近年の港町研究が、個別景観復元を中心に進歩を遂げている（それ自体は歓迎すべきことである）が、城下町論のように構造論的な考察があまり進んでおらず、港町を構成する諸要素について究明する試みもなお不十分な状態にある。しかし、近年の港町関連遺跡の発掘事例の増加とともに、港湾施設や集落・町の一部の様相が少しずつ見え始めており、さまざまな文字史料を総動員すれば、そこで生活・活動する人々のありようも解明可能な環境も整いつつある。それゆえ私たちは、そうした研究環境・条件を享受しつつ、景観論の深化を図る一方、港町を構成する施設や集落・町場などの実態解明と、そこで生活するさまざまな人々とその活動内容にも光をあて、港町という都市の本質に迫っていくことが強く求められるようになった、といわなくてはならない。

戦国～江戸期の城下町研究が一足先に進展し、その実態と特質の究明が進んだことを想起するならば、その方法や視点を参照しつつ、港町の構成論を進展させることによって、城下町との比較研究を試みることも可能となろう。もとより港町も時代や地域によって多様であるが、そこに通底する実態と特質を見出し、他の都市との異同について考えながら、前近代都市のなかに位置づけていくことは、これからの大きな課題であろう。

第二に右の構造論と関連して、港町の中核をなす港湾施設の実態と特質の解明が不可欠になってきた、という点を指摘しなければならない。前述のように、近年、各地で港湾遺跡の発掘が行われ、港湾施設のあり方が徐々に明らかになりつつあるものの、考古学の成果の蓄積が研究者の間で十分に共有されていないためか、一部の研究（たとえば前掲の佐藤竜馬論考）を除けば包括的な検討はまだほとんどなされていないのが実情である。もとよりこれは、各研究者の視点や方法論ともかかわるが、港町成立の原点が港湾施設であり、それとのかかわりのなかで関連施設や集落が成立したという事実を想起するならば、その実態究明は不可欠の課題であるといわなくてはならない。

その点で注目されるのが、近年、各地で検出されている港湾施設の一部としての礫敷き遺構である。中世都市研究会の開催地益田市でも、良好な状態の礫敷き遺構が検出され、大規模な港湾遺構として注目されたが、礫敷き遺構と船着き場や荷揚げ場・護岸との関係は必ずしも明確にされておらず[44]、その周囲に存在するさまざまな遺構・遺物との関係を踏まえて、この礫敷き遺構が港町全体のなかでどのような位置を占めるのか、そして、その周辺から検出された遺構のあり方からみて、ここがどのような性格の港町であったのか、などさまざまな問題が山積したままであり、遺跡の評価のみが一人歩きしているきらいがあるようにみえる。中世港町の実態と特質を解明するためには、港町が港町として存在する基本的要件というべき港湾施設（船着き場・荷揚げ場・護岸）の検討を徹底的に行う必要があり、その過程でそれと不可分な関係をもつ多様な集落群や、そこに蝟集し活動するさまざまな人々のあり方が見えてくるのではなかろうか。

第三は、港町を地域のなかにしっかりと位置づけ、そこで果たしていた役割を踏まえながら、総合的に評価していく必要があるという点である。私も参加した益田大会での議論を例に取ると、中須東原遺跡・中須西原遺跡の性格と益田氏との関係などが主要な話題となり、これらの港湾遺跡を倭寇との関係で捉えようとする見解や、益田氏との関係で捉えようとする見解など、いくつかの見方が提示されたが、結局、明確な方向を示す見解は示されなかった。これは、①この二つの港湾遺跡の検討がまだ不十分な段階にあり、益田氏・三宅御土居・七尾城との関係も未解明であること、②現在の益田市域にあることから、中世段階から益田領内の港湾であったかのように論じていること、③この二つの港湾遺跡を含む益田の海運上の位置づけが、石見や山陰のなかで十分になされていないこと、にもかかわず東アジアとの関係ばかりを強調していることなど、いささか浮き足だった研究のあり方に不安を覚える。

①は、二つの港湾遺跡周辺の全体像を押さえたうえで、港町と呼びうる存在であったのかどうか、遺跡周辺にあった複数の有力寺院群は港湾とどのようにかかわっていたのか、さらには益田氏が三宅御土居周辺に直轄の川湊をもっていた可能性はないのかなど、基本的問題が皆目不明な状態にあることを示す。とりわけ益田氏の直轄湾の話は、三宅御土居の調査と密接にかかわっているが、川に面した礫敷き遺構やそれと一体化した居館型の港湾管理施設の事例の存在などから、益田氏が膝下に直轄の川湊をもっていた可能性は十分にある。その点、三宅御土居跡の益田川に面したテラス状遺構は、荷揚げ場などとして使用された可能性があり、注目に値する遺構である。その対岸にある七尾城下の市の存在と合わせて、もっと注目されてよいのではなかろうか。

②については、高津川・益田川河口部のラグーン一帯が、中世前期から益田氏の所領となっていたかどうか、とりわけラグーンや港湾を益田氏が当初からしっかりと掌握できていたのかどうかは、もっと検討されるべきことであろう。複数の寺社や領主、そしてときには倭寇も参入するなど、錯綜した港湾管理の状態を経て、益田氏が多少なりとも港湾管理に関与するようになるのは、港町の全国的な転換期である十四〜十五世紀以降のことであった可能性が高い。そして、この時期に礫敷き遺構が現れる意味や石造物の分布状況などを踏まえ、『益田家文書』を読み込んでいくならば、かなり解明できることがあるのではなかろうか。

③については、高津川・益田川河口部での有力港湾が確認されたこと自体、重要な意味をもつが、それが益田氏や益田地域にとってどのような役割を果たし、どのように位置づけられる港湾または港町であったのかの検討が不十分であるがゆえに、石見での位置づけも山陰での位置づけも不十分にならざるを得ず、それゆえ中世の日本海海運のなかに占める位置についても明らかになっていない。もとより当該地域は地域柄、東アジア世界との関係を視野においた研究が必要であることは多言を要しないが、そうであるがゆえに、基礎的な事実関係を踏まえた小地域・中地域での位置づけなしには、そして、西に位置する最大の国際港湾都市、博多との関係を検討することなしには、空疎な議論に陥る危険性がある。

もとより、最近の景観復元研究が小地域のなかに埋没する傾向があるなかで、マクロな視点をもった研究は重要な意味をもつが、ミクロな視点との緊張関係のなかで、その有効性を発揮することを踏まえておくことが必要なのではなかろうか。

【註】

（1）徳田劒一『中世に於ける水運の発展』畝傍書房　一九四三年

（2）新城常三『中世水運史の研究』塙書房　一九九五年。本書は半世紀以上に及ぶ継続的な研究の集成である。

（3）戸田芳美「東西交通」（同『歴史と古道　歩いて学ぶ中世史』人文書院　一九九二年、初出一九七八年）。

（4）網野善彦「中世前期の水上交通について」（同『日本社会再考—海民と列島文化—』小学館　一九九四年、初出一九七九年）、同『海と列島の中世』（日本エディタースクール出版部　一九九二年）をはじめとする著書。

（5）岩崎武夫『さんせう太夫考　中世の説経語り』平凡社　一九七三年、同『続さんせう太夫考　説経浄瑠璃の世界』平凡社　一九七八年。同様の分野から日本海の海運について論じた中村格「日本海の交通と文学」（網野善彦・中村格・内山節・福田アジオ・篠原徹『日本海と佐渡』高志書院　一九九七年）も貴重な成果であった。

（6）佐々木孝二編『総合研究津軽十三湊』北方新社　一九八八年、大石直正『中世北方の政治と社会』（校倉書房　二〇一〇年、本書は一九八〇—九〇年代の論考が中心）ほか。

（7）綿貫友子『中世東国の太平洋海運』東京大学出版会　一九九八年

（8）井上寛司「中世山陰における水運と都市の発達」（有光友学編『戦国期権力と地域社会』吉川弘文館　一九八六年）、同「中世西日本海地域の水運と交流」（『海と列島文化　第2巻　日本海と出雲世界』小学館　一九九一年）。

（9）村井章介『アジアの中の中世日本』（校倉書房　一九八八年）、同『中世倭人伝』（岩波新書　一九九三年）、同『東アジア往還　漢詩と外交』（朝日新聞社　一九九五年）、『海と列島文化4東シナ海と西海文化』（小学館　一九九二年）、長節子『中世　国境海域の倭と朝鮮』（吉川弘文館　二〇〇二年）ほか。

（10）柘植信行「中世品川の信仰空間—東国における都市寺院の形成と展開—」（『品川歴史館紀要』六号　一九九一年）、同「開かれた東国の海上交通と品川湊」（網野善彦・石井進編『都市鎌倉と坂東の海に暮らす』新人物往来社　一九九四年）。

(11) 岩本正二『草戸千軒』（吉備人出版　二〇〇〇年）、鈴木康之『中世瀬戸内の港町草戸千軒遺跡』新泉社　二〇〇七年ほか。

(12) 大庭康時・佐伯弘次・菅波正人・田上勇一郎編『中世都市博多を掘る』（海鳥社　二〇〇八年）、大庭康時『中世日本最大の貿易都市』（新泉社　二〇〇九年）、国立歴史民俗博物館編『中世都市十三湊と安藤氏』（新人物往来社　一九九四年）、青森県市浦村編『中世十三湊の世界』（新人物往来社　二〇〇四年）、伊藤裕偉『中世伊勢湾岸の湊津と地域構造』（岩田書院　二〇〇七年）ほか。

(13) 宇佐見隆之「津・市・宿」（佐藤信・吉田伸之編『新体系日本史6　都市社会史』山川出版社　二〇〇一年）、宮本雅明「都市空間の均質化と都市空間の建設」（『中世都市研究』五、新人物往来社　一九九八年）、拙稿「中世瀬戸内の港町と船主・問のネットワーク」（『日本中世の西国社会2　西国における生産と流通』清文堂　二〇一一年）、市村高男・上野進・渋谷啓一・松本和彦編『港町の原像　上　中世讃岐と瀬戸内世界』岩田書院　二〇〇九年ほか。

(14) 入間田宣夫『平泉の政治と仏教』（高志書院　二〇一三年）、同『藤原清衡』（ホーム社　二〇一四年）、同『藤原秀衡』（ミネルヴァ書房　二〇一六年）、斉藤利男『平泉　北方王国の夢』（講談社　二〇一四年）、柳原敏昭編『東北の中世史1　平泉の光芒』（吉川弘文館　二〇一五年）ほか。

(15) 橋本雄『中世日本国際関係—東アジア通交圏と偽使問題』（吉川弘文館　二〇〇五年）、同『中華幻想　唐物と外交の室町時代史』（勉誠出版　二〇一一年）、榎本渉『東アジア海域と日中交流—九〜十四世紀』（吉川弘文館　二〇〇七年）、関周一『中世日朝海域史の研究』（吉川弘文館　二〇〇二年）、同『対馬と倭寇』（高志書院　二〇一二年）ほか。

(16) 拙稿「中世港町の成立と展開—中世都市論の一環として—」（市村高男・上野進・渋谷啓一・松本和彦編『港町の原像下　港町論の射程』岩田書院　二〇一六年）、佐藤竜馬「中世〜近代の港湾施設」（『港町の原像—中世港町・野原と讃岐の港町』四国村落遺跡研究会シンポジウム資料　二〇〇七年）、同「前近代の港湾施設」（前掲『港町の原像下　港町論の射程』）。

(17)『沖手遺跡・専光寺脇遺跡』（島根県教育委員会　二〇〇八年）、『中須東原遺跡』（益田氏教育委員会　二〇一三年）、木原光「石見益田」（仁木宏・綿貫友子編『中世日本海の流通と港町』清文堂　二〇一五年）。

(18) 本書所収の高橋一樹氏論文など。

(19) 杉山宏『古代海運史の研究』法政大学出版局　一九七八年松原弘宣『日本古代水上交通史の研究』吉川弘文館　一九八五年、(16)の拙稿。

(20)石井正敏『日本渤海関係史の研究』(吉川弘文館　二〇〇一年)。上田雄『渤海国』(講談社　二〇〇四年)ほか。
(21)『新訂増補　国史大系　延喜式　中篇』吉川弘文館　一九七四年。
(22)山陽道諸国では、因幡だけに海路の記載があり、それ以外は陸路扱いとなっている。これは山陰道諸国の多くが中国山地を越えて播磨の飾磨津などへ行き、瀬戸内海の海運を利用していたからであろう。松原弘宣前掲書参照。ただし、公的海路以外の海路の存否については慎重な検討が必要であろう。
(23)(24)戸田前掲二論文。
(25)『滋賀県の地名　日本歴史地名大系25』(平凡社　一九九一年)のマキノ町の「海津村」以下の海津関連項目。
(26)「古代の要港の姿が明らかになる―塩津港遺跡の調査成果―(発表資料・展示案内)」(二〇一五年七月滋賀県立安土城考古博物館・滋賀県埋蔵文化財センター遺跡写真・出土遺物の展示公開資料)　二〇〇八年十一月「塩津港遺跡発掘調査現地説明会資料」　二〇一二年「塩津港遺跡発掘調査現地説明会資料」ほか。
(27)註(12)の博多関係著作。
(28)(32)関根達人『中近世の蝦夷地と北方交易　アイヌ文化と内国化』(吉川弘文館　二〇一四年)。
(29)(31)前掲『中世十三湊の世界』所収榊原滋高論文、同「奥州津軽十三湊」(前掲『中世日本海の流通と港町』)。
(30)十一～十二年前、私は津軽西ヶ浜の港湾と城郭の関係について論考をまとめているが、諸般の事情で未刊のままになっている。津軽関係の記述はこの論考によっている。遠からざるうちに、『青森県史資料編』四冊を踏まえて加筆・集成し、公にする予定である。
(33)辻博之「中世における近江坂本の発展と都市景観」(『ヒストリア』八八　一九八〇年)、吉水眞彦「中世坂本の都市景観」(吉井敏幸・百瀬正恒編『中世の都市と寺院』高志書院　二〇〇五年)、下坂守『中世寺院社会と民衆』(思文閣出版　二〇一四年)。
(34)滋賀県文化財保護協会編『琵琶湖をめぐる交通と経済力』(サンライズ出版　二〇〇九年)、杉江進『近世琵琶湖水運の研究』(思文閣出版　二〇一一年)、滋賀県立安土城考古博物館・長浜市長浜歴史博物館編『琵琶湖の船が結ぶ絆―丸木船・丸子船から「うみのこ」まで』(サンライズ出版　二〇一二年)。
(35)前掲『中世都市博多を掘る』所収の堀本一繁論考。
(36)拙稿「中世東アジアの中の西海地域―倭寇的世界とキリシタン・南蛮貿易―」(市村高男・大石一久・原口聡編『石

が語る西海地域　倭寇とキリシタン世界を読み直す』アルファーベータブックス　二〇一六年）。

（37）前掲『中世日本海の流通と港町』には、十三湊・酒田・越後府中・岩瀬・放生津・氷見・三国港・敦賀・小浜・丹後府中・布施・白潟・杵築・宇龍・温泉津・浜田・益田についての論考が収録されている。

（38）この点については、註（16）の拙稿で具体的に論じている。

（39）この点を含めた港湾施設については、註（16）の佐藤竜馬論考が、具体的かつ包括的な検討を加えている。

（40）この点については、拙稿「中世港町仁尾の実像と瀬戸内海海運」（前掲『港町の原像　上　中世讃岐と瀬戸内世界』）で具体例を示している。

（41）「津軽家文書」（『青森県史　資料編　中世2　安藤氏・津軽氏関係史料』第Ⅲ部一三二一号）。この史料は、秀吉が大浦（津軽）為信に鷹の進上を命じ、津軽から京都までの「泊々宿」に通交の便宜を申しつけたときのものである。

（42）「諸橋村文書」一四五二（『増訂 加能古文書』名著出版　一九七三年）。

（43）最初に註（41）（42）の史料に着目したのは、『男鹿市文化財調査報告　第9集　脇本城と脇本城跡』（男鹿市教育委員会　一九九四年）所収の遠藤巌論考であり、本稿でも多くを学んでいる。なお、文禄の秀吉直書にみえる津軽の使者の能登半島を越えたあとの陸路は、金沢・北庄など新たな都市の成立に伴う交通体系の変化を踏まえて考える必要があろう。

（44）中世都市研究会の益田大会で、宮武正登氏が、礫敷き遺構を船着き場と評価する際の指標は何か、という趣旨の発言をしたが、それに対する明確な回答を示せなかったこと自体、それを象徴しているといえよう。

（補註1）応仁・文明の乱による京都の荒廃・復興を踏まえた検討が一層もとめられている。

（補註2）出雲では、島根半島の内側に連なる中海・宍道湖・斐伊川などを経て外海に出るのが基本であり、美保関・境港・白潟（松江の前身）などを発達させたが、十六世紀半ば以降、宇龍が急成長したように、隔地間の航海では外海航路に重点が移っていく。

〔付記〕本稿は、平成二十六〜三十年度科学研究費補助金・基盤研究（A）「石造物研究に基づく新たな中近世史の構築」（代表・関根達人）の成果の一部である。

第一部●益田大会

『都市の景観』報告

中世都市石見益田の成立

井上寛司

一　はじめに

今年は、三宅御土居跡の保存運動の開始から数えてちょうど二五年目にあたる。二五年前というのは一九八九年のこと。当時私はまだ島根大学に勤めていたが、その二月初めに益田市在住の方から三宅御土居跡が危ないとの連絡をいただき、特急列車で約三時間をかけ、慌てて松江から駆けつけた。そして大規模な道路工事によって島根県の指定史跡三宅御土居跡が分断・破壊されようとしていることに驚き、急いで島根県中世史研究会（代表世話人藤岡大拙氏、私は副代表）の名前で島根県と益田市に三宅御土居跡の保存要望書を提出するとともに、多くの団体・個人と連携して保存運動を展開することとなった。

あれから二五年。この四半世紀の間に、事態は目を見張るばかりに大きく変化し、発展してきた。それは、主に次の三点にまとめることができよう。まず第一は、三宅御土居跡の破壊の危機から一転して、中世益田氏関係遺跡群全体の保存と活用の方向が明確となり、そのための施策の具体化が着々と進められてきたことである。第二は、遺跡の発掘を含む、中世益田氏及び益田氏関係遺跡全体についての調査・研究が大きく前進してきたこと、そして第三は、益田市民や島根県民の間においても、中世益田氏及び益田氏関係遺跡の内容やそれらのもつ歴史的価値についての理解が大きく広がり深まったことである。

そうした点から見るとき、今回の大会は、このうちの第二の点に関する、これまでの調査・研究の成果を取りまとめ、「都市」という観点から、それら全体を総括することにあるということもできよう。

その際、とりわけ本報告に課されているのは、九月六日と七日にわたって行われる六本のメインの研究発表を念頭に置きながら、いわばその序論というかたちで、それら相互の連関や全体的な特徴を概観することにあると考えられる。以下、そうした視点から、いくつかの問題を提起し、討論の素材を提供することとしたい。

本来であれば、基調講演と名付けられた本報告では、事前に六人の報告者からその内容をうかがうなど、内容調整を行ったうえで報告すべきところではあるが、その時間的な余裕もないため、私の方で勝手に報告内容を想像しながら、話を組み立てた。その点、基調報告の名に値しない不十分なところがあるかもしれないが、あらかじめご了解をお願いしたい。

二　中世都市石見益田の歴史的性格

本論に入るに先立って、あらかじめ次のことを確認しておきたい。それは、中世の都市という場合、少なくとも次の二つの要素の存在がその存否を考える際の重要な条件になるのではないかということである。

一つは消費人口や家屋などの密集した状況、すなわち都市的空間というべきものである。これに対し、いま一つは周辺諸地域との関係における、政治的・経済的・社会的・宗教的・文化的な中心的機能、すなわち都市的機能というべきものである。そして、これらの諸要素の組み合わせによって、中世には政治都市・宗教都市・港湾都市などの区別が存在したということができると考える。

そこで、そうした観点から中世の益田地域を見てみると、時期によって大きくそのあり方が変わるとともに、中

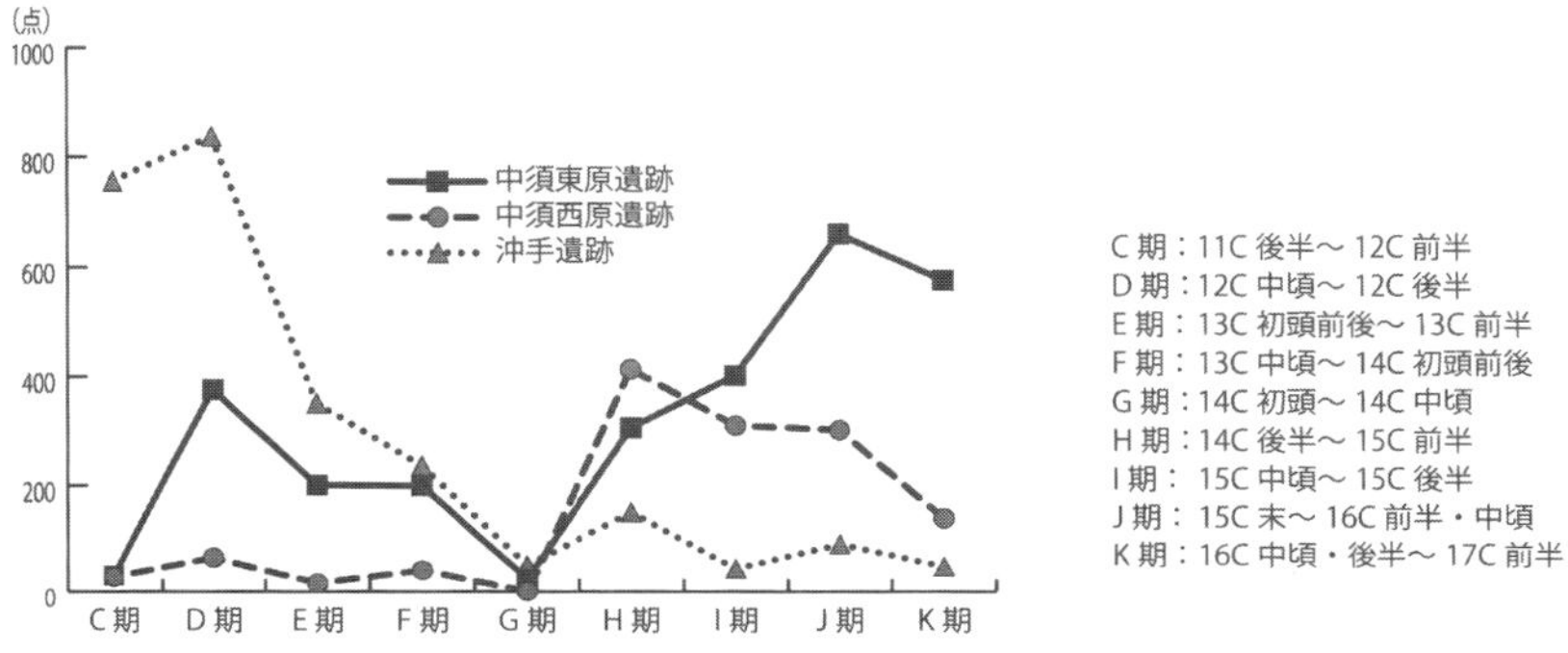

図　沖手遺跡・中須西原・中須東原遺跡の貿易陶磁器時期別出土数

世都市としては複合的な性格をその基本的な特徴としたのではないかと考えることができるように思う。

まず、時期という点では、十二世紀を中心とする中世前期と、十五・十六世紀を中心とする中世後期とに区分することができる。そのことをうかがわせるのが、上に掲げた「沖手《おきて》遺跡・中須西原《なかずにしはら》・中須東原《ひがしはら》遺跡の貿易陶磁器時期別出土数[1]」である。そして中世都市という点では、前者(中世前期)がいわばその前史、後者が本格的な成立・発展の時期と評価することができるであろうと考える。このうち、後者については次節で改めて取り上げることとし、ここでは前者について、ごく簡単に整理しておくことにしたい。

十二世紀を中心とする平安末期の都市的発展という点で注目されるのは、益田川と高津川との合流点、古益田湖などと呼ばれる低湿地に位置する沖手遺跡と中須東原遺跡である。とくに沖手遺跡では、直線状あるいは方形に巡る側溝をもつ道路や柵列によって複数の家屋が計画的に形成された「町」的な景観が大規模に広がっていたと推定されていて、中須東原遺跡とともに「湊」的な性格をもつ集落であったと考えられている[2]。

これらの遺跡が成立する十一世紀後半は、全国的にも、国衙在庁官人など在地の有力者が積極的に耕地の開発を推し進め、国衙の承認を得てそれらを私的な所領として獲得していった時期にあたっている。石見国では、そうした中世的な所領として史料上に確認できるものの最初は、現在の大田市域内にある久利《くり》郷で、康平六年（一〇六三）のことである。

〔史料一〕石見国司庁宣（久利家文書(3)）

庁宣

定　久利郷司職事

清原頼行

右為人郷司職執行、補任所如件、

康平六年十一月三日

大介清原真人（花押）

後に益田荘を構成することになる益田本郷や乙吉《おとよし》郷・納田《なった》郷（三隅郷）など、あるいは同じく後に長野荘を構成することとなる高津郷や豊田郷・飯田郷・吉田郷などが成立したのも、ともにこの頃のことであったと推察される。これらの国衙領は、いずれも十二世紀中頃に石見国司を媒介として中央の権門勢家に寄進され、それぞれ皇嘉門院領（益田荘）・粟田宮社領（長野荘）の荘園として立荘されることとなった。

これらのことを念頭に置いて考えると、沖手遺跡・中須東原遺跡などの「湊」遺構というのは、益田・高津両河川とその支流域において一斉に展開された中世的開発と中世的所領（国衙領）の成立に対応する、それら共同の流通センター（広域的流通拠点）だったのではないかという推測ができる。

これら中世的所領の開発のためには、灌漑施設の整備をはじめとする大規模な土木工事と、それに要する労働力や食料などの消費諸物資、あるいは工事を遂行するための各種資材の確保が必要で、そうした要請に応えるための独自の組織や施設が求められたと考えられるからである。そして、益田・長野両荘などの成立後は、日本海や瀬戸内海経由で京都の荘園領主のもとに年貢輸送を行う、年貢積み出し港としても機能することになったと考えることができるであろう。

ところで、沖手遺跡と中須東原遺跡の場合、ともに鎌倉末期にいったん衰退した後、中須東原遺跡は再び復活し、中須西原遺跡とともに十五・十六世紀に最盛期を迎えるのに対し、沖手遺跡はかつてのような賑わいを取り戻せないまま、中世末期を迎えた。これらのことから考えると、沖手遺跡は文字通り益田・高津両河川とその支流を含む、その流域共同の広域的流通センター、これに対し中須東・西原遺跡は益田本郷ないし益田荘専属の流通センターと理解することもできよう。次に掲げた文永六年（一二六九）の法橋範政書状案に見える「益田本郷津」は、この中須東原・西原遺跡を指すといえるのではないだろうか。

〔史料二〕法橋範政書状案（益田金吾家文書）[4]

(端裏書)「弁法橋　文永六　四　十二」

長盛申石見国益田本郷津料浮口事、狛僧正(道智)御房去比御入滅候之間、件御領彼御分候、仍于今進之候了、急有御尋可被申左右候、恐々謹言、

(異筆)「文永六年」

四月十二日　　法橋範政

以上のように、十二世紀に最盛期を迎えた沖手遺跡は、中世成立期のいわゆる「大開墾時代」に対応する、この時期特有の「湊」として成立・発展を遂げたと考えられるが、しかし十二世紀中頃以後、明確な領域区画をともなう本格的な荘園・公領制が成立するのにともなって、中須東原・西原遺跡に見られるように、各荘園・公領（国衙領）に対応する恒常的な個別の湊が改めて整備されていくこととなった。中世都市成立の前史はここに終わりを告げたといえるのではないかと考える。

三　中世都市石見益田の成立と発展

益田地域における本格的な中世都市成立の起点は、南北朝内乱の過程で惣領の地位に就いた益田兼見による益田本郷の再編成と、その地域拠点化に求めることができる。その具体的な内容として、とくに重要なのは次の五点だといえよう。

まず第一は益田本郷領域の再編成である。本来の益田本郷は、貞応二年（一二二三）の石見国惣田数注文からも知られるように、納田郷（三隅郷）・井村・弥富名・乙吉郷などと並立する益田庄内の単位所領の一つであった。

〔史料三〕石見国中荘公惣田数注文案（益田家文書(5)）

石見国

注進国中庄公惣田数注文事

合千四百七十六丁三百歩、加仏神田、

（中略）

美濃郡

庄領　三百十八丁九段六十歩

なかのゝしやう（長野荘）　百八十八町五反百七十歩内

とよた（豊田）　十八丁四反百五十歩 吉賀郡内

いゝ（飯）田の郷　卅九丁四反小

やすとみ（安富）　十二丁二反小 地頭・領家共ニ、

とくや（得屋）　廿丁二反小

つの井（角井）　八丁五反半
よした（吉田）　五十丁五反六十歩
たかつ（高津）　十一丁八反
ミのちくろたに（美濃地黒谷）　十一丁半
しらかみ（白上）　九丁八反
いちわら（市原）　六丁四反小、地頭・領家わけへし、
ますたのしやう（益田荘）　百四十八丁八反小之内
ほんかう（本郷）　九十一丁七反六十歩
なつた（納田）　廿三丁五反六十歩
いのむら（井村）　八丁一反
やとみ（弥富）　十六丁五反
おとよし（乙吉）　九丁

（中略）

貞応二年三月　田所在判
　　　　　　　税所在判
　　　　　　　在国司代在判

（後略）

それが、鎌倉期における山道郷（東山道郷）の成立などを経て縮小し、そうした動向を踏まえ、兼見は改めて益田本郷を東北両山道郷などを除く益田川流域に限定するとともに、それまでの領家方・地頭方という区分を撤去し、その内部を四地域に区分することとした。四地域とは、波田原《はだわら》・志目庭《しめば》・徳原《とくはら》と奥十二畑《おくじゅうにはた》で、その中核は益田平野

部の波田原（下本郷）・志目庭（染羽）・徳原（上本郷）の三地域であった。

第二は、従来から志目庭と波田原の境界付近にあったと考えられる荘園政所を接収し、そこに新たな地域支配の拠点を定め、それを三宅御土居として整えたことである。その時期は、益田氏の旧居館が焼失・再建され、また万福寺が造営された応安年間（一三六八～七五）頃のことであったと考えられる。

〔史料四〕祥兼（益田兼見）文書紛失状（益田家文書）[6]

関東大将軍家之御下文等、先祖重代相伝之処、先年当将軍家言上候、去三月十六日之夜、焼亡紛失之次弟（第）、道幸ヲ以言上候畢、併無勿体之通、被申下候、御判之案文、為支証書置也、

応安元年五月二日　　沙弥祥兼（花押）

〔史料五〕万福寺棟札（万福寺所蔵）[7]

住持師阿弥陀仏　大工右衛門尉宗遠
南無阿弥陀仏　万福寺　応安七年十一月　四郎五郎苗広
大檀那浄阿弥陀仏（益田兼見）　明阿弥陀仏

第三に、軍事的には七尾城との関係を整備し、山城と居館との一体的な関係を構築したことが指摘できる。三宅御土居と七尾城とは、益田川を介した水路と、住吉神社を介した陸路の両者で結ばれており、前者の水路が基本であったと推察される。

第四は、居館を中心とする寺社の造営と整備である。地域支配の精神的支柱としての臨済宗崇観寺《すうかんじ》、時宗道場としての万福寺、益田荘（益田本郷）支配の精神的支柱としての滝蔵《たきくら》権現（染羽天石勝《そめばあめのいわかつ》神社）などである。

そして第五に、益田本郷市などの市場の整備や、中須東原・西原などの港湾施設の整備も、兼見の手で行われたものと考えて誤りないと考えられる。このように、都市的景観の基本骨格は、兼見の時代にできあがったと推測できるのである。

兼見の後、益田氏の惣領職は兼顕（兼世）―兼家―兼理―兼尭―貞兼―宗兼―尹兼を経て藤兼―元祥へと継承され、元祥の時代に長門・須佐へ転封となり、中世益田氏の歴史に終止符が打たれることとなった。

この間にあって、中世都市の形成という観点からみて最大の画期となるのは藤兼時代の十六世紀中頃のことである。毛利氏や吉見氏・三隅氏などとの軍事的緊張の高まりのなか、三宅御土居から七尾城に拠点を移して支配体制の強化が図られることになった。家臣団の七尾城下集住や街割りをともなう城下町の形成はいずれもこの時期のことで、兼見以来の中世都市形成の営みはここに一つの到達点（完成期）を迎えたということができると考えられる。

ところで、十六世紀中頃における益田氏の七尾城への拠点移動と七尾城下町形成には、一つの重要な前提条件があった。今市遺跡の存在である。七尾城下町と中須東原遺跡の中間の益田川河口部に、益田本郷市に対する新しい市場としての「今市」が設けられ、そこに店棚を構える特権商人たちが住んで益田氏の領主経済を支える重要な役割を担ったと推察されるのである。益田氏の長門・須佐への転封にともなって、急速に今市が衰退していったことからも、それを推測することができる(8)。

しかし、同時に注目しておく必要があるのは、今市遺跡の成立が十六世紀初頭まで遡り、益田氏の七尾城への拠点移動より半世紀も前の益田宗兼・尹兼時代だということにある。いったいこれは何を意味しているのであろうか。結論的にいって、それは今市遺跡の成立が、益田氏の七尾城への拠点移動や七尾城下町の形成とは別の要因によると考えなければならないということである。では、その別の要因とは何か。私は、中須東原遺跡（「中須湊」）の隆盛がそれであろうと考える。

南北朝・室町から戦国期にかけての時期は、商品流通の発展にともなって日本列島内各地の隔地間交易や、日本海を内海とする大陸との交易がたいへん活性化した。そして、こうした動向とかかわって注目されるのは、大内氏との結びつきを背景として、益田氏が新たに周防・長門などで所領を獲得していったことである。その史料初見は文明三年（一四七一）と推定される年未詳二月十一日の陶弘護書状である。

〔史料六〕陶弘護書状（益田家文書⑼）

「（モト封紙ウハ書カ）　　　陶
　益田殿（貞兼）　御宿所　　弘護」

長門国阿武郡河島新方参百五拾石足、周防国吉城郡内恒富保参百六十石地事、雖少所候、先可有御知行候、今度御忠節無比類事候、政弘（大内）下国之時、重々可申沙汰仕候、恐々謹言、

二月十一日（文明三年カ）　　　弘護（花押）

益田殿

　御宿所

それが、文明十五年（一四八三）四月二十六日の益田兼堯・同貞兼連署譲状では、周防・長門両国に加えて、筑前国の筵田・福光・原村にまで拡大している。

〔史料七〕益田兼堯・同貞兼連署譲状（益田家文書⑽）

譲与

石見国益田庄地頭職惣郷并東北両山道村、乙吉・土田両村、岡見郷、飯田郷、伊甘郷、宅野別符并長野庄内徳屋地頭職、同四分方、同庄内黒谷地頭職、美濃地村地頭職、惣而長野庄内七郷、高津・須子・角井・吉田・安富・豊田・同横田梅月保賀、小坂方・市原各地頭領家、徳屋領家、上黒谷・美濃地領家職等事、此内一郷宛兼久千熊丸譲在之、長門国厚東郡吉見保、同国河島本方、同国大井浦、同国弥富郷、周防国恒富保、筑前国筵田・福光・原村等事、

右所領等者、兼堯・貞兼重代相伝地也、然間、代々相副御下文、熊童丸仁所譲与也、無他妨、可全領知也、御公事等可任先例、熊童丸為嫡孫上者、於此外子孫、有成違乱輩者、為不孝仁、以 上裁可被処罪科者也、兼堯譲状事者、已前雖遣之、貞兼依望、加判形者也、

文明十五年卯月廿八日
越　中　守兼尭（花押）
治部少輔貞兼（花押）

この十五・十六世紀というのは、先述のように中須東原遺跡（「中須湊」）の最盛期にあたっており、従来の西日本海水運の規模を超えて、周防・長門や筑前・博多なども結び、また対馬経由で朝鮮半島や東南アジアとも結んだ、国際的なものであったことの反映によるものと考えることができる。

そして注目されるのは、こうした体制が大内氏の滅亡後も引き続き継続されたと推定されることである。大内氏の滅亡にともなって、北九州での所領支配が形骸化するのと前後して、独自に宗像大社との結合を強め、見島の領有などとあわせ、広域的な流通体制の維持・継続が進められたと考えられるのである。

〔史料八〕宗像氏家臣連署奉書（石松家文書、宗像大社文書三）[11]

〔　　〕閏（マヽ）二月朔日、益田藤兼〔　　〕至、石州三隅衆要害鐘瓦（尾カ）〔　　〕懸、同十日ニ落去候、然者、豊前〔　　〕之助殿至鐘尾、其刻之馳〔　　〕此方人数、針藻等嶋在城〔　　〕之助殿同前者小城幸市□（被）疵（鑓疵右手）、并僕従新七被疵〔　　〕之由、粉骨神妙之至候、然処、〔　　〕（藤）兼被対防州（大内氏）無御別儀之趣、依〔　　〕捪各安堵候、御感悦之趣、〔　　〕可申旨候、恐々謹言、

（異筆）「□（弘）治二」　七月十三日
尚秀（寺内）（花押）
秀時（吉田）（花押）
氏備（許斐）（花押）
石松兵部丞（典宗）殿

〔史料九〕宗像第一宮御造営御寄進引付置札（宗像大社所蔵、宗像市史二⑿）

置札

第一宮御造営御寄進引付

一百目　（宗像氏貞）殿様ヨリ　以御吉日為御初穂物御寄進之、

一百目　大方殿様ヨリ　右御同前ニ御寄進之、

一百目　女中様ヨリ　右御同前ニ御寄進之、

一百目　織筋一端 松尾様ヨリ　御寄進之、

一丁長　一万数 益田殿ヨリ　御寄進之、

（中略）

天正六年戊寅六月朔日

奉行 豊福式部卿秀賀（花押）

奉行 吉田飛弾（騨）守尚時（花押）

奉行 石松対馬守尚宗（花押）

奉行 小樋対馬守秀盛（花押）

奉行 高向中務卿良秀（花押）

奉行 吉田伯耆守重致（花押）

社奉 許斐安芸守氏鏡（花押）

筆者 実相院益心（花押）

〔史料一〇〕益田藤兼譲渡所領注文（益田家文書(13)）

元祥江

譲渡所領一書　　永禄十三年庚午

二月「九」○八ニ重ネ書ス日

石州

一上下(東)本郷号益田、

一南北両仙道郷

（中略）

長州

一田万郷江津　　藤兼代ヨリ知行、

一須「佐」重ネ書アリ・三原両郷不知行、有子細之、藤兼代ゟ知行、

一見島大津郡之内也、　　藤兼代ヨリ知行、

（中略）

永禄十三年庚午二月「九」○八ニ重ネ書ス日　　右衛門佐藤兼（花押）

以上のことから、十六世紀中頃における中世都市石見益田の成立とは、七尾城下町と今市遺跡及び中須東原遺跡という、それぞれ性格を異にする三者が有機的に結び合った複合的統一体として実現されたものであったと考えることができる。

四　むすび

以上に述べたことを整理すると、次のようにまとめることができよう。

①益田地域における中世都市の成立は、それぞれ十二世紀と十五・十六世紀を最盛期とする二つの時期に求めることができる。

②このうち前者は、沖手遺跡の港湾都市遺構として確認できるもので、中世成立期に特有の「大開墾時代」に対応する、益田・高津両河川流域の全体にまたがる広域的流通センターというのがその実態であったと考えられる。

③これに対し後者は、益田本郷の領主支配の拠点である七尾城下町と、日本列島の内外に開かれた広域的流通センターとしての港湾都市（中須東原遺跡）、及びその中間に位置し、両者を有機的に結び合わせる機能を担った市場町（今市遺跡）、この三者の複合的統一体として理解することができる。

④荘園公領制社会という中世社会の基本構造との関係でいえば、前者はいわばその前史にあたり、兼見の時代以後の後者がその本格的なものと評価することができるであろう。

以上のうち、前者の港湾都市は従来文献史料などによってはまったく知られていなかったもので、その存在をどれだけ一般化できるのかが、今後の重要な検討課題になると考えられる。

後者についても、従来はもっぱら政治都市としての中世城下町として理解されてきたものであるが、港湾都市としての中須東原遺跡が明確になるのにともなって、市場町としての今市遺跡を含め、それら三者の複合的統一体として理解するのが妥当になったといえよう。これまた、こうした中世都市のあり方がどこまで一般化できるのか、改めて検討を進めていく必要があると考えられる。

以上のように、中世の益田地域にあっては、その成立期から終末期に至るすべての時期を通じて、広域的流通センターとしての機能が重要な位置を占め、また時期に応じてそのあり方に大きな変化が見られたところに重要な特徴があったということができるのではないかと考える。

以上をもって、前座としての私の報告を終えさせていただく。

【註】

(1) 益田市教育委員会『中須東原遺跡』二〇一三年、一四七ページ
(2) 益田市教育委員会『沖手遺跡』二〇一〇年
(3)『平安遺文』九九〇号
(4) 益田市教育委員会『中世益田・益田氏関係史料集』二〇一六年（以下『史料集』と略記）二五号
(5)『鎌倉遺文』三〇八〇号
(6)『大日本古文書・家わけ二二　益田家文書』（以下『大日本古文書』と略記）一ノ二号
(7)『史料集』二八七号
(8) 益田市教育委員会『中世今市船着場跡文化財調査報告書』二〇〇〇年
(9)『大日本古文書』一八八号
(10)『大日本古文書』二一二号
(11)『史料集』六七五号
(12)『史料集』七七二号
(13)『大日本古文書』三四六号

戦国・織豊期城下町研究からみた石見益田

小島道裕

はじめに

石見益田を戦国・織豊期城下町研究のなかに位置づけるという役割を与えられた。この分野の研究の流れをごく大ざっぱに振り返ってみると、まず戦前からの文献史学の研究では、網羅的な視点からの研究として、原田伴彦一九四二（近世地誌の系譜）、豊田武一九四四、などがあり、また都市の特質にかかわる研究として、小野均（晃嗣）一九二八などが挙げられる。歴史地理の研究も重要だが、これも傾向としては二つに分けられ、地域構造すなわち地域のなかでの中心地としての都市を考察した小林健太郎一九八五などと、個別都市の都市域構造を分類した矢守一彦一九七〇などがある。そして、一乗谷や草戸千軒に始まる考古学的な調査と、社会史、建築史などの分野が連携して、学際的な研究を行う「中世都市研究会」の時代になっている、と一応まとめておきたい。

一　主な視点の整理―関係性としての都市

そのうえで、研究の視点を「関係性」というキーワードで、次の三つに整理してみたい。

①網羅的（集合的、地域的）に見る視点と、一つの都市を見る視点
②城下町の共通性と個性（実態の解明が進み、比較材料も揃ってきた）
③具体的な、都市の文化史（保存・活用の段階に応じた、今後の課題か）

（1）網羅的・集合的な見方として

先述のように、都市研究の方向性としては、さまざまな範囲の地域において都市を網羅的に扱う観点と、一つの都市の内部を分析する観点があるが、前者としては、次の三点が考えられる。

①国際関係のなかでの意味
益田の場合も、中須西原・東原遺跡など、貿易陶磁の出土する港湾遺跡が発見されているが、それは、国際的な港湾都市のネットワークのなかで意味をもっていたはずである。（この点については、討論で関周一氏から、一対一の直接的な交易を想定するのは問題があり、博多などを通じた間接的な交易と思われる、という指摘があった。従うべき見解と思うが、そのような意味であっても、やはり国際関係のなかに位置づけられる存在である。）

②中央—地方関係のなかでの意味
益田氏は幕府と直接の関係があり、十六世紀には大内氏と共に上洛して、幕府の正月儀礼にも出仕している。その城下町についても、中央（京都）と地方領主の関係としての側面がある。

③地域のなかでの都市（都市的な場）の意味
都市は孤立して存在するものではなく、地域や地域のなかの他の都市との関係で理解する必要がある。たとえば、戦国期の旅行の支出帳簿「永禄六年北国下り遣足帳」（国立歴史民俗博物館蔵）では、宿泊・食事などの消費の場を検出できるが、宿場の機能は、当然連続して存在することに意味があり、孤立した存在は考えられない。

（2）城下町の共通性　比較による普遍化モデル

中世都市の実態が明らかにされてくるとともに、その共通性を検出しモデル化する作業も行われている。共通性を理解することによって、個性を理解することも容易になる。

①戦国期城下町としての共通性

戦国期城下町には、城主の館を中心とする主従制の空間と、それとは別の原理でできた市場という、二元的な構造が認められるのではないか、という提起をしたことがある（図1）。外港などを加えた多元的な構造と見てもよく、このような機能による空間の分離は、多くの中世都市に共通する構造といえよう。

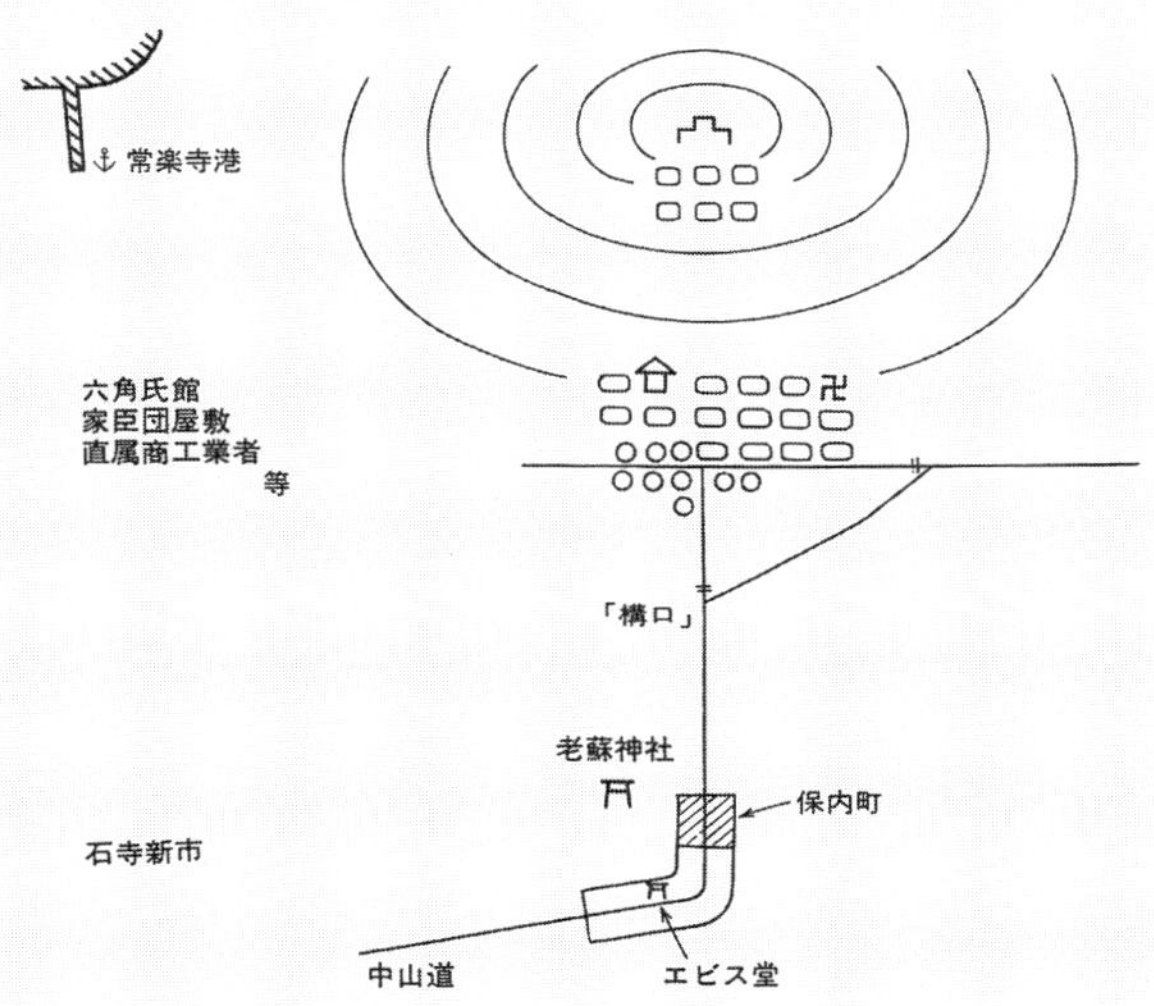

図1　観音寺城・石寺（近江）の模式図

②京都の将軍邸を規範とする方形館

もうひとつの普遍化モデルとして、室町幕府すなわち京都の将軍邸を規範とする方形館の共通性を挙げたい。

国人館

足利義満の「花の御所」建設後、十五世紀前半ころの国人館に、京都の将軍館と共通性をもつ事例があることが明らかになり、これを幕府と有力国人が直接結びついて地域秩序を維持する体制、すなわち守護領国制以前の状況の反映とみて、「花の御所体制」と呼んだことがある。

遺構の典型例としては、飛騨の江馬氏館（飛騨市神岡町）があり、正面の薬研堀と築地、正副二つの門、広場、池を

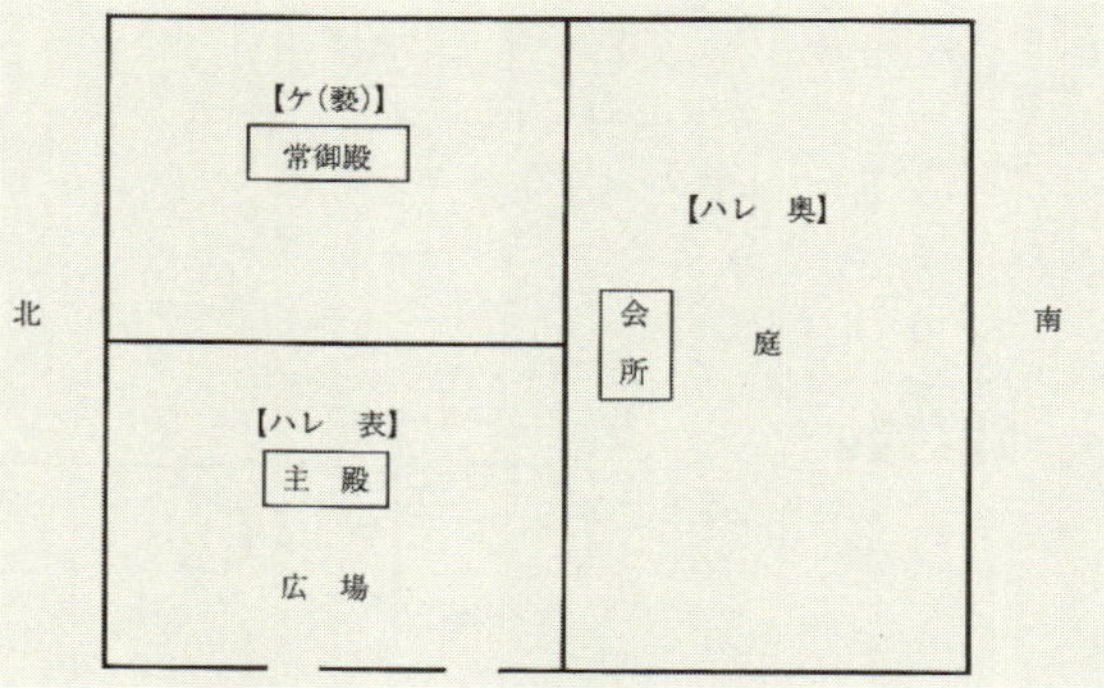

図2「花の御所」型 武家館の空間概念
（小野正敏1997所収図を改変して作成）

もつ庭園に面した会所、など共通する要素が多く認められ、試みに洛中洛外図屏風「歴博甲本」の幕府と合わせてみると、よく一致することがわかる。このような構造を模式化すると、図2のように、「ハレ・表」の空間としての主殿、「ハレ・奥」の空間としての会所と庭、そして、日常生活＝ケ（褻）の空間である常の御殿、という区分になると理解される。幕府における儀礼に対応した装置であり、その文化的規範性の下で、同じ原理の空間が作られるのは自然であろう。

守護所

十六世紀前半ころには、各地で本格的な守護所が造営されるようになるが、これも将軍御所を規範として造られた場合が多いといえる。周防山口の大内氏館、豊後府内の大友氏館などでは、方形の館の中に池をもつ庭園などが検出されており、基本的に将軍館を踏襲した構成と理解することができる。後述するように、犬追物の馬場など、館周辺の施設についても規範性が認められる。

（3）都市の文化史―モノからコトへ

もう一つ、これからのひとつの課題として挙げたいのは、非常に具体的なレベルで、そこで行われていたことを明らかにすることである。

城下町遺跡の調査研究によって、「そこがどんな所か」が飛躍的に明らかになってきた現在、そこで「誰が何をしていたのか」について考えられる段階になってきている。世間でも、「ハードからソフトへ」あるいは「モノからコトへ」という言い方がされるが、そこで行われていた「コト」の理解、いわば「都市の文化史」が、都市遺跡を考えるには不可欠であろう。

ＣＤが非常に売れている音楽グループに「ＡＫＢ48」があるが、その背景には、購入者が参加できる「握手会」というイベントがあり、ＣＤというモノだけをみても、一方の「コト」についての知識がなければ、それがなぜ売れたかを正しく理解することができない。そのような関係が、都市史の場合についてもいえるのではないだろうか。遺跡の保存活用が進めば、そこで何が行われていたのかについての説明が求められるのが自然で、益田の場合も、食事の再現などが行われている。「益田家文書」には、益田氏が毛利氏の城下町安芸吉田で毛利氏に献げた食事の献立があるが、これは後述する、室町幕府の「椀飯《おうばん》」に倣ったものである。

このような、中世都市における、いわば「社会と生活の全体性の回復」が、求められるひとつの方向性と思われ、それによって、都市から見える中世、そして、そこで具体的に行われたコトや関係性の問題から、「都市とは何か」を考えることもできるだろう。なお、国立歴史民俗博物館では、中世都市に関して、下記の二つのデータベースを作成し、公開しているので、ご利用いただければ幸いである。

・網羅的なもの：「中世地方都市ＤＢ」一三六六件（研究上都市として叙述されたものを扱う）
・消費から見た都市生活：「古代中世都市生活史（物価）ＤＢ」

二　益田を中心にみた具体的な論点

以下、一つの都市を対象とした場合の、具体的な論点から益田を考えてみたい。

（1）都市域の空間構造

①広義の都市域・狭義の都市域

まず都市域の空間構造を考える場合、狭義の都市域、すなわち中心部の凝集域と、それに限らない、周辺の部分まで対象とした広義の都市域がある。

広義の都市域の要素としては、具体的には、外港や、散在する家臣団屋敷、宗教施設などがある。豊後府内を例にとると、外港として「勢家の津」があり、また城下町凝集域の周辺には、「大府内」と呼べる広い範囲に家臣団屋敷が散在するという。城の周辺部に家臣団屋敷が散在する状態は、長宗我部氏の土佐岡豊《おこう》でも知られており、家臣団屋敷は必ずしも城下の一画に密集して存在するとは限らない。自立性の強い戦国期の家臣団にとっては、大名の城に出仕するための自立した館が城下町付近にもある、というイメージだったことが想像され、近世の「在京賄《まかない》領」的なものと考えると理解しやすいのかもしれない。

周囲の宗教施設としては、先述の江馬氏館の例では、近世の段階でしかわからないが、社寺が江馬氏館を取り巻いて存在しているように見え、江馬氏館の時代に一種の聖域が形成されたという解釈が出されている。

益田の場合も、外港的存在として中須西原遺跡・中須東原遺跡などがあり、また医光寺（崇観寺）、満福寺などの周囲の寺社には、やはり聖域・結界をつくる宗教施設としての性格を見ることができよう。

狭義の都市域としては、凝集域に存在する城と城主館、町、武家屋敷、寺院などがどのような位置関係にあるかが問題になるが、豊後府内の例では、丘上にある上原館は城主の居所だったと考えられ、そこから延びる道沿いには家臣団の館が存在したことが確実で、主従制によって結ばれた道といえる。一方、市場地名などを伴う川沿いの道は、町人地として発達したと考えられ、また方形の政庁的存在とみられる大友館の付近には、館よりさらに巨大な禅宗寺院、万寿寺も存在する。

益田の場合も、三宅御土居と七尾城を結ぶ主従制的なラインと、川沿いの上市・下市、それに妙義寺を起点とする寺院の並ぶラインといった要素が狭義の都市域のなかに包含されている。

②山城と麓の使い分け

　城下町をみる別の観点として、山城と麓との関係をみると、十六世紀中頃から、大名が山上に居所を移す現象が顕著となり、麓の館との使い分けが見られるようになる。信長の岐阜城が典型例として挙げられ、豊後府内なども同様と思われるが、基本的な機能としては、おそらく先述の「花の御所」的な区分を踏襲しており、麓の成長的な館は公的な面会の「ハレ・表」を中心とした場、山城は親しい客人を招く会所的な場（ハレ・奥）、および城主の生活の場＝ケの部分、と解釈される（図３）。

　益田の場合も、十六世紀台には山城である七尾城に拠点が移っていたことが知られるが、機能的な使い分けがどのようになされたかが問題となるだろう。

町の構造

　町においては、自然発生的に両側町が形成された「京都型」と、街区ごとの開発を草創《くさわ》け名主《なぬし》が請け負った「江戸型」という違いを想定できる。前者では、角地には会所やそこで営業する床屋が置かれるのに対し、後者では、角地には城主と関係する有力商人が居住する。豊後府内は、街路が「碁盤の目」状で、また大友館と町が隣接することから京都的と見られがちだが、角地からは「計屋」すなわち城主と結びついた有力町人と思われる分銅を製作した屋敷が発見されていることは、「江戸型」の要素といえる。

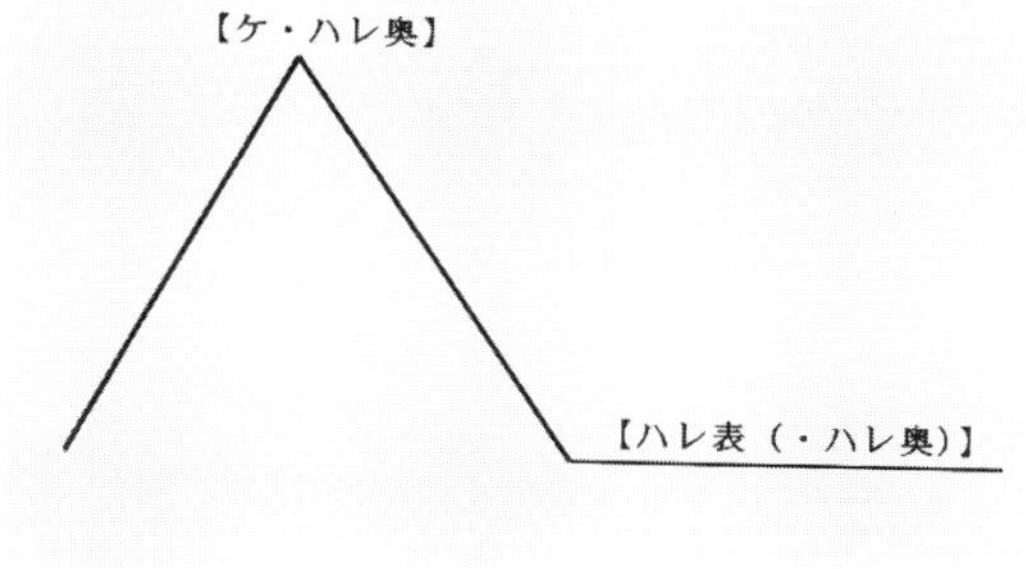

図３　山城と麓の空間概念

（2）都市における領主館と儀礼

館と館内外の諸施設については、幕府・守護系の館には、主殿・会所・常御所・庭園、犬追馬場といった共通する要素が認められ、文化的規範性の地方での受容、その共通性と具体的なあり方が論点となりうる。

対面儀礼が行われる場として館や都市をとらえ、関係性の観点から益田を例に考えると、まず中央と地方、すなわち幕府と益田氏の関係があり、その下に、石見国人一揆の中心としての益田氏の居所を、館・城のネットワークのなかでの意味としてとらえることができよう。

①正月の訪問と椀飯

京都—幕府

儀礼の規範性・階層性の問題を考えるために、室町幕府における正月儀礼を見てみると、『長禄二年（一四五八）以来申次記』（永正六年〔一五〇九〕大館尚氏奥書）などによれば、正月中に、御一家（吉良他）、奉行衆、評定衆、走衆、同朋衆、検校、観世、医師、田楽、申次衆、御部屋衆、などと面会し、また、家臣からの椀飯は、朔日：管領、二日：土岐、三日：佐々木（六角・京極）、と順に捧げられている。そしてその後、家臣邸への御成（管領〈細川〉、畠山、他）が行われる。儀礼を通じての身分秩序の確認という、首都としての都市京都の機能をそこに見ることができよう。

益田でも、『益田家文書』二六〇「裏打（直垂）出仕人数注文」は、益田宗兼が永正十三年（一五一六）正月一～四・七・十五日に大内義興らと幕府に出仕した際の記録であり、また『益田家文書』二六一号は、伊勢貞親による「殿中年中行事記録」で、益田氏が京都における幕府儀礼に参加し、学習していたことが窺える。

鎌倉府

鎌倉府における正月儀礼について見ると、『殿中以下年中行事』（享徳三年〔一四五四〕奥書）によれば、地域的な性格の下に、やはり各地の領主（家臣）の来訪と椀飯が見られる。

「（正月）十四日 外様の人々出仕、…国人一揆中之出仕ハ、或正月中、二月三日間也。小山、結城、小田、宇都宮、那須、又ハ佐竹方旁々当参之時者、皆以正月十五日ヨリ出仕アル也」

椀飯は、朔日：管領、二日：相模・安房守護隔年、三日：常陸・下野守護隔年…といった順で捧げられている。ちなみに、武家の正月の椀飯は、治承五年（一一八一）正月一日に、頼朝へ千葉常胤が捧げたものに始まる。
「千葉介常胤、献椀飯、相具三尺鯉魚、又上林下若＊、不知其員云々、」（『吾妻鏡』）（＊上林下若＝酒の肴と酒）
近隣の領主（家臣）による椀飯の献上と、それが行われる場としての鎌倉という都市の意味が、早くも現れている。

戦国大名城下町―豊後府内

戦国大名城下町における正月儀礼についても見てみると、豊後府内での年中行事を記した『当家年中作法日記』（文禄四年〈一五九五〉大友吉統）によれば、各地の領主（家臣）等の来訪があり、

「（正月）二日…賀来庄、植田庄、高田庄之衆出頭也、…四日、諸寺家衆被参候、…一府（府内）地下人参候、…六日、由布院衆参上候、…」

そして、一方で各庄郷からの椀飯の献上が行われる。

「（正月）二日…椀飯、尾形庄ヨリ調之、…三日…高田庄今日之椀飯勤申候、…七日椀飯、笠和郷より馳走、…」

地域とそのような関係をもつ大名と、その居所である城下町のもつ一つの意味を見いだすことができよう。

益田氏（の館）と領域においても、京都における将軍・家臣の関係とパラレルの関係にあったと考えられる。明証はないが、領内からの、同様の領主の来訪や椀飯が行われていたのではないだろうか。

②館の構造への反映

幕府（将軍邸）と守護所・国人館の類似（規範性）について考えてみると、幕府直臣としての性格をもつ益田氏は、「花の御所体制」のなかに益田を位置づけたのではないか。

石見国人一揆の盟主としての益田氏は、地域（国）での「守護領国」的な領域支配ではないが、中央（京都・将軍）と国人領主の直接の結びつきという意味で、権威の象徴としての館と施設を、中央（京都）の規範性、いわば「室町大名マニュアル」によって整備を図った可能性が考えられよう。

益田三宅御土居の内部構造としては、「益田氏御殿略図写」が一つの手がかりとされており、その妥当性を、幕府・守護系館の系譜における意味で考えることができるだろう。たとえば美濃の土岐氏の守護所革手のような、家臣の館群が付近に所在する景観は、三宅御土居の周囲にもあっただろうか。

③館の周辺施設—禅宗寺院と馬場

同様の視点から考えると、都市計画の一つの核として寺院の存在があり、「花の御所」と相国寺の関係は、守護所にしばしば守護館を上回る規模の禅宗寺院があることに、その影響を見ることができる。益田においても、禅宗寺院である妙義寺が、城下町の「聖なる道」の起点とも見なされている。

犬追物の馬場も、幕府・守護系の館周辺にしばしば見られる。いくつか例を挙げると、

・益田には、七尾城の麓に「上犬ノ馬場」「下犬ノ馬場」の小字名が残る。
・京都では、洛中洛外図屏風「歴博甲本」に描かれた犬追物は、足利義政以来とされる高野川付近の馬場である。
・越前の一乗谷では、朝倉氏館の前に馬場があったことが、絵図や文献に残された地名から明らかである。
・豊後府内では、正月二十日の年中行事として、犬が各地から集められて行われていた。

「廿日　犬追物、検見ハ小笠原殿、又此方（大友吉統）仕、又者、年より衆、国之衆、近辺無余儀達者の方へ申付候、…犬ハ一府又者諸郷庄ヨリ出申候、」（『当家年中作法日記』）

・観音寺城　山麓の館付近に「イノ馬場《ばんば》」の地名があり、「下御用屋敷」とも呼ばれている。
・清水山城（近江高島郡）　山麓の「御屋敷」近くに約一町四方の「犬馬場《いぬのばんば》」がある。
・三城《さんじょう》城（長崎県大村市、大村純忠居城）に残る「乾《いぬい》馬場」の地名も、「犬の馬場」の転訛と見なせよう。

④庭園と糸桜

幕府・守護系の館では、貴族の館に淵源する池のある庭園が通常伴っており、そして特に糸桜（枝垂れ桜）が、館ないし館周辺を彩る装置して、幕府・守護系の武家館によく認められる。

京都の「花の御所」では、義満の移徙直前に、近衛邸から糸桜がもたらされている。

「此庭前糸桜小木、大樹（義満）所望之由、三宝院僧正伝達之、…可移栽花亭云々、」（近衛道嗣『愚管記』永和四年〔一三七八〕二月二十八日条）

戦国大名の例では、一乗谷朝倉氏館に付随する南陽寺に、糸桜が植えられていた。

「一乗朝倉館ノ艮（東北）ニ、有佳景勝絶之霊場、号南陽寺、地形幽奇ニシテ、（中略）剰庭前ニ糸桜アリ」（『朝倉始末記』永禄十一年〔一五六八〕三月下旬）

益田では、「雪舟庭園」のひとつとして知られる医光寺庭園に枝垂れ桜があり、おそらくこのような京都を中心とする文化的規範性の下で植えられたのではないかと思う。

さらに、地方の土豪の例でも、千葉県山武《さんむ》市に所在する妙宣寺は、枝垂れ桜で知られているが、そこは京都に布教を行った日蓮宗の僧日親の生地として知られる土豪埴谷氏の城下集落であり、八幡社や東国の城下に多い「宿」地名などが残る。この枝垂れ桜も、武家における規範性と交流のなかでもたらされたのではないだろうか。

⑤祭礼の規範性

津和野の鷺舞は、中世に祇園会で行われていたものが山口経由で伝わったとされており、このような祇園社や祇園会が豊後府内など地方都市で行われていることも、規範性のひとつに数えられるだろう。

（3）時期的な変遷

最後に、時期的な変遷の問題のなかで、益田を考えてみたい。

①十五世紀前半の経済的落ち込みと、その後の「V字回復」

日本の流通経済は、十五世紀前半を境に、求心的な構造から地域主体の構造へ転換したと考えられ、中世都市も新たな段階を迎えたといえる。この時期に益田がどう変わっていったかは、ひとつの論点となろう。

②山城へ居城を移すこと

十六世紀前半（天文年間ころ）に多くみられる現象であり、先述のような麓と山上の機能分化もみられる。益田では、どうであろうか。

③近世都市化の問題

織豊期から江戸初期にかけて、すなわち近世化の過程で、城下町の立地は、領国の経済的中心地としての機能や全国流通とのリンクを重視して、山間部から平地へ、特に水運の便がある場所へ移動することが多い。しかし近世化しなかった都市も存在し、益田はそのような中世段階の様相をとどめる城下町として意味がある。

近世化という観点で、どこまで行っていたか、どこから先はないか、あるいはどの部分がどう近世化したか／しなかったか、というのが、この種の都市を見る一つの指標になるだろう。立地はそのままで近世城下町へ変貌した例として、越後の村上を挙げることができ、本誌一四号（二〇〇八年）でも触れた。

益田の場合、最後に居所を再び平地すなわち三宅御土居に戻すものの、「豊臣大名マニュアル」的な、本格的な近世城下町の段階までは行っていないとみられる。そして、慶長五年（一六〇〇）以後、益田氏が須佐へ移転したため、城下町としての益田はそこで止まり、地域的な市町として再生することとなる。

「中世以上・近世未満」の城下町

このように、近世化の途中で廃城となり、城下町ではなくなった所は、かなり存在する。豊後府内、大村、神岡（江馬氏）、近江八幡、安芸吉田（郡山城）、等々であり、このような「中世以上・近世未満」の一群の旧城下町は、それ自体研究対象になりうる。織豊系、織豊系とは違う論理で進んでいた所、たとえば幕府・守護系の様相を織豊期まで留めた豊後府内など、そのあり方はさまざまである。

そしてこのような、途中で廃城となり城下町ではなくなった都市は、近世→近代の変化、すなわち、都市から城と武家屋敷がなくなる、という現象の先取りでもあったのである。

近世都市の形成に伴う問題

では、近世都市の建設と再編は、何をもたらしただろうか。都市構造と地域構造の改変の一方、「コト」の面から考えてみると、近世都市の建設と人口流入・集密化に伴う特徴として、近世初頭の都市には、暴力的な段階があったように思われる。戦乱が終わっても、社会はすぐに平和にはならなかったとみられ、洛中洛外図屛風「舟木本」などの近世初期の風俗画にかなり見られる暴力的な場面は、おそらくそのことを示している。

最近筆者は、近世初期風俗画に「うどん屋」もまたしばしば見られることに気づいたが、うどん屋（外食産業）の存在する場所、という性格を都市に見ることができる。単に「商工業」ではなく、「何屋さんがどうあったか」のレベルで考えてみることも必要だろう。その際の区分としては、

①住民ないし共同体に必要なもの、たとえば床屋とか、あるいは、村の鍛冶屋、紺屋といったものがまずあるが、一方で、近世初頭の都市は、共同体に属さない新規住民も多かったはずで、共同体外の需要もあったはずである。外食産業などは、その性格が強いだろう。そして、それは、

②地域ないし都市外の住民にとって必要なものでもある。うどん屋の独特な看板は、江戸時代中期には、市中を離れて宿場の風物詩となっていったようだが、それは、共同体外の人間が利用する場に必要なものだったから、と意味づけることもできよう。

近世、市町としての益田には、そんなうどん屋はあっただろうか？——遊び、ハレの日常化としての都市、という中井信彦の定義も思い起こされる。

【参考文献】
小野均（晃嗣）『近世城下町の研究』至文堂　一九二八年、増補版＝法政大学出版会　一九九三年
原田伴彦『中世における都市の研究』講談社　一九四二年

豊田　武『〈増訂〉日本中世商業史の研究』岩波書店　一九四四／一九五二年
『日本の封建都市』岩波書店　一九五二年
川上　貢『日本中世住宅の研究』墨水書房　一九六七年
矢守一彦『都市プランの研究―変容系列と空間構成』大明堂　一九七〇年
中井信彦『町人』小学館「日本の歴史」二一　一九七五年
松山　宏『守護城下町の研究』大学堂書店　一九八二年
小林健太郎『戦国城下町の研究』大明堂　一九八五年
玉井哲雄『江戸―失われた都市空間を読む』平凡社　一九八六年
小野正敏『戦国城下町の考古学―一乗谷からのメッセージ』講談社　一九九七年
二木謙一『中世武家の作法』吉川弘文館　一九九九年
千田嘉博『織豊系城郭の形成』東京大学出版会　二〇〇〇年
『信長の城』岩波新書　二〇一三年
神岡町教育委員会『江馬氏城館跡Ⅴ』二〇〇一年
小島道裕『戦国・織豊期の都市と地域』青史出版　二〇〇五年
「山村報告へのコメント（村上城下町に見る中世と近世）」『中世都市研究』一四　二〇〇八年
『史跡で読む日本の歴史7　戦国の時代』（編著）吉川弘文館　二〇〇九年
『描かれた戦国の京都―洛中洛外図屏風を読む』吉川弘文館　二〇〇九年
『洛中洛外図屏風―つくられた〈京都〉を読み解く―』吉川弘文館　二〇一六年
「近世初期の風俗画に見える『うどん屋』について」『国立歴史民俗博物館研究報告』第二〇〇集　二〇一六年
内堀信雄他編『守護所と戦国城下町』高志書院　二〇〇六年
鹿毛敏夫編『戦国大名大友氏と豊後府内』高志書院　二〇〇八年
田北学編『増補訂正　編年大友史料　三一　大友家書札礼他』私家版　一九七〇年
『群書類従　第二二輯、武家部』続群書類従完成会

〔益田関係〕

廣田八穂『中世益田氏の遺跡』私家版　一九八五年
井上寛司・岡崎三郎『史料集・益田兼見とその時代』益田市教育委員会　一九九四年
『史料集・益田兼堯とその時代』同　一九九六年
『史料集・益田藤兼・元祥とその時代』同　一九九九年
前川要「出土土器・陶磁器から三宅御土居を考える」（『歴史手帖』二三―五「小特集　中世の　城・館・まち（益田「まちづくりシンポジウム・歴史の扉を開く」一九九四年七月）」一九九五年）
東京大学史料編纂所編『大日本古文書　家わけ第二十二　益田家文書』　二〇〇〇年～
益田市教育委員会『史跡益田氏城館跡』　二〇一〇年
益田市教育委員会『中世の益田を歩いてみよう』第三版　二〇一一年

益田氏城館跡（三宅御土居跡・七尾城跡）の構造

木原　光・松本美樹

はじめに

史跡益田氏城館跡は島根県益田市に所在する。当市は島根県の西端に位置し、北は日本海、南は中国山地に面した自然豊かな地方都市である。一級河川高津川と二級河川益田川の堆積作用によって形成された益田平野上に市街地が展開し、なかでも益田氏城館跡が所在する益田地区は、石見国を中心として勢力を誇った中世の豪族益田氏が本拠を置いたことにより早くから発展した地域である。

益田氏の居館跡の三宅御土居跡と山城跡の七尾城跡は、二〇〇四年に両遺跡をあわせ、益田氏城館跡として国の史跡に指定された。両遺跡に挟まれた地域には短冊形の地割や、「犬の馬場」、「上市」、「中市」、「下市」等の地名、益田氏ゆかりの寺社等、中世に由来する文化遺産が数多く残り、中世期に形作られた町の骨格上に現代の町が形成されている。

本稿では、南北朝時代以降、益田氏が政治・軍事の拠点としたそれぞれの遺跡について概観し、あわせて近年、益田市が進めてきた発掘調査の成果も紹介する。

一　三宅御土居跡

（1）位置と環境

三宅御土居跡は、益田川を約五キロメートル遡った右岸微高地上に立地する平地居館跡であり、益田川を挟んだ対岸の丘陵上には七尾城跡が所在する。遺跡周辺の地名には、「ヲトイ」、「土井後」、「土井」、「袴田」のほか、「板倉」、「三宅」等があり、古代の屯倉との関連も指摘されている。

昭和二十二年（一九四七）に米極東空軍が撮影した空中写真を見ると、三宅御土居跡の北西に広がる水田は碁盤の目状に区画されていることが確認でき、条里制の区割りを継承しているものと考えられる。現在も農業用水は、三宅御土居跡から益田川を三〇〇メートルほど遡った地点で取水され、遺跡の北側を通って下流へと供給されており、館は農業用水を掌握する目的もあわせもっていた可能性がある。

（2）遺跡の歴史

三宅御土居について記載された中世文書は伝わっておらず、築造者及びその時期は不明であるが、南北朝期に益田兼見が三宅御土居を築造したと考えられてきた。また、近世文書の記載ではあるものの、天正十二年（一五八四）に益田元祥が三宅御土居を改修して七尾城から下城したことが知られており、毛利氏との対立から七尾城に本拠を移していた藤兼・元祥親子が、和睦の後に下城して三宅御土居を再び本拠にしたものと考えられている。

関ヶ原の戦いの後、益田氏は長門国須佐へ移封されたことから館は廃絶し、その跡地に元家臣が浄土真宗泉光寺を建立したと伝わる。そのため、近年まで館の敷地はその大部分を寺院境内地として、また土塁は墓地として利用されてきた経緯がある。

二〇〇五年に寺院の移転計画が持ち上がったことから益田市が公有化を進め、二〇一五年度をもって寺院の移転及び境内地の公有化が終了した。

（3）館の姿〜近年の発掘調査から

三宅御土居跡の東西には、現在も土塁が残り、長さは東土塁八七メートル、西土塁五三メートル、高さは東西ともに約五メートルの規模を誇る。

一九九〇年度以降、遺跡の範囲確認、内容確認調査のほか、道路建設に伴う緊急調査を実施しており、その結果、土塁の周囲には堀

図1　益田氏城館跡の位置

が廻っていたことが判明している。東西の堀は幅約九メートル、深さ約三メートルの断面台形状の箱堀が検出されたのに対して、北側の堀は最大幅一六メートル、深さ約一・五メートル、落ち込み斜面は比較的緩やかなうえ、階段状の加工が施されていた。また、東西と北側の堀は、内部に粘質土が厚く堆積していたことから滞水した堀であったと考えられる一方、南堀は粘質土と砂礫層の堆積状況及び岸に設けられた護岸施設の存在から、流れのある川状の堀であったと推測される。このような構造の違いから、東西の堀と南・北側の堀は異なる時期に築造されたものと考えられる。

これらの調査成果から、堀を含めた館の規模は東西一九〇メートル、南北一一〇メートルに及ぶことが明らかとなり、北東端が北側に突出する不整形を呈するものの、概ね一町×二町を志向した館であることが判明した。堀と土塁に守られた屋敷地内では、三期にわたる遺構が確認されている。第一期は十二~十三世紀、第二期は十五世紀頃、第三期は十六世紀頃であり、従来考えられてきた築造時期を遡る遺構と遺物が確認された。ただし、このことをもって直ちに三宅御土居が十二世紀から存在したと結論付けることは時期尚早であり、関連分野の研究成果とあわせて判断する必要がある。

このうち、遺構がまとまって検出されたのは第三期である。数少ない礎石建物跡であるＳＢ０１は、二間×半間以上の規模で、周辺から石敷き面が検出されたうえ、鞴の羽口や鉄滓が出土していることから、鍛冶にかかわる施設と推測される。また、五間×四間の総柱建物跡や石積み井戸跡なども見つかっており、他の時期と比較して建築物の種類は多様で、施設が機能分化し館の整備が進んでいた状況を窺うことができる。

また、寺院移転の完了に伴い、二〇〇八年度からは館の中心部における発掘調査を実施している。調査にあたっては、目的の一つとして、屋敷地の南端及び北端の状況を把握することを掲げた。調査前の南端の状況は、いぶし瓦を多量に含む礫土が盛り上げられた状態で、近世以後の造成跡とも思われた。トレンチ調査の結果、近世以降の堆積土の下層に中世の土塁が埋没していることが新たに確認された。土塁は現存高約一・八メートル、基底部幅約六・五メートルで、一辺四〇センチメートル程度の粘質土の塊を積み重ねて築造されていた。また、南土塁は屋敷地の中央やや西寄りで途切れており、虎口が設けられていた可能性もある。なお、南土塁の北側裾は階段状に加工されていることが明らかとなり、現状で三段確認されている。その意図は不明であるが、階段の角に崩れはほとんどみられないため、後世に掘削された可能性もある。土塁は、土質の違いから二時期にわたって造られたことがわ

写真1　三宅御土居跡と周辺の景観

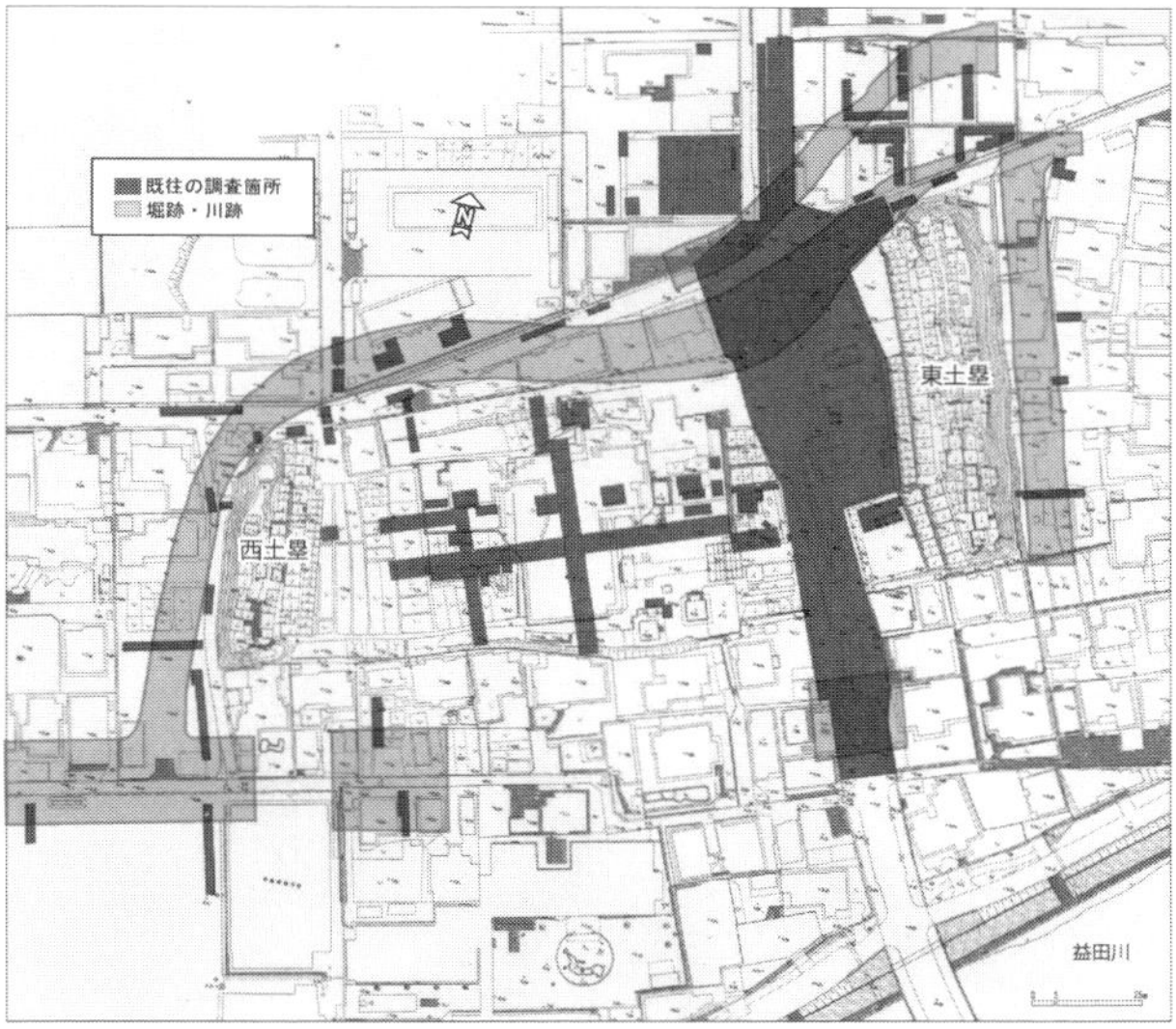

図2　調査区配置図

かり、初期の土塁は室町期（十五世紀頃）に築造されたものと推測される。

一方、北側においても土塁の存在を想定して調査を進めたものの、その痕跡は確認できず、現段階では北側に土塁は存在していなかったものと考えている。七尾城との位置関係から大手は南側に設けられていたと考えられ、裏側にあたる北側は柵などの施設によって区切られていた可能性もあり、今後の継続した調査が必要である。

また、現在の西土塁より約四〇メートル内側の位置において、北西から南東に向かって延びる溝跡と土手状遺構を検出した。溝跡は幅約二・七メートル、深さ約八〇センチメートルで、断面形状は逆台形状を呈する。溝内は下層に暗灰色粘質土が薄く堆積し、その上層は溝の肩まで砂礫土が堆積しており、ある時期に人為的に埋め戻されたものとみられる。また、溝に東接して幅約三メートルの緩やかに盛り上がった土手状遺構が見つかっている。表面には多数の角礫が張り付いており、崩落防止のためとも考えられた。現時点では、これらの性格は不明であるものの、二つの

写真２　南土塁

写真３　溝跡と土手状遺構

可能性を想定している。一つは館内の区画施設、もう一つは西土塁築造以前の館の西限の可能性である。なお、溝跡が検出された位置は、東から西に向かって土地が一段下がる変換点と合致しており、溝を境に土地利用のあり方も異なっていたと思われる。

その他、ピットが多数検出されており、建物に復元できたものの一つに、雨落ち溝を伴う建物跡がある。規模は三間×二間以上、柱間約一九〇センチメートル、周囲に浅い皿状の溝が廻っていた。既往の発掘調査の結果から十五世紀代の建物跡と向きが一致しており、屋敷地の中央から東側にかけて計画的に建物が配置されていたことが明らかとなった。

また、調査では縄文土器から近現代の陶磁器まで多様な遺物が出土している。その割合は古代の土器が約三割、中世の土器・陶磁器類が約四割、近世以降の陶磁器が約三割である。全般的に破片は小さく、包含層を中心に出土している。

このうち中世の供膳具の出土状況を見てみると、中国製陶磁器が大半を占めること、時期的に二つの波があることが指摘できる。一つ目の波は十二世紀中頃から後半、二つ目は十五世紀末から十六世紀中頃であり、上述した遺構の時期区分と概ね一致する。

また、少量ではあるが朝鮮製陶磁器の碗、皿、瓶等も出土している。

（4）まとめ

発掘調査の結果から、三宅御土居は段階的に整備・拡張されたことが明らかとなってきた。現在、出土遺物の整理作業中であることから、本稿では途中経過を報告するにとどまったが、作業の進展によって新たな事実が明らかになるものと期待される。

今後の調査では、館の築造時期、虎口の状況をはじめとした館の構造を明らかにするとともに、東西土塁の発掘調査を行い、館内の諸施設と土塁の関係性、ひいては三宅御土居の成立と発展の過程を解明する必要がある。

二　七尾城跡

(1) はじめに

益田氏が戦時の拠点とした七尾城は、益田本郷の中心地域を眼下に望む丘陵上に築城された。河口域の湊と城下を、さらに益田氏が鎌倉時代に一時期本拠とした中流域の山道地域や、平安時代に銅山が開発された上流域とを結ぶ益田川の水運に接し、標高約一一八メートルの本丸曲輪からは、益田川の対岸に築かれた三宅御土居跡や、中世の時代に次々と湊町が展開した高津川・益田川河口域までを眺望することができる。

城外の尾根に続く土橋を結界とする南端の曲輪から、中央に谷を挟んで北に開く細長い尾根の先端にかけて三〇あまりの曲輪が残る。築城当時の城域は、城下に面した西尾根先端部の通称尾崎丸を含む部分と推定されている。戦国時代の最終段階には、本丸と二の段からなる主郭を中心に、堀切で区切られた一定の独立性を有する七群の曲輪群を尾根上に連続させて全体の城郭を形成した。

石垣は築かれなかったが、谷の最深部に面した南端曲輪の東斜面と東尾根の先端曲輪に畝状空堀群を構築して、東側からの敵の侵入に備えた。北向きの谷間には城道と家臣団の屋敷地が推定されているが、調査は行われていない。

城域の南西を画する桜谷には益田兼家と益田藤兼の供養塔と伝わる大型の花崗岩製の五輪塔がある。西側斜面の中腹には寛文四年(一六六四)に浜田藩主松平氏によって住吉神社が移築造営された。かつては山麓に沿って旧河道を起源とした低湿地や池が続いていた。北西の山麓には益田兼堯の隠居所大雄庵跡、兼堯の供養塔とされる宝篋印塔の一部が残る。城域の北は益田川に接し、対岸の臨済宗医光寺に残る総門は、七尾城の大手門を移築したもの

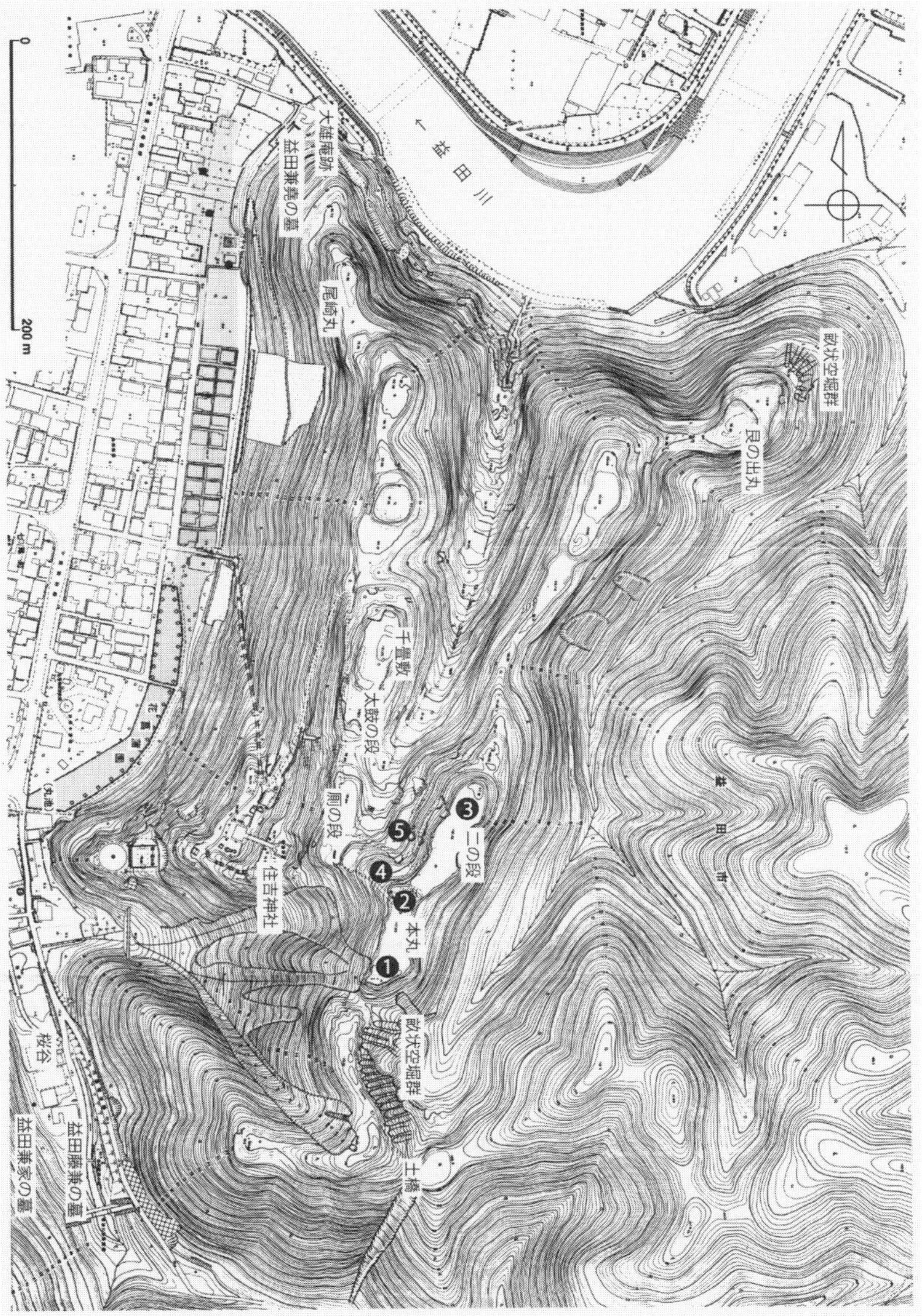

0
200 m
← 益田川
大雄庵跡
益田兼堯の墓
尾崎丸
畝状空堀群
艮の出丸
千畳敷
太鼓の段
厠の段
❸
二の段
❺
❹
❷
本丸
❶
住吉神社
畝状空堀群
土橋
桜谷
益田藤兼の墓
益田兼家の墓

図3　七尾城跡平面図

と伝えられている。

（2）史料に見える益田城・七尾城

七尾城が史料で確認できる最初の文書は「内兼茂軍忠状写」（萩藩閥閲録一二一／周布吉兵衛二五〇）で、南北朝時代初期の延元元年（一三三六）に三隅氏方の藤原兼茂が尊氏方の益田兼行らを「益田城」に攻め、「北尾崎木戸」を破って合戦したという。北尾崎木戸は、成立期の城域と考えられる西尾根の最北端、益田川に面した山麓にあった城門と推定される。

南北朝時代の末期には、大内氏内部の対立に起因して、大内義弘が永安氏らを動員して弟の満弘を支持した益田氏を攻撃したことが「大内氏奉行人連署書状」（益田家文書八二）、から知られる。これが史料にみえる「七尾城」の初見である。また、「大内氏奉行人連署奉書」（益田家文書七六）と「大内氏奉行人連署奉書案」（益田家文書八六）により、実際に大内義弘の勢力が一時期益田を占領して「七尾城」を含むいくつかの城を接収していたこと、さらに、大内氏が没収した益田庄地頭職を再び益田氏に返還する引き換えに要害（山城）の破却が命じられたことがわかり、この時に七尾城が破壊された可能性がある。なお、これ以後、廃城までの間に城と城下が戦場となることはなかった。

天文二十年（一五五一）に大内義隆に対して挙兵した家臣陶隆房は、天文二十四年（一五五五）に厳島合戦で毛利元就に敗れて戦死した。陶氏と姻戚関係にあり、事前に挙兵が伝えられていた益田藤兼は、大内氏滅亡前後から高まった毛利氏との緊張のなかで七尾城の大改修を行ったといわれる。

近世文書には事実と反する記載も少なくないが、江戸初期と考えられる「全鼎（益田藤兼）領地覚書」（益田家文書八五）では、藤兼が城山の「滝尾之南大手之曲輪」に一年居住し、その間に「山（あるいは正か）路」の普請が完成したのでそこに移って十年過ごした後、天正十七年（一五八九）に三隅之大寺（龍雲寺）へ移ったという。また、

「益田氏系図抄出」（萩藩閥閲録七／益田越中）には「益田七尾之城ニ数代住居」との記述がみえる。

さらに、年月日未詳の小国彦兵衛輯録「牛庵様御代覚書」（益田家文書・益田市誌）によると、天正十一年（一五八三）から十二年にかけて、増野甲斐守と宅野不休庵を責任者として三宅御土居の改修が行われたという。

このような歴史的な情勢と文書の記述により、戦国時代末期に益田氏は、毛利氏からの攻撃に備えて七尾城を居城化して山頂に移り住み、弘治三年（一五五七）に毛利氏へ服属した後は、日本海交易で蓄えた富を背景として毛利氏との関係を安定化させるとともに、天正十年（一五八二）の毛利氏と豊臣秀吉との和睦による争乱の終結を機に下城し、大規模な堀と土塁を備えた平地城として整備拡充された三宅御土居を再び本拠とした、と考えられてきた。

慶長五年（一六〇〇）の関ヶ原の戦いの後、西軍方に属した毛利氏の領国の削減と萩への転封に伴い、益田元祥は毛利氏に従って長門国阿武郡須佐村へ移住し、七尾城は廃城となった。

(3) 山頂で発見された建物跡

一九九二年度から一九九九年度にかけて発掘調査が行われ、

写真4　本丸北端の門

城の中心部である主郭とその周辺の曲輪で建物跡の存在が明らかにされた。

①本丸北端の門

全長約七〇メートル、幅一〇～一五メートルの細長い本丸曲輪の北端部、二の段側からの入り口部分で、一〇メートル（五間）×四メートル（二間）の長方形の礎石建物が、横向きの位置でほぼ完全な状態で発見された。建物の長辺・短辺ともに、一個ないし二個の割石を挟んで、三〇～五〇センチメートルの扁平な河原石の礎石が約六〇センチメートルの間隔で据えられていた。中央には通路状に幅二メートルのやや小ぶりな礎石列が重なり、建物の長辺から八〇センチメートルほど突出した部分には割石が平らに並べられていた。建物の内側には全面に細礫が敷き詰められていたが、特に硬化はしていなかった。

隣接する二の段の南端も含めて五八〇点あまりの瓦（丸瓦、軒丸瓦、軒平瓦）が出土し、この建物跡に隣接する東側の斜面からも二二〇〇点あまりの土師質土器とともに約五六〇点の瓦が採取されている。遺構の構造や位置と、一帯に大量の瓦片が散布する状況から、この建物は瓦葺きの櫓門であったと考えられる。なお、大半の丸瓦に、天正前半期以前のコビキAの技法による斜め方向の撚り糸による切り離し痕跡が残る。

②本丸南端の建物

本丸曲輪の南端からは礎石建物が発見された。建物の南側は、土塁と高さ一二メートルの深い堀切で防御されている。礎石には河原石と平らな割石が併用されていたが、多くが失われていた。断片的に残る礎石から推定し、東側に張り出した平場を造成して建物の敷地を確保し、八間×三ないし四間規模の建物と、東側に雨落溝を伴う別棟の建物が接していたと考えられた。

約四六〇〇点の多種多様なやきものが平方メートルあたり二一・八点の高い密度で出土した。このうち土師質土器の皿が約四一〇〇点あり、やきもの全体の八九、三％を占める点が注目される。貿易陶磁は約一九八点で、やきもの全体の四・三％を占め、その内訳は青磁〇・三％、白磁一・五％、青花二・一％で、青花が優位である。

重厚な門を通過して至る城の最深部の大型建物であり、遺物に関しては、生活具に加えて大量の土師質土器の皿と、非日常的といえる土器製香炉や翡翠釉小皿、美濃天目茶碗、古瀬戸瓶子なども混在している。このような遺構と遺物の状況から領主の居住空間であったと考えられる。

③二の段北端の建物と庭園

本丸曲輪の北には、約一メートル低い全長約八〇メートル、幅一五〜二〇メートルの二の段曲輪が連続する。曲輪の東西の縁辺には約五〇センチメートルの土塁状の高まりが巡り、北には櫓台状のやや高い平場が残り、高さ約七メートルの堀切に面している。

曲輪の北寄りで、曲輪を横切る東西方向に約一五メートルにわたって幅五〇センチメートルの石組みの溝が検出された。この区画溝の北側で礎石の一部が確認されたが、大半の礎石が失われており、建物の規模や平面形については判然としない。西側では四〇〜五〇センチメートルの割石が、東側では三〇〜四〇センチメートルの割石と河原石が礎石として使われており、このような石材の用いられ方と大きさの違いから、東西に二棟の建物が並んで存在したと考えられた。

また、東側建物の北側に接して、一間×一・五間の石組み区画の内側に、五〜八センチメートルの平らな砂利を等間隔に丁寧に敷き詰めた遺構が発見された。この砂利の化粧敷き区画は、一乗谷朝倉氏遺跡における茶庭の一様式に類似するものであり、建物に付設された小規模な庭園と考えられている。さらに、西側の建物の北からはさまざまな大きさの石が廃棄された状態の五・〇メートル×四・四メートル、深さ〇・六メートルの不整形の土坑が検出されたが、これについても、砂利の化粧敷き区画とともに庭園を構成した池として使われていた可能性がある。

一〇〇〇点あまりのやきものが平方メートルあたり四・一点の密度で出土し、このうち土師質土器の皿が約八四〇点あり、やきもの全体の八三・一％を占める。中国陶磁は二一点あり、全体の二・〇％にあたる。青磁が比較的多い一方で青花がほとんど見られない点は本丸跡南端における貿易陶磁の様相とは異なる。また、威信財的な青磁盤や白磁壺があり、茶庭との関連性も考えられる中国製の天目茶碗も出土している。

④本丸北側腰曲輪の塀

本丸曲輪の北西側斜面の上段に築かれた七×二〇メートルの小規模な腰曲輪からも礎石列が発見された。曲輪の縁辺に三〇〜四〇センチメートルの扁平な河原石が一メートル間隔で直線上に据えられ、この礎石列の外側には小ぶりの割石が列状に積み重なっていた。曲輪の内側で、この礎石列に対応する位置に礎石が確認できなかったことから、建物の礎石ではなく、礎石建ての築地塀の可能性が考えられた。礎石列の内側には、五〇センチメートル大の割石を人為的に集めた遺構が確認されたが、用途は不明である。

遺物は、流れ込みと思われる土師質土器や瓦など約三〇点とごくわずかで、居住空間とは考えにくい。主郭の斜面の中腹に付設され、大手を見下ろす位置を占めることから、塀を築いて防御や収容のために機能した曲輪と推定される。

⑤二の段西側帯曲輪の建物

二の段西側の斜面中腹に造成された全長二四メートル、幅五〜六メートルの曲輪からも礎石建物が一棟発見された。北東隅では背後の岩盤をも削平し、平場いっぱいに長辺二一・七メー

写真5　二の段西側帯曲輪の建物

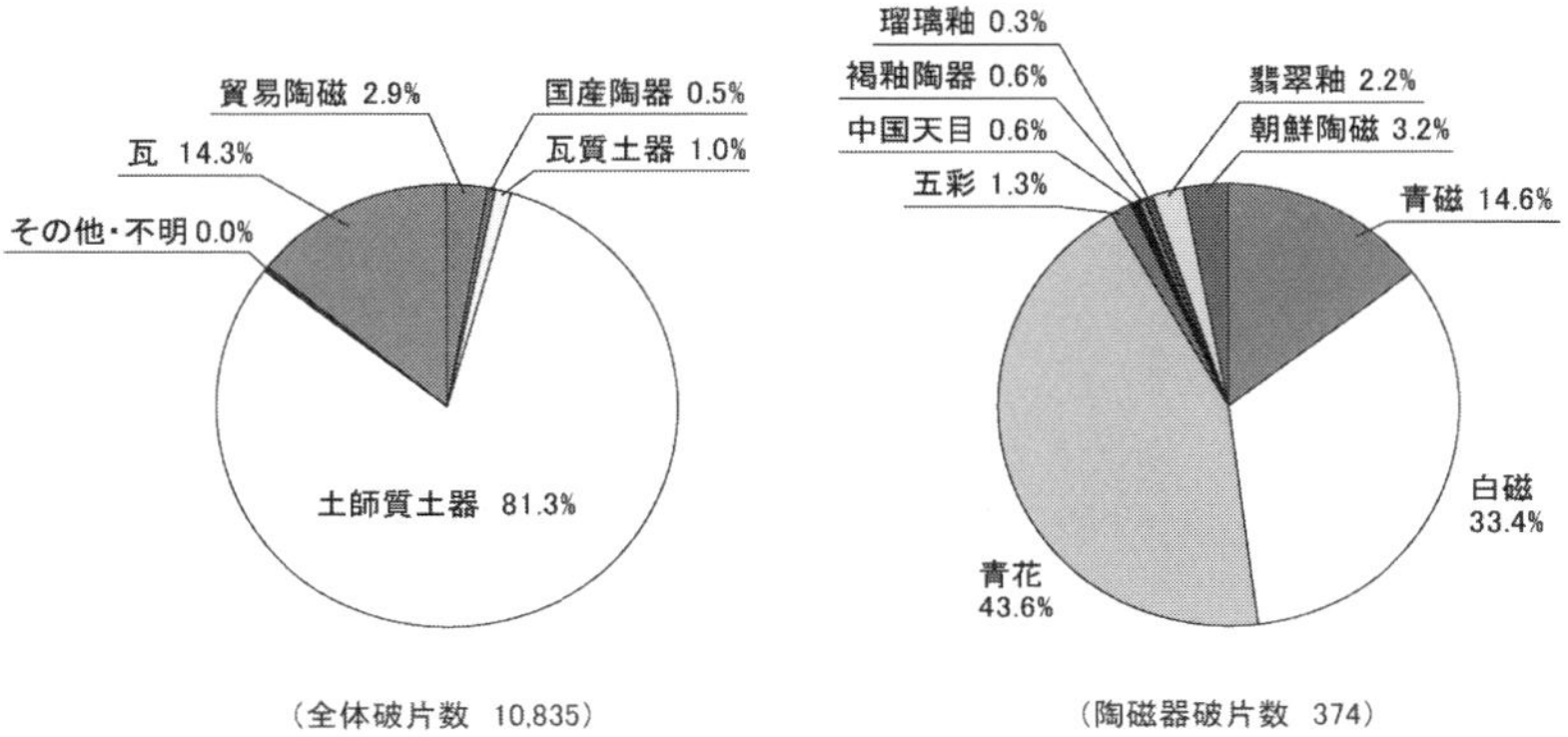

図4　七尾城跡出土のやきもの全体と貿易陶磁の組成

トル（一一間）×短辺五・〇メートル（二間半）の大型の建物が建てられていた。礎石は三〇センチメートル程度の扁平な河原石で、建物の短辺では一メートル間隔で、長辺では二メートル間隔で据えられ、礎石の間には割石が挟まれていた。礎石列上には、本丸北側の腰曲輪の礎石列と同じように小さな割石が積み重なった状態であった。建物の内側に間仕切りの礎石列が確認され、南側から二間、二間、二間、五間の四つの空間に区切られていた。敷地の下層では人為的に敷かれた厚さ約一〇センチメートルの炭化物層が確認されている。

遺物は極めて少なく、やきものは一〇七点である。このうち中国陶磁は一三点と少量だが、青磁香炉、青磁盤、青花壺蓋など威信財的な器種や、瑠璃釉小坏など希少な遺物が含まれるという特徴がある。

生活具がなく、建物の形状や構造と、防湿のためと思われる炭化物層の盛土から倉庫としての機能が考えられるが、城道を登り切って到達する廐の段を側面から見下ろす位置を占める大型建物であり、また、やや特殊ともいえる中国陶磁の組成から、さらに別の機能も持ち合わせていた可能性が考えられ、検証が必要である。

（4）まとめ

このように、益田氏は毛利氏との緊張が高まるなかで七尾城を改修し、いったん三宅御土居を離れて山城に本拠を移して居住したという文献の記述が、発掘調査によって遺構と遺物からも確かめられたといえる。

城の中心部である主郭とその周辺で発見された礎石建物は、細長く狭い尾根を造成し、平場を確保して建てられていた。本丸と二の段では、建物は曲輪の端部に所在し、中央部には建物は存在しない。礎石の大半は丸みを帯びた扁平な河原石だが、本丸南端と二の段北端の建物には割石の礎石も用いられ、柱間の規格は六尺五寸を基準にしていた。これらの礎石建物に先行する遺構として、本丸南端の土塁基底部下層の溝跡、本丸入り口の門跡の下層で確認された鍛冶炉跡と造成土に含まれる瓦、二の段南端の敷石面などがある。改修前後の短期間での変遷と推定されるが、具体的な時期は不明である。

出土し、また表面採取されたやきものは一万八〇〇点あまりで、このうち三一四点を占める貿易陶磁の内訳は中国陶磁三〇四点、朝鮮陶磁一〇点である。十三世紀代に遡る青磁蓮弁文碗や十四・十五世紀代の青磁・白磁、十六世紀末まで下る華南産の粗製の青花が少量あるものの、貿易陶磁の主体は十六世紀前半末から第３四半期過ぎの間に使用され、廃棄されたものと考えられる。

また、本丸曲輪の南端と二の段の北端では、やきもの全体に対する土師質土器の皿が、他の調査区と比較して際立って高い比率で出土したことが注目される。そのなかには、わずかではあるが京都系や大内系の特徴をもつ土師器皿も含まれていた。領主による酒宴を伴う儀礼が日常的に行われた場と考えられ、本丸の奥には主殿が、二の段の北端部には庭園を備えた会所と常御殿の性格を兼ねた建物があったと推定される。

〈付記〉本文中の土器・陶磁器の種別及び数量は、一九九八年報告書に掲載した出土陶磁器分類表の点数に一九九九年度までの継続調査に伴う出土点数を加算したものである。（二〇一四年度益田大会時点）

【参考文献】

益田公民館『益田町史　上巻』一九五二年
益田市教育委員会『三宅御土居跡』一九九一年
益田市教育委員会『三宅御土居跡Ⅱ』一九九二年
藤原武二「戦国城下町の茶の湯と茶庭について」『福井県立博物館研究紀要』第6号　福井県立博物館　一九九八年
益田市教育委員会『七尾城跡・三宅御土居跡―益田氏関連遺跡群発掘調査報告書―』一九九八年
村上　勇「益田七尾城跡出土遺物の組成―陶磁器を中心として―」『七尾城跡・三宅御土居跡―益田氏関連遺跡群発掘調査報告書―』益田市教育委員会　一九九八年
千田嘉博「七尾城・三宅御土居跡の構造『七尾城跡・三宅御土居跡―益田氏関連遺跡群発掘調査報告書―』益田市教育委員会　一九九八年
益田市教育委員会『沖田七尾線街路整備事業に係る埋蔵文化財発掘調査　三宅御土居跡』二〇〇二年
益田市教育委員会『市内遺跡発掘調査報告書Ⅰ』二〇〇三年
村上　勇「地域研究と貿易陶磁・山陰―特に島根県益田川流域の発掘成果からの考察―」『貿易陶磁研究』No.29　日本貿易陶磁研究会二〇〇九

中須東原遺跡と港湾遺跡群

長澤和幸

一　はじめに

益田市内には中世の遺跡、建造物が数多く残されている。その多くは益田を本拠とした有力武士団の益田氏にかかわる遺跡である。とくに、益田氏城館跡（七尾城跡、三宅御土居跡）を中心としたかつての益田本郷、七尾城下町には中世が色濃く残されている。

戦国時代の益田氏は、博多の一部や萩沖に浮かぶ見島《みしま》といった海洋貿易の拠点となる地を領有する海洋領主としての性格を持ち合わせており、積極的な交易によって強固な経済基盤を築き、勢力を伸張していったと考えられている。

その交易拠点に関し、かつては、中世今市遺跡（中世今市船着場跡）が唯一知られるのみで、文献面から益田川河口部の中須周辺にも港の存在が推定されながらも、その実態は不明のままであったが、益田氏城館跡が国史跡となった平成十六年（二〇〇四）以降、道路建設や区画整理事業に伴い、益田川下流域において沖手《おきて》遺跡や中須西原《なかずにしはら》遺跡、中須東原遺跡の港湾遺跡が相次いで発見され、調査が行われてきた。

このうち中須東原遺跡は、わが国における中世港湾遺跡の代表的事例として、平成二十六年（二〇一四）三月に

益田川、高津川下流域の中世遺跡

国史跡に指定された。そこで、これまでの調査成果を踏まえ、益田川下流域の港湾遺跡の変遷について紹介する。

二　益田川下流域の港湾遺跡

縄文時代前期（約六〇〇〇年前）の益田平野は、益田川流域においては、三宅一帯まで海に覆われていたと考えられている。この頃より、海岸部に砂州が形成されはじめ、やがて湾を閉塞するように砂丘が発達して、潟湖が形成される。上流からの土砂の堆積によって、潟湖は次第にその規模を縮小するものの、中世段階においても、潟湖的景観は存続しており、港に適した地理的条件が備わっていたと考えられる。

（一）沖手遺跡（益田市久城町）

①立地と歴史的環境

益田川河口部から一キロメートルほど遡った今市川と益田川の合流地点北東域に所在し、標高二メートル前後の低平な水田地帯に立地する。遺跡の推定面積は約八万六〇〇〇平方メートルである。

遺跡内には、専福地《せんぷくぢ》（寺）の寺院地名が残っており、近世には益田七浦の浦事務を掌握する浜田藩益田組専福寺浦番所が置かれた場所である。

遺跡の南側に接する今市川は、昭和十年代に河川改修が行われるまでは益田川の本流であった。

②主な遺構と遺物

遺跡からは、掘立柱建物跡一四〇棟、方形竪穴建物三棟、井戸一八基、墓九二基、道路遺構などが検出された。

道路遺構は、皿状に浅く掘り窪められたものや両側に側溝状の窪みをもつものが見つかっている。集落内は、この道路遺構や柵列によって直線状あるいは方形の区画を構成し、おおむねこの区画に沿って建物が立ち並んでいる。

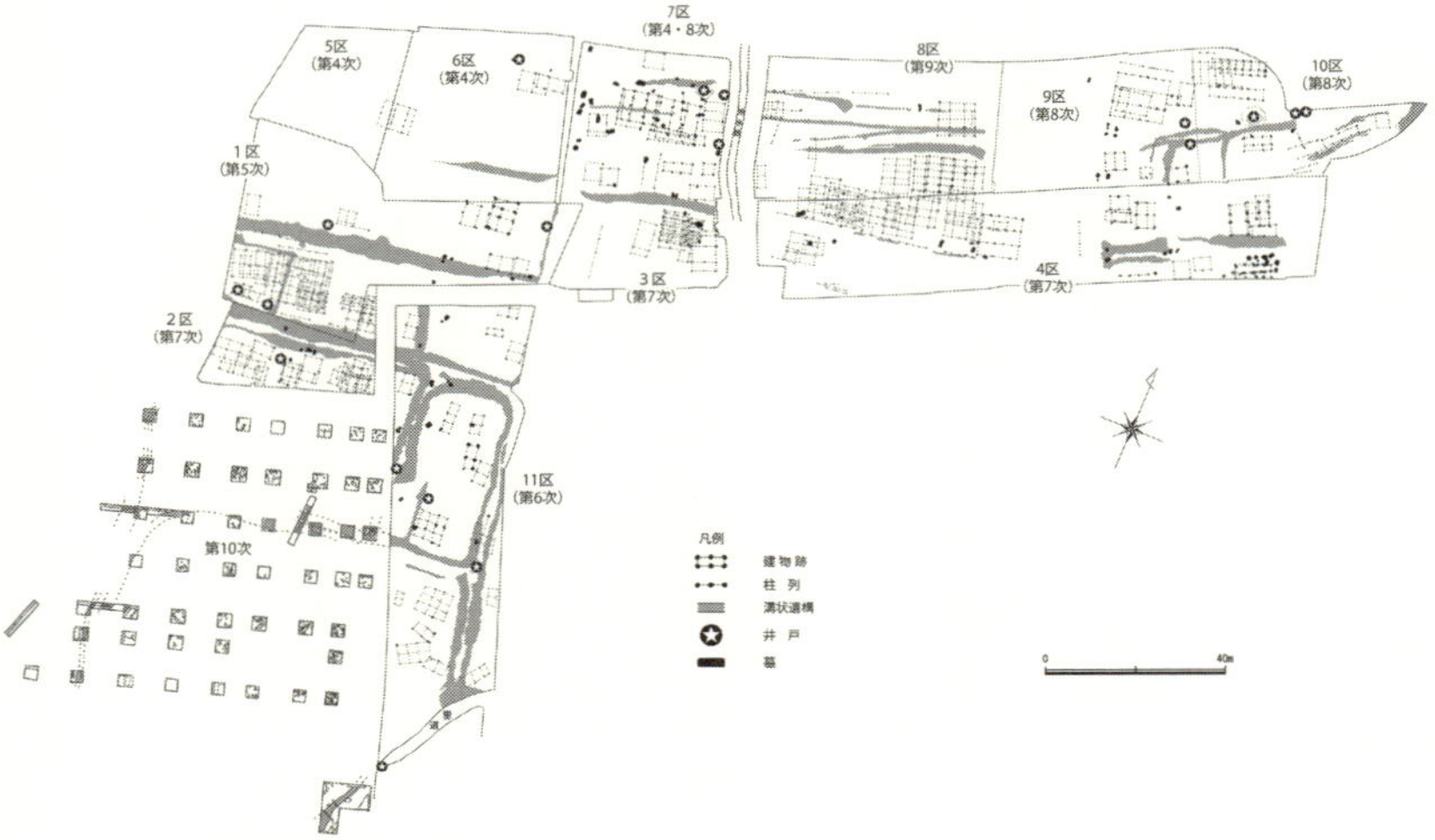

沖手遺跡遺構配置図

空から見た沖手遺跡（南から）

掘立柱建物跡は、総柱の大型建物跡（床面積一〇〇平方メートル以上）が数棟存在するものの、小規模な建物跡（床面積二〇平方メートル程度）が大半を占める。方形竪穴建物は、半地下式の建物跡で、倉庫と考えられる。井戸には、方形木組井戸のほか、円形の石積井戸が見られる。石積井戸の石には、火事場整理に伴う転用石と考えられる赤色に被熱したものも見られる。墓は土坑墓のほか、円形の桶棺墓、方形の木棺墓が発見された。墓の中には、完形品の中国製青磁碗・皿・白磁皿や中国宋代の柄鏡の湖州鏡素文鏡が副葬された有力者の墓と推定されるものや卒塔婆、漆器椀、膳が残るものもある。

十一世紀後半から十七世紀前半までの遺物が出土しており、とくに貿易陶磁に関しては、大宰府編年C～D期（十一世紀後半～十二世紀後半）が全体の五〇パーセントを占め、E期（十三世紀初頭～前半）以降減少しはじめるが、遺跡東端域では、中世後期に再び増加する傾向にある。

③遺跡の性格

沖手遺跡は、増水時には冠水するような低地ではあるものの、洪水時にも直接的な浸食や堆積を被らない比較的安定した場所に立地する。中世面の下からは、縄文晩期の丸木舟や弥生時代の水路なども見つかっており、益田市内において比較的早くから人々の活動が確認できる遺跡でもある。船着場や荷揚げ場の遺構は確認されていないものの、その立地や遺構、遺物の全体的な様相から、益田川や高津川上流域と国内外の遠隔地とを結ぶ流通拠点として益田川河口域においていち早く成立し、発展した港湾集落と考えられる。

（二）中須東原遺跡（益田市中須町）

①立地と歴史的な環境

益田川を挟んで、沖手遺跡の対岸に位置し、標高一・八メートル前後の畑地に所在する。遺跡の北側に広がる現在の中須集落とは、比高三メートルほどの砂丘によって画される。南側には標高〇・八メートルほどの低湿な旧河

空から見た中須東原遺跡（北西から）

道地形が残り、近年の区画整理までは水田として利用されてきた。遺跡の推定面積は、約四万二〇〇〇平方メートルである。西は、道路を挟んで中須西原遺跡と接する。遺跡としては、中須西原遺跡と中須東原遺跡は別々に登録されているものの、本来は一体の港湾集落である。

北西には、鎌倉時代後期の御影石製十三重層塔や元徳二年（一三三〇）の年号が彫られた五輪塔など多くの中世石造物が残される福王寺《ふくおうじ》（浄土宗）がある。

このほか、中須地区には、応安七年（一三七四）に益田本郷に移転創建された萬福寺《まんぷくじ》の前身である安福寺《あんぷくじ》跡や港との関係が深い厳島神社、恵比寿神社がある。

②主な遺構と遺物

礫敷き遺構、掘立柱建物跡、鍛冶炉、溝状遺構、道路遺構などが検出された。遺構は概して南側の旧河道沿いに密度が高く分布しており、北の砂丘に向かって希薄になっていく。

遺跡南部の汀線沿いで発見された礫敷き遺構は、舟着場あるいは荷揚げ場と考えられる遺構である。拳大から人の頭大の円礫・角礫からなる。東西二〇〇メートルに及ぶ汀線沿いの三地点で発見されており、十五世紀中頃から後半にかけて順次築かれたと考えられる。なかでも東端で発見された礫敷き遺構は、東西四〇メートル×南北一〇メートルに及ぶ大規模なものである。

道路遺構は、浅く掘り窪められた溝状のものが大半を占めているが、平坦面に砂利を敷き詰めたものも見つかっている。これら道路遺構によって、集落内は方形あるいは長方形に区画される。

旧河道に面した遺跡南西部では、低湿な土地に礫を放り込んで造成を行い、十五世紀以降集落を拡大していった様子が確認された。また、遺跡南部には炉跡などの鍛冶関連遺構が広がる。

良質で豊富な出土遺物のうち、国内のものについては、瀬戸・美濃や東播系須恵器、備前などが出土しており、活発な国内流通の様子がうかがえる。一方、国外のものでは、貿易陶磁器の九割を中国製品が占めるものの、朝鮮半島に近いこともあり、朝鮮陶磁の占める割合が他地域と比較しても目立って高い。また、タイやベトナムなどの東南アジア産の陶磁器など希少な遺物を含むのも特徴の一つで、国内はもとより東アジア規模の交易圏が形成され、その一角に中須東原遺

中須東原遺跡の礫敷き遺構

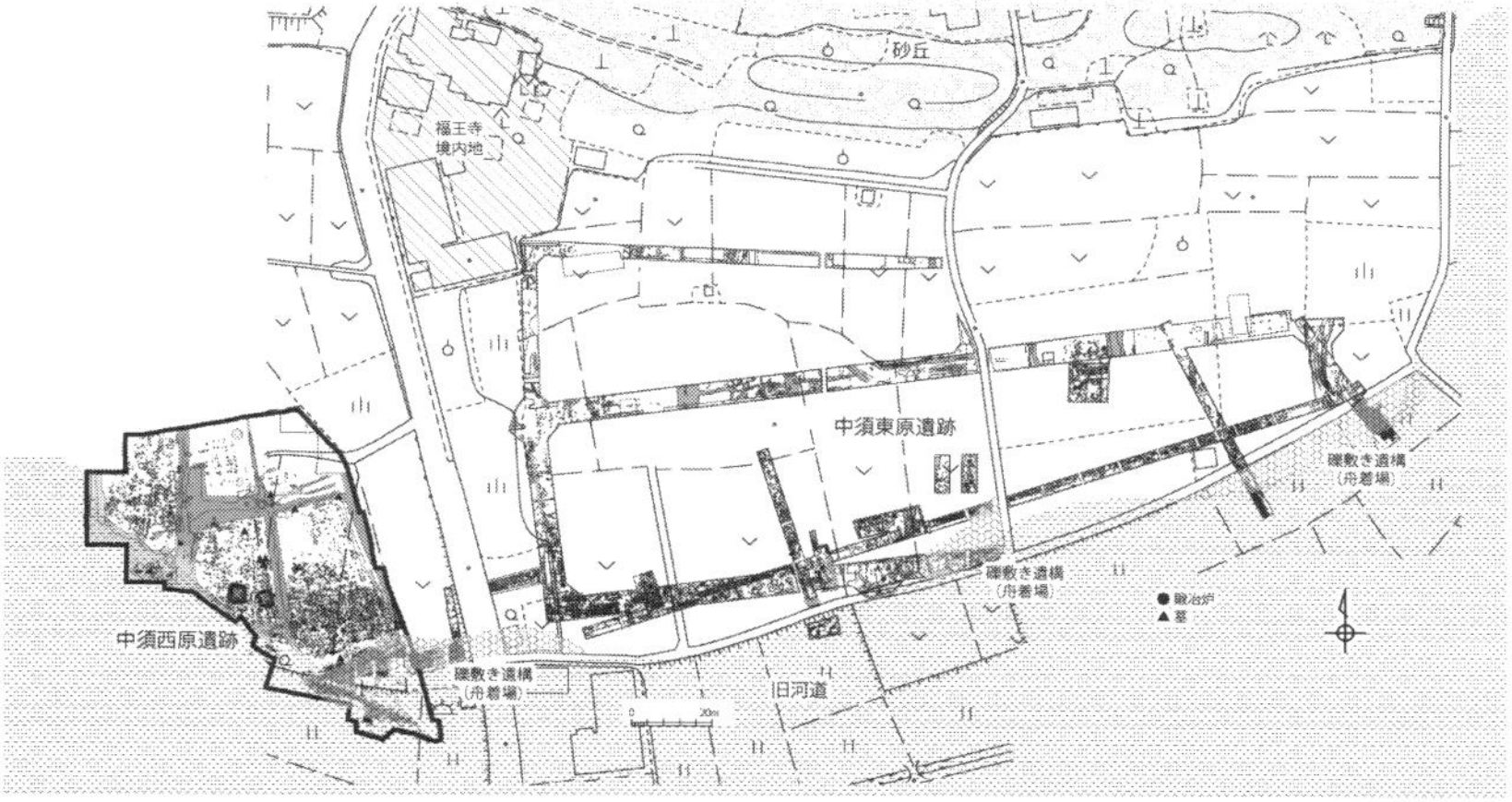

中須東原遺跡遺構配置図

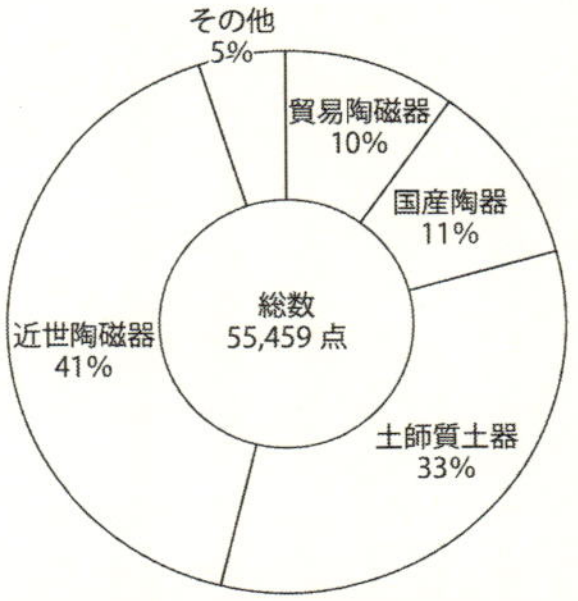

中須東原遺跡出土遺物の種別構成比

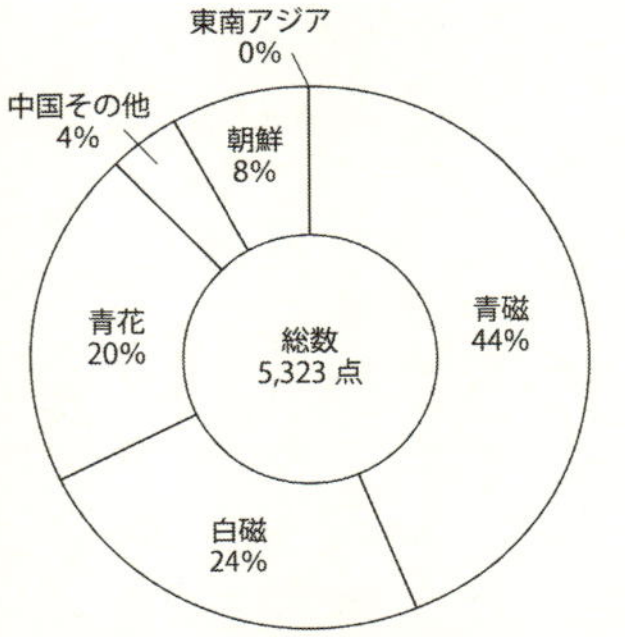

中須東原遺跡出土の貿易陶磁器の種別構成比

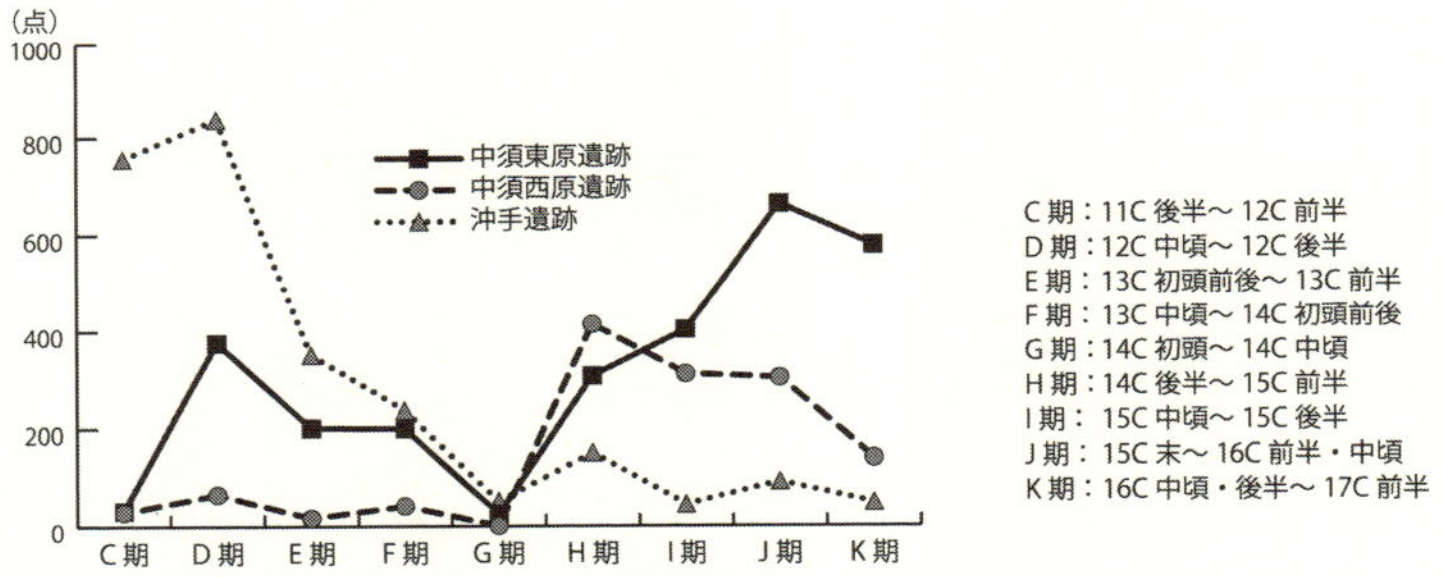

貿易陶磁器から見た各遺跡の時期推移

跡が位置付けられていたことをうかがわせる。貿易陶磁に関しては、十二〜十六世紀の幅があるが、十二世紀中頃をピークとする時期と、十五世紀後半〜十六世紀中頃をピークとする最盛期がある。

③遺跡の性格

大規模な礫敷き遺構を備え、日本海水運と益田周辺地域の結節点となる流通拠点として機能していた遺跡で、隣接する中須西原遺跡とは本来一体的な湊町である。十二世紀中頃に成立し、後半にかけて規模を拡大するが、十四世紀前半に一時停滞、十四世紀後半以降、益田氏の関与が強まるなかで再整備され、十七世紀まで存続する。

遺跡南部で炉跡や鉄滓廃棄土坑などの鍛冶関連遺構のまとまりが確認されているが、永和二年（一三七六）「益田本郷御年貢并田数目録帳」（「益田家文書」巻八一）に記載のある「大中洲　鍛冶名」に関連する遺構として注目される。

(三) 中須西原遺跡（益田市中須町）

①立地と歴史的な環境

海岸部に形成された砂丘後背の標高一・八メートル前後の低平地に立地する。区画整理前までは、南側に旧河道跡が水田地割として明瞭に残されていた。遺跡面積は、約四三〇〇平方メートルである。

②主な遺構と遺物

標高一・〇メートル前後の低地において、区画溝や浅く掘り窪められた道路遺構によって形成された街区が確認され、街区のなかで掘立柱建物跡三〇棟以上、方形竪穴建物二棟、鍛冶炉二三基、鉄滓廃棄土坑一九基、墓一一基、溝跡などを検出したが、礎石建物跡は確認されていない。

また、遺跡南側の汀線沿いでは、「く」の字状に重なる二つの礫敷き遺構が発見された。二つの礫敷き遺構は、河道が変化したために築き直されたと考えられるもので、初めに築かれた礫敷き遺構は、十五世紀前半の築造と考えられる。長さ約二五メートル、幅一〇メートルで、人頭大以上の角礫が多用されており、舫い杭も見つかっている。次いで築かれた礫敷き遺構は、十五世紀後半から末以降に築造されたもので、小さめの円礫を多用するが、表面的で厚みはない。長さ約三〇メートル、幅一～三メートル、部分的に南側に張り出す箇所が見受けられる。高津川上流の津和野町青野山の安山岩が多く含まれることから、高津川の影響がより強まった時期に築かれたと考えられる。

出土する貿易陶磁器の八割は、中国陶磁である。なかには、中国元時代の鉄絵瑠璃釉大鉢や十四世紀の褐釉擂座壺、ベトナム・タイの鉄絵皿など、希少な遺物も出土している。また、朝鮮陶磁の占める割合が比較的高いのも特徴の一つである。十一世紀後半頃から量的には少ないものの一定のまとまりが認められるが、益田氏の関与が強まる十四世紀に一気に最盛期を迎える。

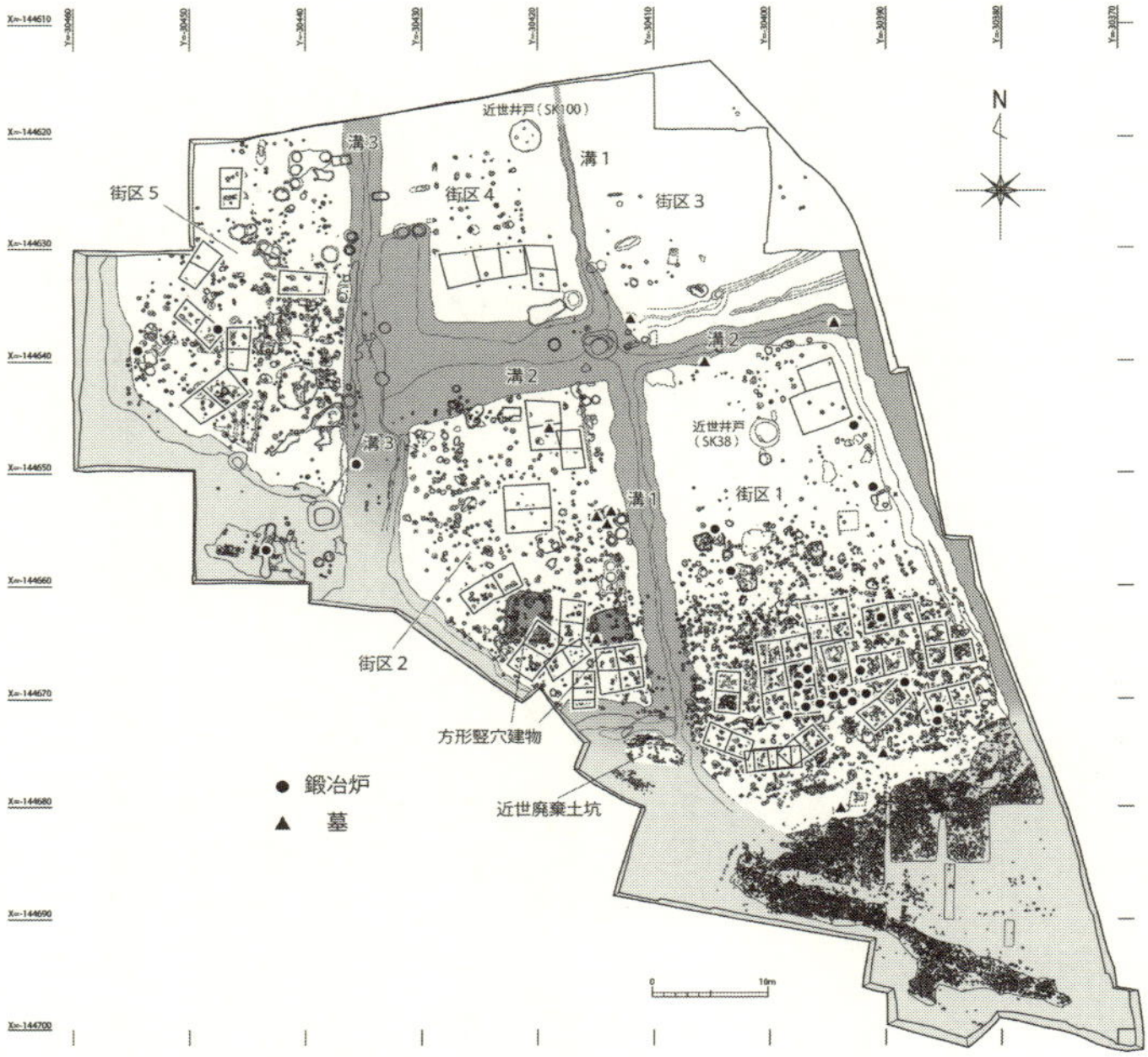

中須西原遺跡遺構配置図

中須西原遺跡の重なる２つの礫敷き遺構

③遺跡の性格

遺跡のピーク時期は異なるものの、ほぼ同時期に成立した中須東原遺跡とは本来一体的な湊町であり、港湾施設を備えた物資の集散拠点として、益田氏の経済基盤を支えた湊と考えられる。

(四) 中世今市遺跡(益田市乙吉町)

①遺跡の位置と歴史的環境

益田川の支流の一つである今市川の右岸に所在する。一帯の標高は約四メートルである。遺跡面積は、約九〇〇〇平方メートルである。

遺跡の中央を市道が南北に貫いており、その市道の両側に短冊状の地割を残しながら、南北約一五〇メートルにわたって家屋が立ち並ぶ。一帯には「上市・中市・下市」の地名が残っている。東側の住宅裏の丘陵裾には、かつて表通りにあったとされる恵比須社が鎮座している。

川沿いには石垣が残されており、中世の船着き場の名残を留める遺構として市史跡に指定されているが、現存する石垣自体は、近世後半から幕末にかけての技法によるものである。

天正十九年(一五九一)の「美濃郡益田元祥領検地目録」に「代弐貫三百十文　今市屋敷銭」とあり、益田氏領内の他の市(横田市、本郷市、津毛郷市)とともに市としての記載が見られる。

益田川の本流は、室町から江戸時代初頭にあっては、現在の流れと異なり、今市付近を流れていたと推定され、付近には汐入、船引などの地名が残されている。

②主な遺構と遺物

現存する石垣の直下で、船着き場あるいは荷揚げ場と考えられる礫敷き遺構が発見されている。五〜一五センチメートルの円礫を多用しており、礫には高津川水系のものが看取される。

石垣に接する市道沿いの屋敷地では、盛土や整地層が確認されており、数度の建て替えが想定されている。また、建物礎石と考えられる石列も確認されている。

③遺跡の性格

港と市町の機能を併せ持った港湾遺跡で、七尾城下の本郷市に対する新たな市町として、十六世紀前半に成立し、

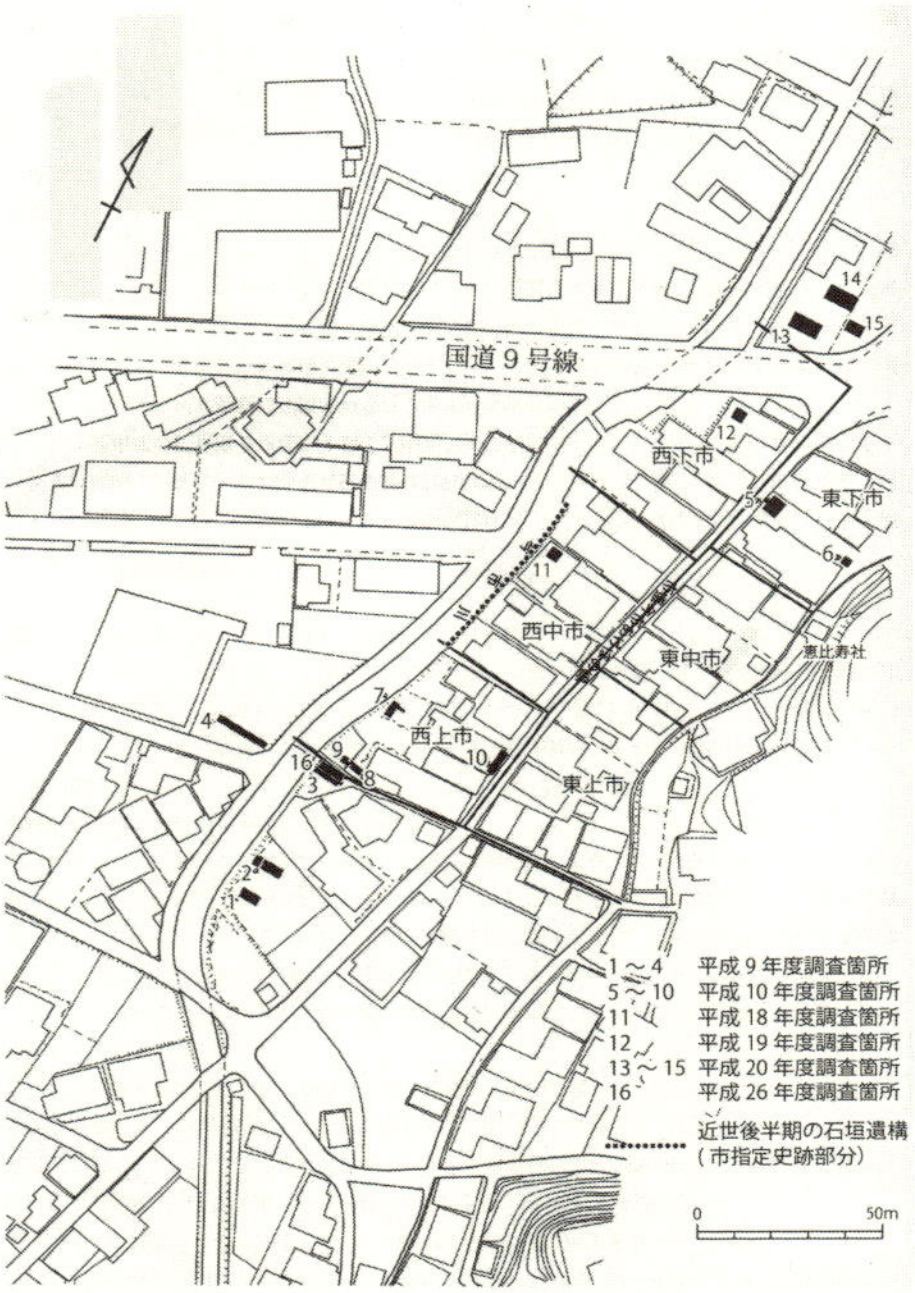

中世今市遺跡調査地点

中世今市遺跡の石垣

十六世紀末に最盛期を迎える。益田氏が須佐へ移封した十七世紀以降も水運にかかわる集落として機能し続けていくが、土砂の堆積による水量の減少に伴い、その機能は次第に低下し、水運拠点は下流域へと移っていく。

三　中世港湾遺跡の変遷

高津川・益田川河口域に形成された潟湖には、風と波を防ぐ海岸部の砂丘の発達や日本海側の干満差の少ない潮位など、港の立地に適した自然条件が整い、さらに潮流や風向きの利もあって、中世の時代には港湾集落が次々と成立した。ただし、当時の潟湖の様子は、河川によって運ばれた土砂の流入によってかなり陸化が進み、内海というよりも、河川が複雑に交錯し、大小の河川堤防や中洲が存在して、湿地が広範囲に存在するような状態であったと想像される。

益田河口部においていち早く成立した沖手遺跡は、古代末の十一世紀後半以降十二世紀にかけて

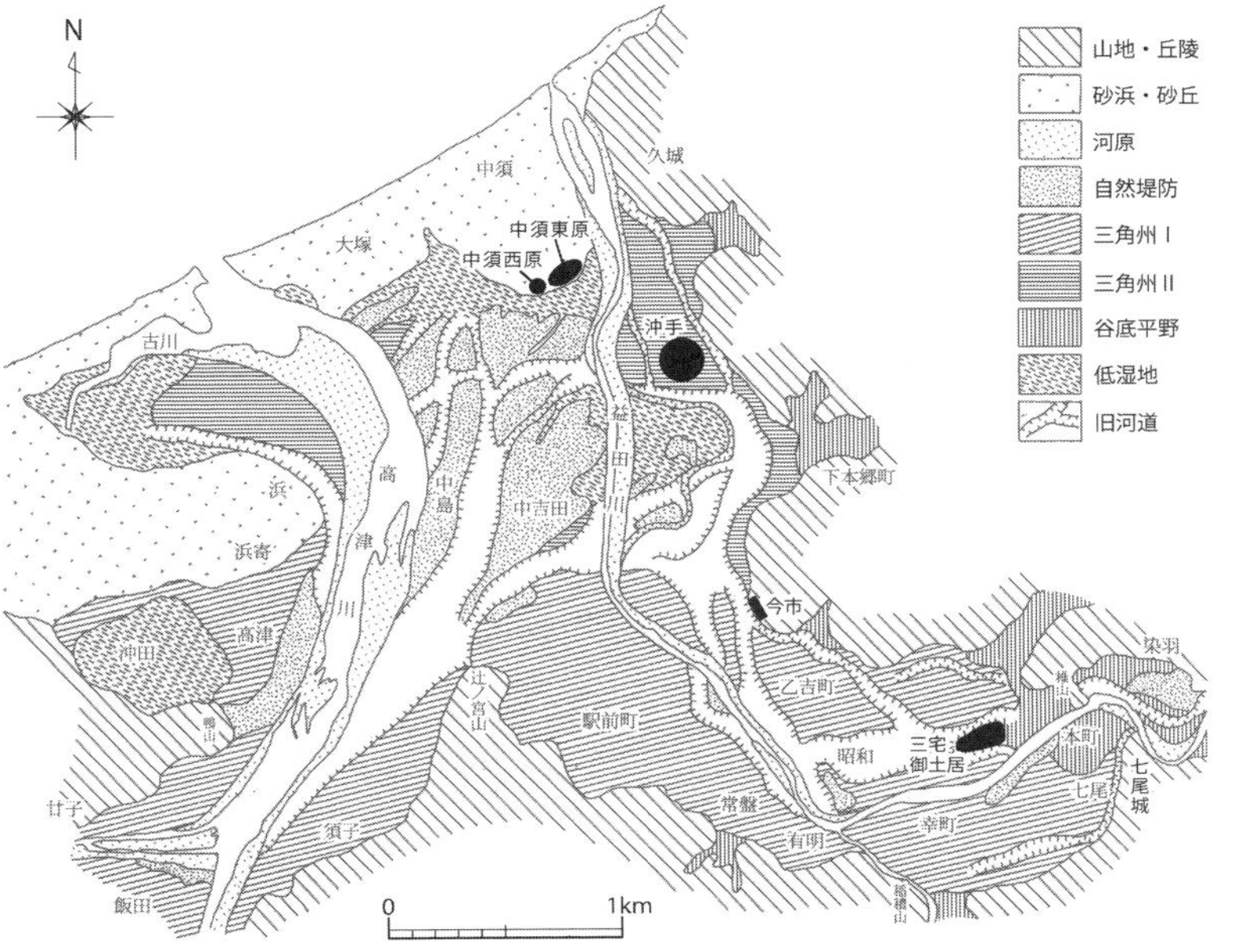

益田平野の地形分類図

繁栄する。しかしながら、十二世紀初頭以降の海面の低下や河川の土砂流入・流出による地形や流路の変化により、十三世紀には衰退を始める。代わって台頭してくるのが、中須東原遺跡である。十二世紀中頃には成立し、沖手遺跡と併存しながら、港として機能しはじめ、沖手遺跡にあった物資の集散機能の大部分が中須地域へ移っていったと考えられる。十四世紀後半以降に中須西原遺跡を含めて再整備され、十五世紀末〜十六世紀中頃に最盛期を迎える。沖手遺跡、中須東原遺跡ともに、遺跡内での活動場所を移しながら、十六世紀まで存続する。

十五世紀後半以降も地形環境の変化は続き、海面はさらに低下し、潟湖も次第に陸地化をしていくと、水量がより安定していたであろう上流に中世今市遺跡が成立する。港＋市町として十六世紀初頭に成立し、十六世紀の最末期に最盛期を迎える。

十六世紀の温暖化に伴い海水面は現在の水準まで回復するものの、寛政八年（一七九六）時点では、益田川の水勢が落ちて、かつて諸廻船が入津していた中須浦港の機能が著しく低下したことが、「中須集会所所蔵文書」から知られる。

四　おわりに

港湾遺跡が相次いで発見され、遺構・遺物を通して、益田が西日本海水運の要地を占め、さらには中世後期、国内の遠隔地はもとより、中国や朝鮮、東南アジアにまで及ぶ広範な交易圏を形成していたことが明らかとなってきている。

近年、文献からのアプローチが進み、考古学の調査成果と連携し、補完しあいながら、城・館・城下町・港という中世都市・益田の基本的な骨格が明確になりつつある。その一方で、各遺跡がどのように有機的に結び付き、関連しあったのか、また益田川・高津川水系ですでに調査が行われ、価値評価がなされている遺跡についても、近年のこうした港湾遺跡の調査によって蓄積されてきた資料に基づき、総合的に再検討していくことが必要である。

【引用・参考文献】

益田市教育委員会『中世今市船着場跡文化財調査報告書』二〇〇〇年
島根県教育委員会『沖手遺跡―一区の調査成果―　一般国道九号（益田道路）建設予定地内埋蔵文化財発掘調査報告書三』二〇〇六年
島根県教育委員会『沖手遺跡　専光寺脇遺跡―中世の大規模集落遺跡と弥生時代の墳丘墓―　一般国道九号（益田道路）建設予定地内埋蔵文化財発掘調査報告書五』二〇〇八年
井上寛司「山陰における中世の流通」『第三八回山陰考古学研究集会資料　考古学から見た山陰地域における中世の流通』山陰考古学研究集会　二〇一〇年
木原　光「益田市周辺の港湾遺跡群」『第三八回山陰考古学研究集会資料　考古学から見た山陰地域における中世の流通』山陰考古学研究集会　二〇一〇年
益田市教育委員会『市道中吉田久城線道路改良工事に伴う文化財発掘調査　沖手遺跡』二〇一〇年
木原　光「石見国益田の中世港湾遺跡群―最近の中須西原・東原遺跡を含めた中世湊の変遷―」『日本考古学』第三二号　日本考古学協会　二〇一一年
益田市教育委員会『中須東原遺跡　市内遺跡発掘調査及び益田川左岸北部地区土地区画整理事業に伴う埋蔵文化財発掘調査報告書』二〇一三年
益田市教育委員会『沖手遺跡　ホームプラザナフコ益田北店開発事業に伴う埋蔵文化財発掘調査報告書』二〇一四年
益田市教育委員会『中世今市遺跡　今市川農道橋架替工事に伴う埋蔵文化財発掘調査報告書』二〇一五年

文献からみた中世石見の湊と流通

中司健一

はじめに

平成二十六年（二〇一四）三月十八日付けの官報告示により、島根県益田市中須町地内の中須東原遺跡は国の史跡となりました。中須東原遺跡は中世の湊町の遺跡で、本来一体であったと考えられる中須西原遺跡とあわせて、遺構・出土遺物ともに全国屈指の内容を誇り、中世の湊町と日本海交易の様子を現在に伝えています。

遺構については、船着場と考えられる礫敷き遺構、鍛冶炉跡や鉄滓廃棄場跡などの鍛冶関連遺構、掘立柱建物跡・道路跡などが豊富に検出され、中世の湊町の実態解明に大きく寄与するものと期待されます。

出土遺物については、国内では珠洲焼、越前焼、瀬戸・美濃、常滑焼、東播系須恵器、備前焼、日引石などが出土しています。輸入陶磁器については、中国産の陶磁器、高麗青磁梅瓶をはじめとする朝鮮産の陶磁器、さらにはタイやベトナム産の鉄絵陶磁器なども出土しています。これらの出土遺物により、これらの国や地域と益田が交易によって結ばれていたことがわかります。

以上のことから、中須東原遺跡は中世の日本海の湊町や交易の実態を知るうえで非常に貴重な遺跡といえるでしょう(1)。

この中須の湊が栄えていた当時の益田の領主が益田氏です。益田氏は、平安末から江戸時代直前まで、すなわち中世を通じて益田を治めていました。慶長五年（一六〇〇）の関ヶ原の合戦後、毛利氏が防長二ヵ国に減封されると、益田氏はこれに従って益田を去り、長門国須佐（現・山口県萩市須佐）に移りますが、長州藩の永代家老家として存続しました。これにより、益田家にはその歴代の古文書「益田家文書」が伝わり、現在は東京大学史料編纂所がこれを所蔵しています。「益田家文書」は中世の領主の家の文書としては、「毛利家文書」などと並んで全国屈指のものであり、日本中世史研究には欠かせない史料群です。このため、中須東原遺跡は考古学分野による研究だけではなく、「益田家文書」などを用いた文献史学分野からの研究も求められています。

この点、かつて岸田裕之氏は「益田家文書」から、益田氏が朝鮮貿易における輸入品であった虎皮や北海産の昆布・数の子を入手していること、筑前国博多に近い原・莚田両郷（現・福岡県福岡市）や津丸・久末（現・福岡県福津市）、さらには長門国大津郡見島（現・山口県萩市見島）を領有していること、大谷氏を将とする水軍を保有していたことなどをあげ、「益田氏が直接朝鮮と交易し、外国産品を入手する基盤」や「自らの輸送条件」が「十分整っていた」とし、益田氏は海洋領主的性格を色濃くもつと評価されました。(2)

中須東原遺跡は益田氏の拠点湊であったと推測され、岸田氏の指摘を裏付けるものであったといえます。

さて、本報告では、このような湊町が成立する地理的要因を考えたいと思います。先ほどはふれませんでしたが、当時の益田の平野部は潟湖状になっていたとされ、中須の湊は潟湖の北岸の砂州に成立し、日本海の波風を避けるうえで格好の地理的条件を備えていました。(3) また潟湖に注ぐ益田川・高津川を通じて内陸部への接続も容易な地域であり、日本海の湊の一典型として興味深い事例を提供しています。

本報告では、今申しました二つの地理的要因、すなわち、中世日本海沿岸の潟湖の景観と、河川により内陸部との接続が想定されることについて、文献や現在の景観を利用しながら裏付けてみたいと思います。まず河川流通について考察し、続いて中世の潟湖の景観について検討します。

一　中世益田地域の河川流通

1　「浮口」と「河関」

中世益田における河川流通は、鎌倉時代から文献で裏付けることができます。

史料1は、文永六年（一二六九）に、益田庄の領家であった円満院（園城寺の門跡）の坊官範政が発給した文書で、摂関家九条道家の子道智（狛僧正）没後にその権益について連絡したものです。

ここで注目されるのが「石見国益田本郷津料浮口」という文言で、益田本郷において「津料浮口」という権益があったことが知られます。これを「津料」と「浮口」と分けて考えると、「津料」は湊の利用料と推測されます。では、「浮口」とは何かと言いますと、これは秋山伸隆氏が周防国石国庄の事例で明らかにされておりまして、河川を上下する物資に対して、その十分の一程度を徴収する、いわば通航料でした（史料2）[4]。

つまり、史料1からは、すでに鎌倉時代の益田庄において、河川を上下する物資に対する通航料徴収が行

史料1　法橋範政書状案（「益田金吾家文書」）

《(端裏書)》「弁法橋　文永六　四　十二」

長盛申石見国益田本郷津料浮口事、狛僧正《(道智)》御房去比御入滅候之間、件御領彼御分候、仍于今進之候了、急有御尋可被申左右候、恐々謹言、

《(異筆)》「文永六年」

四月十二日　　法橋範政

史料2　周防国石国荘沙汰人等重申状

（「新出厳島文書」98号〈『広島県史』古代中世資料編Ⅲ〉）

石国御庄沙汰人等謹重言上

件元者当御庄御年貢材木等、先先被取船出浮口之由、安芸御領関所御使等令構申之条今案謀也、爰如訴状、限一方天被取非《(脱アルカ)》浮口之間、当御庄御年貢浮口先々ニ依不被取之、山代御庄関沙汰人等雖加制止、一切不承引、偏以神慮御威誇無道、八十余人多勢ヲ令引率、当御庄内関浜ニ出置縻敷板四百八十枚内、号浮口天百三十五枚自由被運取之事、以外企非儀也、設有限理運天可被取雖浮口也モ、勘十ニ一枚者四十八枚歟ト云々、残板八十七枚無其故令押領之条、催貪欲心之処也、（中略）

嘉禎三年十一月　日　石国御庄沙汰人等上

われていたこと、そしてそれが権益となっていることから、当時の益田地域においてすでに活発な河川流通があったことがうかがわれます。

続いて史料3は、南北朝時代に益田の平野部を支配下に収めた益田兼見（出家して祥兼）が、永徳三年（一三八三）にその嫡子兼世（後に兼顕）に所領を譲渡した譲状です。注目されるのが「長野庄内飯田村加虫追河関了」とあり、飯田や虫追のあたりに「河関」が設けられていることです。史料3から十五年後の応永五年（一三九八）に、益田兼顕（道兼）とその子兼家が、兼家の子兼理（赤一丸）に飯田郷地頭職を譲渡した際には、「虫追、加関口事」とあり（史料4）、「河関」と「関口」が同じように使われています。「関口」の「口」は「浮口」を連想させ、飯田や虫追の近くの「河関」で「浮口」の徴収が行われたことが推測されます。

さらに時代が下って戦国時代の享禄三年（一五三〇）、益田氏と吉見氏は河川の権益をめぐって「書違《かきちがえ》」を交わしています。一つ目の一つ書きでは、澄川の境を従来どおり半分ずつにするとし、二つ目の二つ書きでは、「関」のことを問題としています（史料5）。ここで問

史料3　祥兼益田兼見譲状（「益田家文書」61号）

譲与　嫡子次郎兼世（益田兼顕）所領
石見国益田本郷　弥富郷　納田郷内岡見村
長野庄内飯田村加虫追・河関了、
右所領等者、祥兼重代相伝之地頭職也、然間、相副安堵御
下文、兼世譲渡者也、公方御公事可任先例、将又兼世此後
雖儲男子、於件所領等者、長寿丸（益田兼家）為嫡孫上者、可相続、岡
見村事、自元長寿丸可知行所領也、云彼云此、不可有他妨、
仍為後日譲状如件、
永徳三年八月十日　祥兼（花押）

史料4　道兼益田兼顕・益田兼家連署譲状（「益田家文書」95号）

譲与
石見国飯田郷地頭職、虫追、加関口事、
右道兼重代相伝私領也、仍赤一丸（益田兼理）限永代譲与処也、無他妨
可知行、若於彼所領、為道兼子孫、成違乱煩輩者、可為不
孝之仁、為上裁、堅可被行罪科者也、仍為後日譲状之如件、
応永五年七月廿日　道兼（花押）
左近将監兼家（花押）

題になっている川は匹見川のことと考えられ、匹見川には複数の関があり、益田氏と吉見氏がその権益をめぐって争うほどの利益があったことがうかがわれます。

以上をまとめますと、中世の益田地域では、鎌倉時代から戦国時代まで、河川に関が設けられて通航料徴収が行われていたと考えられ、そしてそのことはほぼ中世を通じて活発な河川流通が行われていたことを推測させるものです。

2　河川を行き交う物資

それではどのような物資が河川を上下していたのでしょうか。

写真1は、明治頃、高津川中流域の青原というところで撮影された高瀬舟の写真です。川舟といっても多くの人と物資を輸送できたことがわかると思い、参考のため掲げました。

益田市域では、中須東原遺跡のあたりから、益田川が東へ、高津川が南へ延び、高津川支流の匹見川が横田から東へ向かって流れています。そして、これらの河川沿いの山間部の中世遺跡からは、貿易陶磁が出土

史料5　吉見氏老臣連署契約状（「益田家文書」712号）

条数

一澄河々堺事、如前々、河半分可為進退事、

一関之事者、従中瀬下、落合まて、従其方御知行たるへく候、中瀬より上、ゆのき谷迄者、此方可為知行之由申合事、

一依洪水なかれ木・より物等ハ、方地ニしたかつて、上下共ニ可進退事、

一いての儀者、如前々不可有相違之事、

一う・あミとり已下事者、相互可申付事、

(享禄三年)十月廿六日

吉見越後守 頼宗（花押）

吉見因幡守 成堯（花押）

吉見中務少輔 頼任（花押）

吉見伊豆守 頼景（花押）

吉見弾正忠 頼清（花押）

益田刑部(兼勝)少輔殿

益田右衛(兼順)門大夫殿

小原民部(兼職)丞殿

益田弥次(兼慶)郎殿

写真1　青原の高瀬舟（津和野町教育委員会提供）

しています。たとえば、益田川流域では、美都町《みとちょう》仙道《せんどう》の酒屋原《さかやばら》遺跡や下都茂《しもつも》原《ばら》遺跡、美都町丸茂《まるも》の森下《もりのした》遺跡から、高津川流域では安富町の羽場《はば》遺跡、匹見川流域では匹見町澄川の山根ノ下遺跡、匹見町匹見の水田ノ上《みずたのかみ》A遺跡、さらには広島・山口との県境に近い、匹見町紙祖《しそ》三葛《みかずら》の殿屋敷遺跡から、外国産の陶磁器が出土しています。これらは陸路運ばれた可能性は否定できませんが、河川を利用して運ばれた可能性が高いと思われます。

それではこれらの内陸部の領主が、外国産陶磁器を入手できた背景、つまり経済的な基盤は何だったのかを考えてみたいと思います。

ここで、先ほども紹介した戦国時代の益田氏と吉見氏による河川の権益の配分についての「書違」を再度検討したいと思います（史料5）。四つ目の一つ書きは「いて」、すなわち井手＝農業用水について、五つ目の一つ書きは「う・あミとり」、すなわち鵜飼や網による川魚漁のことが問題になっており、河川が多種多様な権益につながっていたことがわかります。

そして注目されるのが、三つ目の一つ書きの、「依洪水なかれ木・より物等」についての取り決めです。これは洪水の際の流木（「なかれ木」）と漂着物（「より物」）についての取り決めで、それぞれ漂着先のものとしてよいとしています。このような慣習自体興味深いことですが、特に「なかれ木」の文言は重要です。

益田氏と吉見氏が境界を取り決めた澄川には「木ひき」＝木挽がおり、益田氏の一族が「材木取」に来た

史料6　全鼎（益田藤兼）書状写（「益田高友家文書」）

少納言（後勝）両通披見申候、愚身出候事、澄川（石見国美濃郡）木引くはり等も可申付候、迚も神事中可出候之間、頓ニ可馳帰候〳〵、
一下野守（益田兼貴）法体之事、御申留之由、尤候、新庄（吉川氏）辺江之為取沙汰之尤候、則以状申候、以此辻弥々可有異見候、其他之

ことがあることも確認できます（史料6・7）。史料5・6・7をあわせ考えると、澄川は匹見川上流域の豊富な材木資源が切り出され、加工されて河下しされる際の集積場であった可能性があります。「ながれ木」は自然発生的な流木ではなく、伐り出された材木が流されることを想定しているのだと考えられます。したがって、匹見川そして高津川では、上流域の豊富な材木が多く河下しされていたと考えることができます。

益田地域における材木については、非常に重要な事実があります。天正六年（一五七八）、宗像大社総社辺津宮本殿が遷宮されましたが、このとき大量の材木が益田で調達され、また益田氏も寄進しています（史料8・9）[5]。このことは、益田氏が宗像大社との関係を深めることで、博多などへの航路を確保しようとしたであろうこと、中世の益田にとって材木が重要な交易品であったことを推測させるものです。そして、宗像大社まで材木が行っていることを考えれば、博多などを経て、中国や朝鮮に益田の材木が輸出されていた可能性も十分に考えることができるでしょう。

つまり、現在もそうであるように、中世の益田にとっ

者成共、似相候ハぬ届たていたし候ハぬまゝに仕候事ハ、毛頭身か扶持ニかけ不申候、身心安と申ハ、世上之名付計候、先の衆ハかこ付之候ハぬさへも年寄、あきシ世ヲのかれ候覚悟計候、先々身か五三年之身持ヲ御見合候て、諸人之推量丈ニ違可申候〱、そこも心あへ候ましく候、一兼忠『伊豆守兼順弟右近兼忠、栗山先祖』御申付候周布『尹兼公』祝言まて御待候て、其後可然候ハんと申事候、下野守（益田兼貴）も全屋（益田尹兼）なと重而之年忌可然候ハんと申事、候、如此申渡候ハねハ、塩（カ）ヲ大儀可被存候之間、申事候、恐々謹言、

八月一日（天正十年カ）　越中入道　全鼎御判

元祥（益田）進之候

史料7　おほけ名境定状写（「益田高友家文書」）

おほけ名東之境

（中略）

天正十一年（ミつのとの〈癸〉ひつし〈未〉）十一月二日　岩本佐渡守

壱岐入道

右境之事、兼貴（益田）・兼友（同）為材木取と御越時、此両人被相尋候畢、為後日如件、

中村雅楽允　為受判

澄川主水允　定盛判

て材木は重要な地域資源であり、主要な交易品であったと考えられます。匹見川中流域の澄川の山根ノ下遺跡から出土した梅瓶は、これらの材木資源により富を蓄えた領主の存在をうかがわせます。

話はかわって益田川の上流には、都茂《つも》丸山《まるやま》に鉱山があります。この鉱山は『日本三代実録』巻三十九の元慶五年（八八一）三月七日乙卯条に、銅が出たという記述があります（史料10）。この鉱山は江戸時代から昭和六十一年（一九八六）まで稼働していたことは確実ですが、中世に稼働していたかどうか、史料がないためわかっていません。しかし、平成十四年（二〇〇二）、都茂丸山鉱山の下流で、室町時代の製銅遺跡と考えられる大年《おおとし》ノ《の》元《もと》遺跡が発掘され、中世にも稼働していた可能性が高いと考えられます。この都茂丸山鉱山で生産された鉱物も益田川を河下しされ、河口域の湊から他地域に搬出されたと考えられます。

以上のことから、益田川・高津川・匹見川は、陶磁器などの交易品が内陸部に輸送される際や、内陸部の材木や鉱物などの地域資源が河口域に輸送される際にも使われたと推測されます。これらの河川を上下した

史料8　第一宮御宝殿御棟上之事置札（宗像大社所蔵）

置札
第一宮御宝殿御棟上之事
天正五年丁丑十一月廿日申尅
正三位行中納言執印大宮司宗像朝臣氏貞様
（中略）
一厚薄板并柾彼是三千枚　丁長四万数
於石州益田調之、御使遠藤内蔵丞
（中略）
右置札如件、
天正六年戊寅六月朔日　修理奉行　豊福式部卿秀賀（花押）
（下略）

史料9　第一宮御造営御寄進引付置札（宗像大社所蔵）

置札
第一宮御造営御寄進引付
一百目　殿様（宗像氏貞）ヨリ　以御吉日為御初穂物御寄進之、
（中略）
一丁長　一万数　益田殿ヨリ御寄進之、
（中略）

物資は、沖手や中須あるいは今市の湊で荷揚げ、または積み出され、国外や他地域から内陸部へ、あるいは逆に内陸部から国外や他地域へと輸送されたと考えられます。内陸部の豊富な地域資源とそれを沿岸部へと接続させる河川の存在が中世益田の湊町成立の重要な背景と考えられます。

一参百五拾目白浜沖之瀬寄船之分、但御造営中漂倒船、度々雖在之、御遷宮之刻、任先例、頓ニ如此之儀不思議也云々、

以上百壱貫六拾五文目、百肆拾四石一斗七升、

右引付如件、

天正六年戊寅六月朔日　奉行　豊福式部卿秀賀（花押）

（下略）

史料10　「日本三代実録」巻卅九元慶五年三月七日乙卯条

七日乙卯。散位従五位上陽侯忌寸永岑言。石見国美濃郡都茂郷丸山、巖石崢嶸、縈紆数十里。銅工膳伴案麻呂・真髪部広世等言曰。此山出銅、仍採磐石、試以鼓鋳、遂得真銅。

（下略）

二　潟湖と湊の景観

次に潟湖と湊の景観について検討します。

日本海沿岸地域における潟湖と湊の関係については、井上寛司氏による中世波根《はね》湖の研究があり、大田市久《く》手《て》町《ちょう》波根西《はねにし》・刺鹿《さつか》地域に残る「大津」「涼見」「鈴見」「市庭」といった地名から、中世波根湖の景観を考察されました(6)。また、そもそも湊の成立の地形的条件については、平成七年（一九九五）の中世都市研究会第三会研究集会「津・泊・宿」以来の多くの研究があります(7)。

近年の研究では、鹿毛敏夫氏が豊後府内について、文献・考古両分野から河川との関連からその実態についてせまっており(8)、潟湖も河口域ととらえれば本報告に近い視点にあり、たいへん参考になるものです。

そして、山内譲氏は近年の一連の研究で、中世瀬戸内海賊の港の実態解明に文献・景観・絵画資料などさまざまな方法を駆使されており(9)、これもたいへん参考になりました。

本報告では、これらの先学に学びつつ、さまざまな方法を用いて中世の山陰の湊の実態に迫ってみようと思います。

1　三隅湊の景観と大賀氏

かつて益田に存在したという古益田湖について考察する前に、似た景観をもっと考えられる三隅湊（浜田市三隅町湊浦）について考察したいと思います。三隅湊は、中世石見の有力な領主である三隅氏の本拠高城と三隅川で接続し、三隅川が日本海に注ぐ河口に位置する古くからの湊町です。

この三隅湊の歴史を伝えてくれる文献が、中世以来この湊の船頭として活躍した大賀家に伝わる「大賀家文書」です。中世文書は、正文と写の重複を除くと九点あります。その内容を検討したいと思います。

史料11は、文明三年（一四七一）に信厚という人物が大賀兵部左衛門に、湊聚泉寺前を安堵すると伝えたものです。文中に「中書」とあり、これは当時の三隅氏当主豊信（官途が中務少輔）のことであり、信厚は豊信から「信」の字の偏諱を受けたと考えられ、三隅

史料11　三隅ヵ信厚安堵状（「大賀家文書」）

湊聚泉寺前河成事、上ハかきの木もと、下ハ山さき分のさかゐ《（境カ）》をかきん《（限）》て、田ハ出来ほうたい《（放題）》段銭共、中書《（三隅豊信カ）》御判之旨ニまかセ、知行さをい《（相違）》あるへからさる状如件、

文明三年六月十一日　　信厚《（三隅カ）》（花押）

大賀兵部左衛門殿

史料12　三隅興兼安堵状写（「大賀家文書」）

三隅郷内、湊聚泉寺領職事、大賀壱町并門前屋敷等、上ハカケツメ下ハ限山崎、知行分、川面ハ田畠出来次第可有知行者也、任先支証之旨、諸役等免之、仍為後日状如件、

永正五年二月廿八日　　興兼《（三隅）》　在判

大賀兵部左衛門尉殿

史料13　三隅興兼安堵状写（「大賀家文書」）

親之兵部左衛門尉当知行分并湊津之事、弟法師先前之筋目申付候、無違《（相脱カ）》於以後之可有知行者也、仍為後日状如件、

永正六年己巳

七月十二日　　興兼《（三隅）》　在判

大家弟法師との

氏の一族または重臣と推測されます。

　時代が下って十六世紀初頭には、三隅興兼が大賀氏に、永正五年（一五〇八）に湊聚泉寺領職と「大賀壱町并門前屋敷」を、永正六年には親の当知行分と「湊津」を安堵しています（史料12・13）。以上から、大賀氏は湊を本拠とする、三隅氏の家臣であったことがわかります。

　しかし、大賀氏が関係をもったのは三隅氏だけではありません。史料14では、永享四年（一四三二）に大内持世が三隅湊の兵部左衛門（大賀氏と推定される）に、「分国津々浦々并関所」の煩い、つまり通航料を免除しています。この背景には大内盛見戦死後の持世と持盛の家督争いがあり、兵部左衛門は持世に味方をした見返りとして、大内氏領国内の通航料免除の特権を得たことになります。そして、そのような特権を与えられたことから、大賀氏が船を使って交易をしていたことが推測されます。

　そのような特権は約一〇〇年後も認められており、天文十二年（一五四三）に大内義隆が、天文二十一年には大内義長がそれぞれ認めています（史料15）。し

史料14　大内持世判物（「大賀家文書」）

分国津々浦々并関所事、不可有其煩候也、

　永享四年三月十一日　（大内持世）（花押）

　　三隅湊兵部左衛門

史料15　大内晴英長義安堵状（大賀家文書）

分国津々浦々関所事、不可有其煩之旨、任去永享四年三月十一日・天文十二年五月十九日、（大内持世）澄清寺殿・（大内義隆）龍福寺殿裁許之旨、所令免除也矣、

　天文廿一年七月十一日　（大内晴英、義長）（花押）

　　石州三隅湊兵部左衛門［

史料16　大内氏奉行人連署奉書（「大賀家文書」）

御分国中津々浦々諸関役之事、去永享四年三月十一日（大内持世）澄清寺殿御裁許并天文六年六月七日（大内義隆）龍福寺殿御下知之旨、就言上、被成御免除、爰雖為他船、当座以約諸之儀、従御免除之舩外不勤其役、令勘過云々、太以曲事也、於自今以後者、八端帆一艘・六端帆弐艘之外、可停止之旨、堅所被仰出也、依而執達如件、

　天文廿一七月十一日

　　　　　（橋爪）鑑実　在判

　　　　　（仁保）隆慰　在判

　　　　　（陶）晴賢　在判

　三隅湊大賀兵部左衛門

かし、天文二十一年の時点で若干条件が付されました。史料15と同年月日の大内氏奉行人連署奉書では、大賀氏がすべての船の関役を免除されたとしているのはけしからんとして、八端帆一艘・六端帆二艘に限定すると通達しています（史料16）。このことから、大賀氏が一艘や二艘ではなく、多くの船を保有し、活動していたことがわかります。

益田藤兼は、同年に大内義長に益田氏の三隅氏領領有を認めさせ（史料17）、天文二十四年頃に三隅氏と戦い、三隅湊を支配下に収め、大賀氏を家臣としました（史料18・19・20）。そして、益田氏家臣となった大賀氏は、益田氏の有力一族である益田兼貴の使者として肥前の松浦隆信（平戸を本拠としていたと推測される）のもとに出向き、益田・松浦両氏の日本海交易における協力関係締結に重要な役割を果たしています（史料21）。

以上のことから、大賀氏が大内氏の分国内の自由通航を認められたほか、松浦半島や平戸のあたりまで航海できる存在であったことがわかります。

それでは、その本拠である三隅湊はどのような湊だったのでしょうか。

すでにみた史料12を再度みてみますと、「湊聚泉寺領職事、大賀壱町并門前屋敷等」とあり、聚泉寺を中心に門前屋敷などが成立し、湊町が形成されていたと推測されます。この湊町の存在は、大賀氏の活動をふまえれば、永享四年（一四三二）までさかのぼって考

史料17　大内晴英《義長》安堵状（「益田家文書」285号）

三隅家事、政弘《（大内）》依申沙汰、対貞兼《（益田）》被成　御裁許云々、近年相違之子細、不本意之処、今度晴賢《（陶）》有一味、預馳走上、彼所帯職事、晴賢申談、任先　御下知之旨、可有御存知之通、尤令得其心畢、者又松丸《（三隅）》跡事、可有御進退者也、仍状如件、

天文廿一年七月十一日　　散位《（大内晴英、義長）》（花押）

益田右衛門《（藤兼）》佐殿

史料18　益田藤兼感状写（「渡辺家文書」）

去七日於三隅《（石見国）》大川口動之時、被矢疵、同十日鐘尾城《（石見国）》切捕之節、弥重次郎右衛門尉討《（取）》立之畢、彼是高名無比類候、其賞事、必可令相違、弥励勲功者、可為肝要者也、仍状如件、

天文廿四　二月十三日　　右衛門佐《（益田藤兼）》御判

渡辺隼人佐殿

史料19　大内氏奉行人連署奉書（「大賀家文書」）

父壱岐守道世事、去二月十一日三隅鐘尾落去之時、立御用之通言上之趣、遂披露候、仍御分国中津々浦々諸関役、就御免除之儀、澄清寺殿（大内持世）・龍福寺殿（大内義隆）・当（大内義長）　御代御判物、以上三通并奉書等、備　上覧候、被成御心得候、此由能々可申之旨候、恐々謹言、

天文廿一（四カ）年

八月十日

（橋爪）鑑実　在判

（仁保）隆慰　在判

（飯田）隆実　在判

興秀　在判

大賀泉加入道殿

史料20　益田藤兼書状写（「諸家証文」人）

愚領三隅湊船頭大賀壱岐守（道世）舟之事、御分国津々関々舟役如先々被成御免許候、毎事上下無相違被任　御判之旨、可預御勘過候、猶此者可申候、恐々謹言、

正月廿九日　（益田）藤兼（花押影）

阿川伊豆守殿

波多野佐渡守殿

大森因幡守殿

御宿所

史料21　松浦隆信書状写（「益田高友家文書」）

任見来、黒頭一ヶ唐進入候、補空書計候、

雖近来馴々敷候、以事次令啓候、仍被対大賀主計允之芳札、具加披見候、珍重此事候、仍於爰許相応被仰通度由承候、目出候、如仰縦雖遠国之事候、向後無御隔心可申承之儀、可為本望候、今度幸於当津（肥前国松浦郡平戸カ）彼主計允下向候条、此方旨趣精申候間、定而能々可相達候、此表自然相応之御用候者、自今以後不可有無沙汰候、誠遼遠之堺候条、両方助力等之儀ハ雖難罷成候、千里同風之於御心底者、何様入魂可申談候、聊別儀有間敷候之条、可御心安候、江崎・須佐（長門国阿武郡）両津へ自是登船候者、懇可申入候、御次而之時ハ、右衛門佐殿（益田藤兼）へ御取合可為祝着候、恐々謹言、

八月廿日　（松浦）隆信御判

松浦肥前守

隆信

益田刑部少輔（兼貫）殿

御宿所

えてよいと思われます。

次に三隅氏と益田氏の合戦の際の史料には、筑前宗像大社大宮司家の家臣や、益田氏の家臣が「針藻嶋《はりもじま》」あるいは「針藻等嶋」に在城しています（史料22・23）。海上交通の要衝に位置する宗像大社の大宮司家は、水軍力をもっていたと推測され、そのような宗像大社大宮司家の家臣が在城していることから、針藻嶋は海城としての性格をもつと推測されます。

実際、この針藻城跡は三隅の湊と入港する船をおさえるうえで格好の位置にあるといえます。しかし、現在この針藻山は島ではありません。中世当時本当に島だったのでしょうか。現在も、三隅川とこの湊地区あたりは、右岸・

史料22　益田藤兼書状写（閥閲録遺漏5山県半七10）

此表諸卒(牢カ)人之事、元連父子手に付候て、動等切搦、入針藻
嶋普請之事、堅固可申付事干(肝)要候、一人も心候之者候ハ、
可為曲事候、勿論高城表忠節之もの『貞信居城石州那賀郡三隅庄』におきてハ別而可加扶
持候、又岡見郷中給人地下之事、如右之切搦普請以下、此
刻一段可抽馳走事専一候、是又於不儀之者は可為曲事候、
一昨日も普請を差置てほへ(ママ)共仕候事不可然候、此一通之旨
候ハヽ、此口之義堅固可下之時候、恐々謹言、
(天文二十四年カ)二月十一日　　藤兼(益田)　判
金山備前守殿

史料23　宗像氏家臣連署奉書（石松家文書）

［　　］閏二(ママ)月朔日、益田藤兼［　　　］至、石州三隅
衆要害鐘瓦(尾カ)［　　］懸、同十日ニ落去候、然者、豊前［
］之助殿至鐘尾、其刻之馳［　　　］此方人数、針藻
等嶋在城［　　　］之助殿同前者小城幸市□(被)疵右手鑓疵、并僕
従新七被疵［　　　］之由、粉骨神妙之至候、然処、［
］(藤)兼被対防州(大内氏)無御別儀之趣、依［　　　］拵各安堵
候、御感悦之趣、［　　　］可申旨候、恐々謹言、
(異筆)「□(弘)治
二」七月十三日　　尚秀(寺内)（花押）
秀時(吉田)（花押）
氏備(許斐)（花押）
石松兵部丞(典宗)殿

写真２　左：現在の湊浦の景観（針藻山から）。右：五八水害時の湊浦（島根県労働組合評議会編集発行『忘れるな！（II）1983・7・23島根県西部豪雨災害の記録』より）

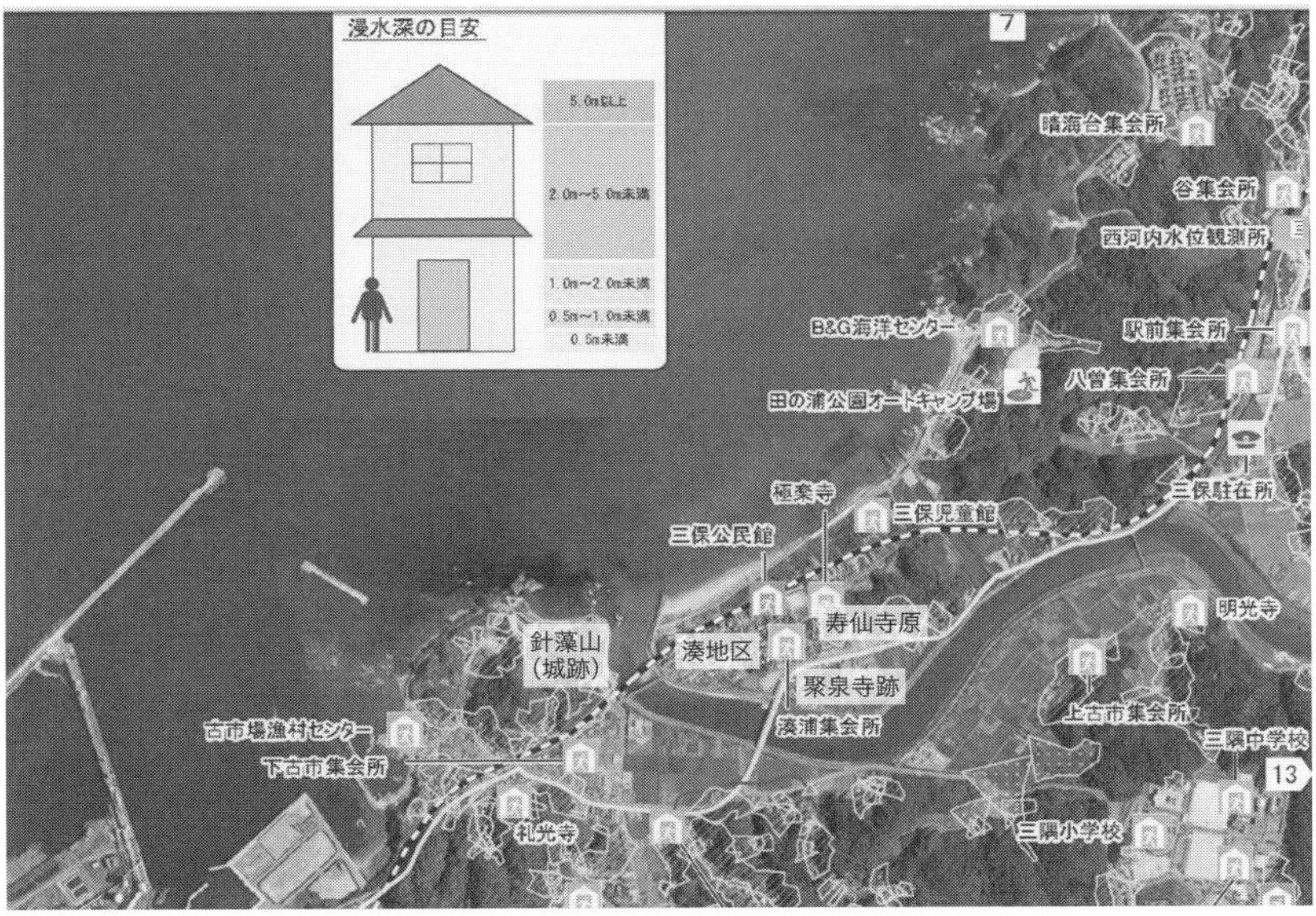

写真３「浜田市防災ハザードマップ三隅自治区11～12」の一部

左岸ともほとんど高低差がなく、堤防によって氾濫を防いでいます。では、三隅川が氾濫したらどうなるか。昭和五十八年（一九八三）のいわゆる五八水害のときの写真2とハザードマップ（写真3）が参考になります。低い土地はほとんど冠水することになり、針藻山もまさに島になってしまいます。中世当時の湊のあたりは、三隅川が氾濫すると写真3のような状況になったと推測されます。

このことを「大賀家文書」の記述から考えたいと思います。

すでにみた文明三年（一四七一）の史料に「湊聚泉寺前河成」とあり、洪水などによりもとは田畠であったところが水没していたことがわかります。さらにその後段で「田ハ出来ほうたい」知行してよいとされています（史料11）。聚泉寺は現存しませんが、大賀家の菩提寺であり、跡地もわかっています。「聚泉寺前」は、字こそ違いますが、現在の寿仙寺原という地域のことと思われ、先ほどの写真3ではやはり水害に遭いやすい地域であることがわかります。また、永正五年（一五〇八）の史料では、「川面ハ田畠出来次第」知行してよいとされています（史料12）。これらの文言からは、三隅川の氾濫や流路変更などにより、中世の湊のあたりが時に川となり、時に陸地化していた様子がうかがわれます。

以上のことをあわせて考えると、中世の三隅川河口域は潟湖のようになっていたと考えられ、そしてそれは、はっきりとした湖というよりも、時に川となり、時に陸地化するといった、芦原のような状態であったと思われます。三隅湊はそのような河口域の沿岸に成立した湊町であり、大賀氏という船持ち集団の拠点でした。

2　中世益田の潟湖の景観

それでは、これまで見てきた三隅湊の事例を参考に、中世益田の潟湖の状態を考察したいと思います。

史料24は、応永九年（一四〇二）に、当時石見国の守護であった山名氏利が、益田兼顕に対してその所領の一部が「不・河成」になったとの申告を認め、役賦課の基準となる公田数の約三分の一を免除する旨を伝えたものです。

この政治的背景については、岸田裕之氏が応永の乱後の大内氏対策のための石見国人懐柔の意図があると述べられており、[10] それは妥当と思われますが、一方で益田平野が歴史上何度も水害にあっていることを考えれば、「不・河成」があったという申告は、ある程度事実を反映していると思われます。

そして、戦国時代の益田について、興味深い文言として「川縁」があります。

天文二十一年(一五五二)、益田藤兼は大内義長から、当知行地とともに「川縁」を安堵されています(史料25)。また史料26では、益田藤兼が横田町あたりの領主である豊田式部少輔(内田氏)に「川縁」を安堵しています。「川縁」が当知行地と区別されている点が注目されますし、これ以前の益田氏の所領にはみられないものです。ところが、永禄十三年(一五七〇)に益田藤兼が子の元祥に譲った所領目録には、庄内七郷(長野庄)に梅月・俣賀とともに「川縁」が加えられています(史料27)。

川縁が現在の益田市域のどこにあたるのかはわかっていません。しかし、長野庄に梅月・俣賀とともに加

史料24　石見守護山名氏利書下(「益田家文書」63号)

石見国益田越中入道知行分所々公田数事、佰肆拾陸町参段三百歩内、近年依不・河成、令減少之由申之間、所免除肆拾陸町参反三百歩也、仍相残可有懃仕佰町分諸役之状如件、

応永九年六月十一日　左京亮(山名氏利)(花押)

益田越中入道(道兼、兼顕)殿

史料25　大内晴英義長安堵状(「益田家文書」286号)

当御知行所々并川縁等事、御進止不可相違之状、如件、

天文廿一年七月十一日　散位(大内晴英、義長)(花押)

益田右衛門佐(藤兼)殿

史料26　益田藤兼安堵状写(「内田家文書」)

川縁之事、任前々筋目、無相違可有知行者也、仍為後鏡之状如件、

天文廿三年
六月三日　益田藤兼也　右衛門佐(益田藤兼)判

豊田式部少輔殿 進之候

えられていることから、高津川下流域右岸の低地ではないかと考えられます。

そして、天正十八年（一五九〇）の益田元祥領検地目録（史料28）には、「川縁郷」がみえます。以上のことから、高津川の川縁が開発され、新たに郷が成立したと想定することはできないでしょうか。史料25において、当知行とは別に安堵されている「川縁」は、開発される可能性がある「川縁」を意味するものの可能性があります。

ここで益田市域のハザードマップを見てみましょう（図1）。高津川下流域の飯田や虫追、安富から横田のあたりは低地であり、しばしば河川の氾濫が起こる地域であったと考えられます。しかし、そのような地域であっても水がひき、あるいは河道が替われば、そのような地域は再度開発されていたと考えられます。したがって中世の益田の平野部は、潟湖といっても、時に河川の氾濫により冠水し、水がひけば再度陸地として開発が可能になる芦原のような状態にあったと思われます。

以上、中世の三隅川河口域、高津川・益田川河口域

史料27　益田藤兼譲渡所領注文（「益田家文書」346号）

元祥江

譲渡所領一書 永禄十三年庚午二月九日

石州

一上下本郷 号益田

一南北両仙道郷

一奥郷

一飯田之郷

一浜辺郷所々

一弥富郷 号遠田

一庄内七郷 梅月・俣賀・川縁加之

一黒谷三ヶ郷 上黒谷吉見押領分有之

一角井郷 周布へ付置、近年又家之知行　当代ヨリ

一白上郷 右子細同前

（中略）

以上

永禄十三年庚午二月九日　右衛門佐藤兼（花押）

の景観について考察してきました。益田については推測に頼る部分が大きいが、いずれもしばしば河川の氾濫や流路変更が起こっていた可能性が高く、しばしば水没したり、陸地化したりする芦原のような景観であったと考えられます。潟湖といっても、それは十分な広さと深さをもったものではなかったと考えられます。

一方で、そのような地域に大賀氏のような船持ち集団がいたり、中須などの湊が形成されたり、あるいは飯田や虫追のあたりに「河関」が置かれていることにも注目しなければならないでしょう。つまり、芦原のような、少し表現が悪いですが、不安定な地域に流通拠点は設けられていたのです。

前近代においては、現在よりもはるかに、海や川は人々にとって身近だったと思われます。時に水没する危険性があっても、水運への接続が便利な地域に中世の人々は流通拠点を営んだのだと思われます。

史料28　石見美濃郡益田元祥領検地辻目録

（「益田家文書」348号）

石州美濃郡之内御検地辻目録事

合　　益田元祥御領

一田数百三拾弐町五十歩　　白上郷

分米七百廿九石三斗三升

（中略。同様に飯田郷・庄内分・益田本郷・奥郷分・東仙道・北仙道の田数・分米が記されている）

一田数三拾六町八段小　　川縁郷

分米百八十四石七斗九升

（中略。同様に浜部郷・津毛郷・丸毛郷の田数・分米が記されている）

田数千六百七拾九町四段大卅五歩

分米九千八百五拾三石三斗六升

已上

右之以石辻、御段銭可有御収納候矣、

天正十八
十一月十六日　　国司雅楽允（元信）（花押）

益田伊豆守殿

不休軒（宅野）

以雲軒（増野）

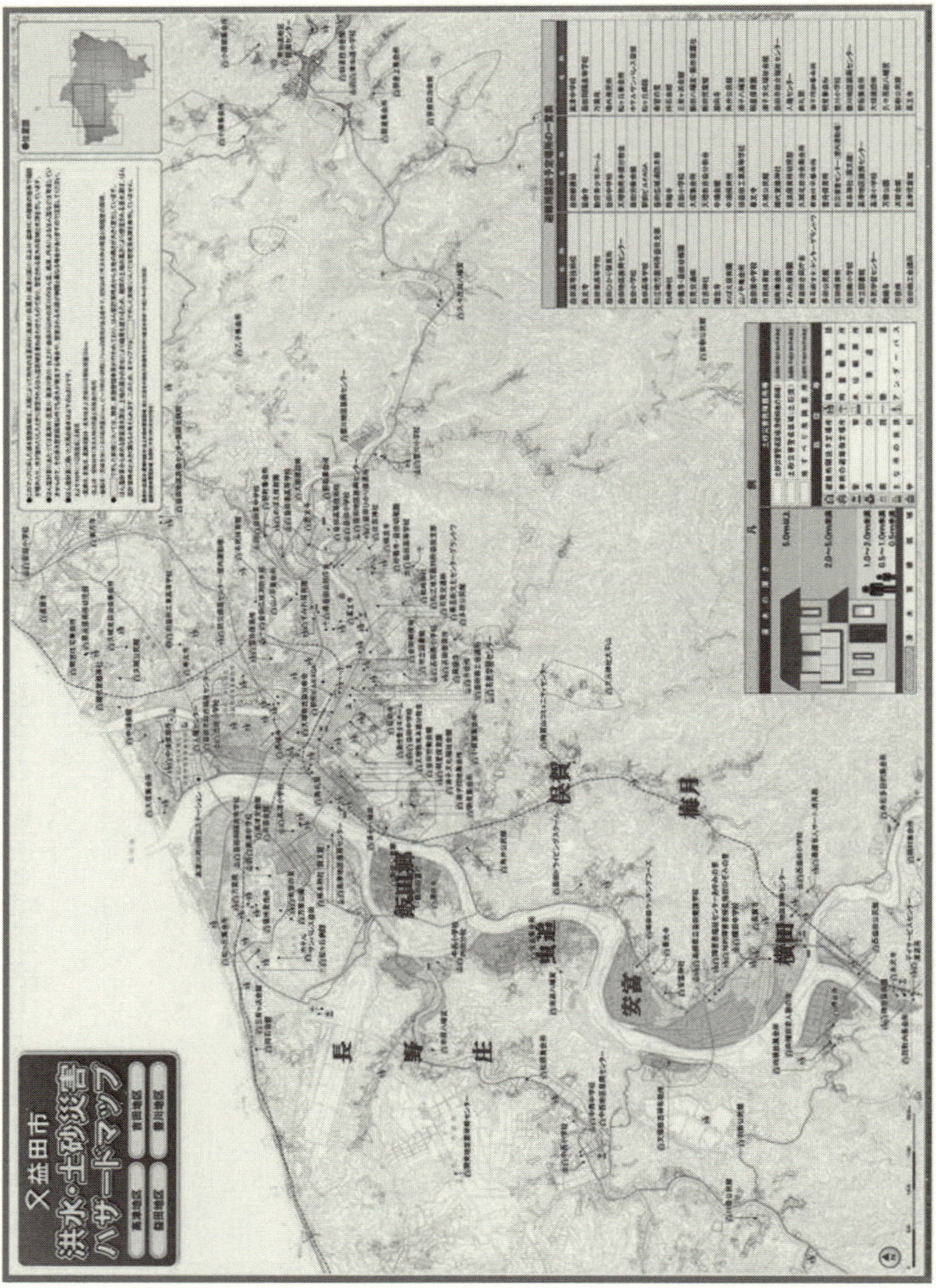

図1　益田市域ハザードマップ

おわりに

以上のことから、中世山陰の湊が形成される地形の典型の一つとしての、河口域の潟湖の実態が浮かびあがってきます。その利点として、日本海の荒波と強風を避けられること、河川水運を利用して、材木や鉱物を産出する内陸部との接続が容易であることがあげられます。

一方で、潟湖はそれほどの水深はなく、大型船の入港は困難であったと思われます。千石船のような大型構造船による海運が一般的になったとき、これらの湊は主要な流通拠点としての役割を低下させた可能性があります。そのような時代には山陰で湊が形成されるもう一つの典型的な地形である、リアス式海岸に形成される湊が主流となるのではないでしょうか。

【註】

(1) 益田市教育委員会編『中須東原遺跡』益田市教育委員会　二〇一三年

(2) 岸田裕之「石見益田氏の海洋領主的性格」(同著『大名領国の経済構造』岩波書店　二〇〇一年。初出は一九九三年)。

(3) 二〇一六年現在では、ボーリング調査の結果から、中世の段階の益田平野では潟湖はすでに堆積によって埋まり、益田川・高津川が流路を時期により変遷しつつ日本海に注いでいた、あるいは潟湖があったとしても非常に浅い低鹹汽水湖が存在した可能性があるにとどまる、という指摘がなされている(瀬戸浩二・渡辺正巳「「古益田湖」の諸相」、『島根県古代文化センター研究論集　第一五集　日本海沿岸の潟湖における景観と生業の変遷の研究』島根県古代文化センター二〇一五年)。この指摘が正しい場合、中須の湊は河口域のごく浅い河道または潟湖に面していたということになり、構造船の入港は困難であった可能性が高い。

本報告の結論も、中世の益田平野は、しばしば河川の氾濫や流路変更が起こっていた可能性が高く、時に水没し、時に陸地化する芦原のような景観であっただろうと推測する。

この場合、次に研究上の問題となるのは、中世の日本海交易でどのような船が利用されていたかである。中世の益田氏が保有していた船の大きさをうかがい知ることができるのは、永禄八年（一五六五）に温泉津に派遣された「弐百石船弐艘」という記述であり（『益田家文書』七三八号）、あるいは大賀氏が保有していた「八端帆一艘・六端帆弐艘」（史料16）といった記述であり、これらはいずれも構造船とは考えられない。しかし、豊臣秀吉の朝鮮侵略に際して、毛利氏の水軍は八端帆の船を基準に編成されており、十分に朝鮮に渡海することができたことになる（岸田裕之「『八箇国御時代分限帳』にみる毛利氏の朝鮮への動員体制」〈同著『大名領国の政治と意識』吉川弘文館　二〇一一年。初出は二〇〇三年〉）。

たとえ水面が狭く浅くとも、中須から大量の貿易陶磁が出土している事実は動かないのであり、河口域の水面が中須の湊の成立の地理的要因であったことも間違いなく、それをもたらした流通と船の実態が問われることになるだろう。

(4) 秋山伸隆「戦国大名毛利氏の流通支配の性格」（同著『戦国大名毛利氏の研究』吉川弘文館　一九九八年。初出は一九八二年）。

(5) 史料8・9にみえる「厚薄板并柾彼是三千枚」について、いわゆる「板物」で、織物とする見解もある。ただし、別の宗像大社の遷宮の際の記録には「材木調儀、上者石州益田、下者肥前松浦、御分領尽槙之数採用之」とあるため、益田の材木が使われていること自体は動かない。このことについては益田市・益田市教育委員会編『記録集　シンポジウム「中世山陰の流通と国際関係を考える」』（益田市・益田市教育委員会　二〇一五年）の一〇三頁を参照されたい。

(6) 井上寛司「中世石見の繁栄」（『ものがたり日本列島に生きた人たち二　遺跡下』岩波書店　二〇〇〇年）。

(7) 中世都市研究会編『中世都市研究三　津・泊・宿』新人物往来社　一九九六年。

(8) 鹿毛敏夫「川からの中世都市」（同著『アジアン戦国大名大友氏の研究』吉川弘文館　二〇一一年。初出は二〇〇八年）。

(9) 山内譲『中世の港と海賊』法政大学出版局　二〇一一年など。

(10) 岸田裕之「安芸国人一揆の形成とその崩壊」（同著『大名領国の構成的展開』吉川弘文館　一九八三年。初出は一九七八年）。

高津川・益田川河口部港湾遺跡の交易ネットワーク

村上　勇

一　はじめに

平成十六年（二〇〇四）、三宅御土居跡と七尾城跡が益田氏城館跡の名称で国史跡に指定された。このときも、館・城と共にセットになる港として「中世今市船着場跡（この小文では今市遺跡と称す）」の重要性は指摘されたが、この年以降、沖手遺跡、中須西原遺跡、中須東原遺跡など、島根県西部では高津川・益田川河口域の大規模港湾遺跡群の発掘調査が続いた。それらはそれぞれ当該地域の港湾遺跡の歴史的評価を大きく変える内容を有していた。

ここでは遺跡や時代ごとにみられる出土陶磁の様相に焦点をあて、その歴史的背景と、そこから窺える交易のネットワークについて考えてみる。(1)

二　沖手《おきて》遺跡

島根県益田市久城《くしろ》町に位置し、現益田川河口から約一キロメートル遡った三角州上に立地する。道路・溝・柵列・建物・井戸跡等の密な遺構が検出された。報告者は、直線または方形に巡る道路や柵によって区画され、複数の屋

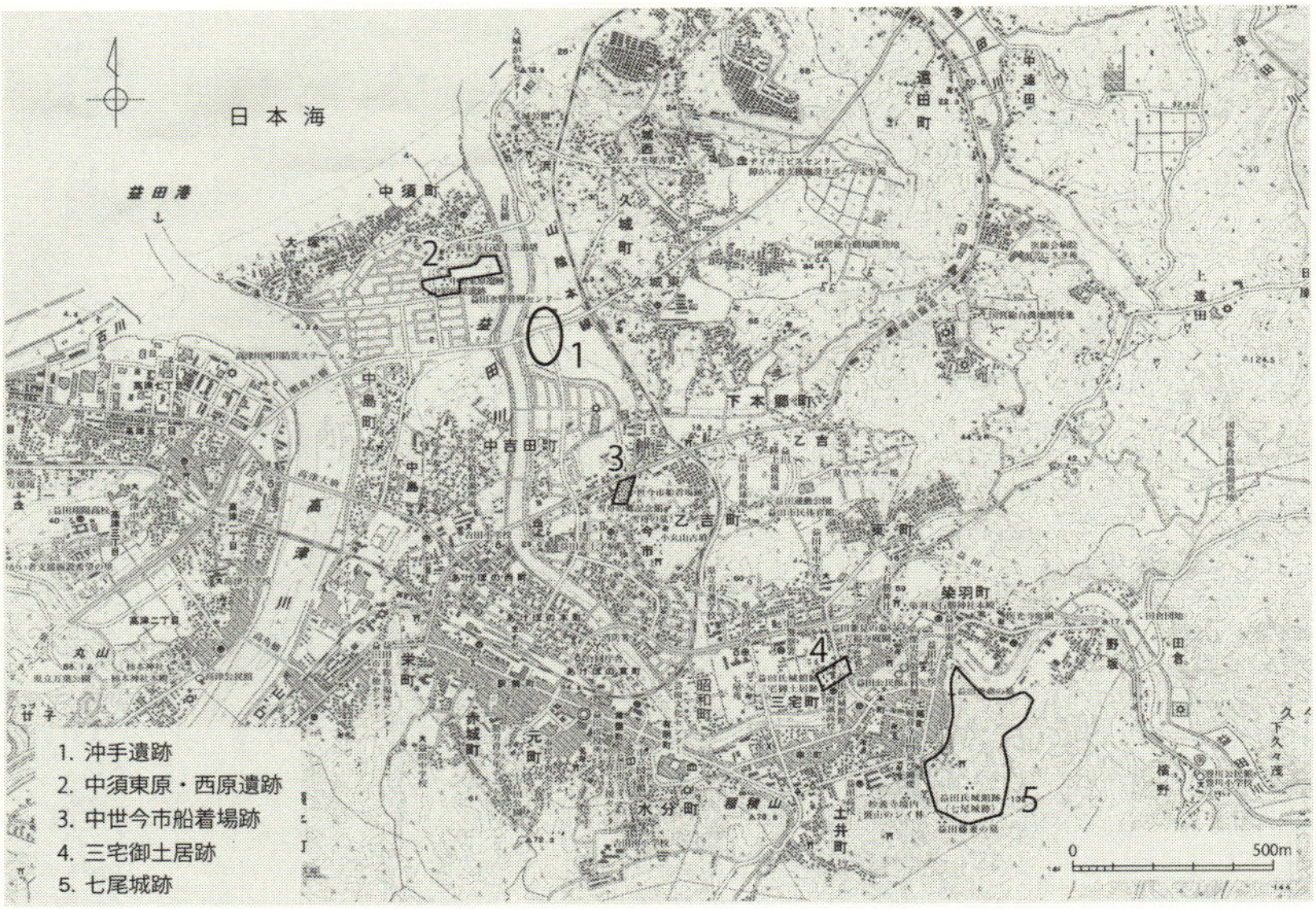

図1　河口域の中世遺跡

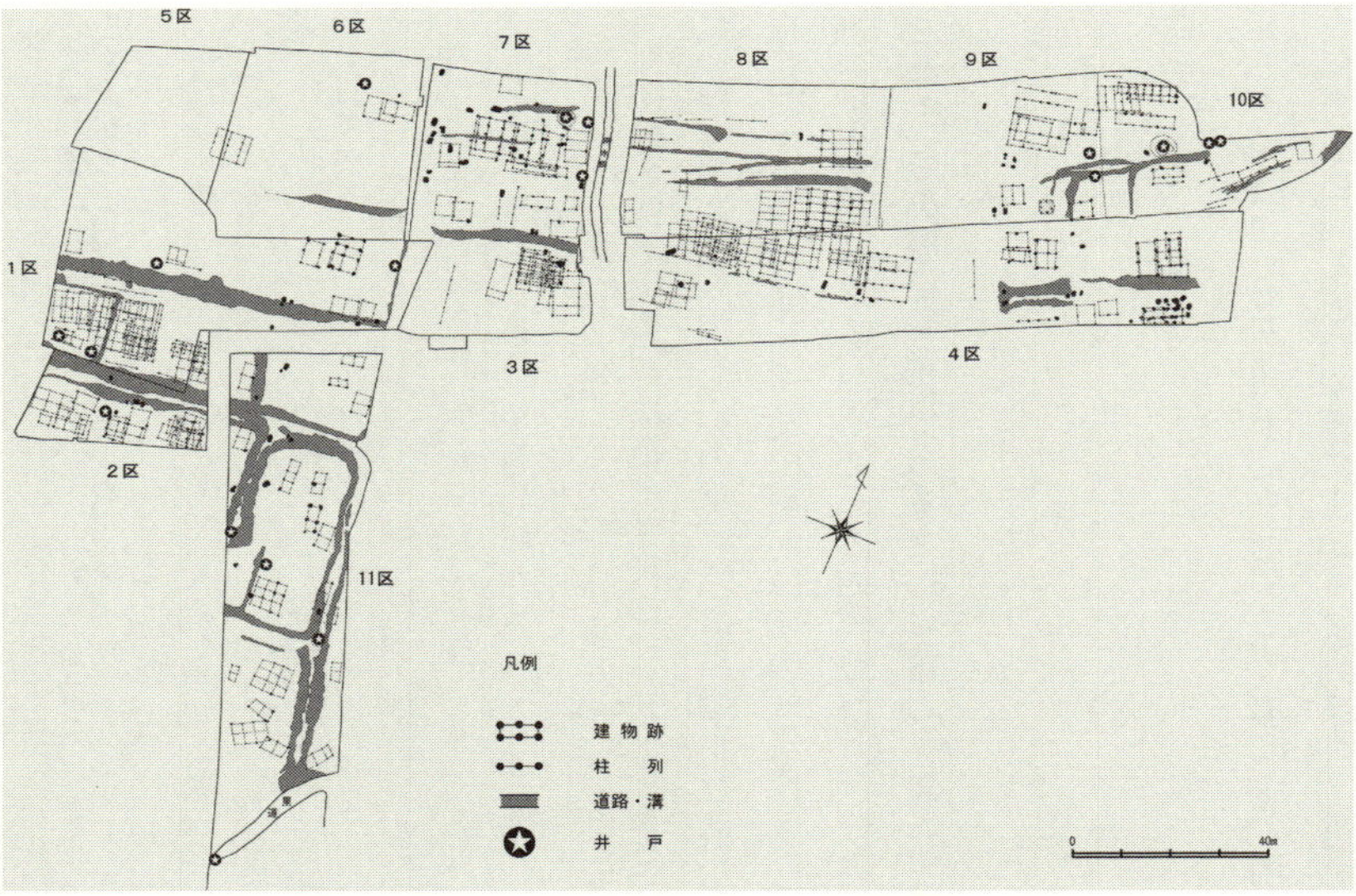

図2　沖手遺跡　遺構平面図

敷地や遺構空白域が組み合わされて構成されている点が特徴的であり、こうした集落構造は、沖手遺跡で本格的に集落が形成される十一世紀後半～十二世紀前半の段階ですでに成立したものと推察し、成立段階から、道路を骨格とした集落全体の地割が行われたと考えている。列島規模でみても、当該期の港湾機能に関連すると考えられる町的集落としては稀有のものである。

こうした集落が十一世紀後半～十二世紀前半の段階で成立したとする根拠は、遺構が密集する中心区域から、大宰府編年C期の貿易陶磁(2)（白磁）が多数出土したからである。県教育委員会の調査範囲から出土した、全土器・陶磁器中に占める貿易陶磁三二八三点（一一・一一パーセント）のうち、中国産の白磁は一六一七点（五・四七パーセント）、青磁は一二二二点（四・一三パーセント）という高比率で、時期別にみると、白磁Ⅳ類が主体となるC期のものが五四〇点、これに次いで龍泉窯系青磁碗Ⅰ類等が主体となるD期（十二世紀中頃～後半）が五八九点、以下、E期一七五点、F期九一点と前代より減少する。ちなみに、中世後半のものはG～H期で一六八点、I～K期で一三八点と遺物量はかなり減少する。なお、青白磁合子、青磁水注・香炉・小壺、陶器小壺などの希少品の出土から、集落に有力人物の存在が推測されている。また、並行して調査された益田市調査部分では、貿易陶磁の割合が多いことが注目されており、やはり時期的に中心となるのは、C期、D期の貿易陶磁であった。いずれにしろ、十一世紀後半の中国産貿易陶磁が前代とは比べ物にならない比率で出土するのは、絶対量を問わなければ、大陸との窓口であった博多遺跡群の様相に近いものがある。

「白磁の洪水」といわれるほどの状況を呈した博多遺跡群(3)を踏まえ、早くこの問題に言及した亀井明徳は、日本における中国陶磁への際限ない需要はもちろんであるが、これを実現させたのは、中国海商の、波打際貿易から、「住蕃貿易」への貿易システムの変換があったからだとしている。(4)十一世紀後半の博多や、あるいは北陸の敦賀などで宋人居住の事例が増加するが、こうした傾向は広く東南アジア各地でも確認されている。南宋政府が、交易による財源確保のため、積極的に海外市場を求めたところが大きく、活発な生産を行った江西、福建、広東、浙江南部地

写真1　石塔鬼王帝釋天王国社経塚出土青磁経筒

域の製品が輸出された。住蕃貿易により来日した中国海商は博多では「唐坊（唐房）」と呼ばれた中国人居留地で活動していた。宋人居留地かどうかは判然としないが、トウボウ地名は九州以外では山口県で八ヵ所確認されており、近くでは阿武《あぶ》郡阿武町奈古に「東方」地名がある。(5)

こうしたことに言及したのは、沖手遺跡の町的な港湾集落が、十一世紀後半から十二世紀前半段階に整然としたまとまりをもって整備された背景には、益田川上流の都茂鉱山から産出する銅と高津川流域の材木を求めた宋海商のかかわりがあったのではないかと考えたからである。根拠の具体的な証左として、島根県益田市横田町小野に所在する石塔鬼王帝釋天王国社経塚出土の青磁経筒をあげたい。

石見国石塔鬼王帝釋天王国社は、沖手遺跡と同水系、高津川の中流域に位置し、津和野川と匹見川の合流地点を見下ろす山の頂上に鎮座し、『三代實録』に、陽成天皇の元慶二年（八七八）、従五位下を授かるとあり、十八世紀半ばに境内の一角から、小田富士雄が第Ⅰ類陶製経筒と呼んだ青磁経筒のほか、八口の壷類が出土し、現在、褐釉四耳壷三口と須恵質壷一口を含め五口が豊田神社に保管されている。(6)

小田は、紀年銘のある埋経事例が一一一一年から一一三〇年に爆発的に増加し絶頂に達すること、また絶対年代のわかる第Ⅰ類陶製経筒もこの範囲にあることから使用された年代を推定している。分布は筑前四王寺山に集中し、筑後から九州の一部に散在する状況を取り上げ、この手の経筒は大宰府官人や北九州の荘園領主たちが経筒用として特別に中国華南の宋代越州窯系の民窯に製作注文したといい、遠隔地に孤立的に発見される例は、大宰府と交渉を持ちうる階層の人々が関与した可能性を指摘している。

さらに、亀井明徳は、石塔鬼王帝釋天王国社経塚出土の越州窯系青磁経筒と同類のもののなかに、「莊」や「李」など、宋人とみられる墨書人名をもつものがあり、明らかにこれらの経塚造営に宋人が関与しており、天治二年（一一二五）銘銅製経筒の「宋人憑榮伏」針書も引用し、きわめて日本的な経塚造営という習俗に、施主あるいはそれに近いかたちで宋人が参画しているのは長期の居住、住蕃があったことを証明するといっている(7)。同じ高津川水系に属し、沖手遺跡と同時代のこの経塚遺物のありようは、河口域での集落成立の背景を考えるうえで参考になるものではなかろうか(8)。

この時期になると、山陰の海岸部の遺跡からは白磁を中心に出土事例が増加するが、なかでも浜田市の古市《ふるいち》遺跡からは多くの貿易陶磁が出土した。全体的な器種構成は沖手遺跡と似ている。白磁Ⅳ類碗が主体であるが、白磁Ⅱ類碗が沖手の九倍、同安窯系青磁が沖手の二倍出土しており、同じC期内でも早く出現する要素の比率が国府域にある古市遺跡で高い点は、交易の開始状況を考えるうえで興味深い(9)。

三　中須西原《なかずにしはら》・東原《ひがしはら》遺跡

中須西原遺跡は、益田市中須町に位置し、高津川・益田川によって形成された河口の海岸砂丘の潟湖側に立地する。遺跡は道路と溝に区画され、掘立柱建物跡三〇棟、方形竪穴遺構二、鍛冶炉九、鉄滓溜り土壙一九、墓五等の遺構が検出され、特に船着場と考えられる二面の礫敷き遺構が注目を集めた。

遺跡からは遺物五万二九五八点が出土。そのうち、貿易陶磁は三六四六点を数え、中国陶磁が全体の五六パーセントを占める。なかでも碗D類、E類に分類される青磁が主流で、皿・坏では稜花皿が目立ち、浅形碗も含め相当量が出土した。白磁は二二パーセントを占め、中世前期のものも一定量出土しているが、十五世紀代の白磁皿D類と十六世紀の白磁皿E類の端反皿が他を圧している。青花は六パーセント、ほかに元代の鉄絵瑠璃釉大鉢、褐釉擂座壷が出土した。

特筆されることは、朝鮮陶磁が貿易陶磁の一二パーセントを占めたことである。四三〇点のうち、高麗青磁・白

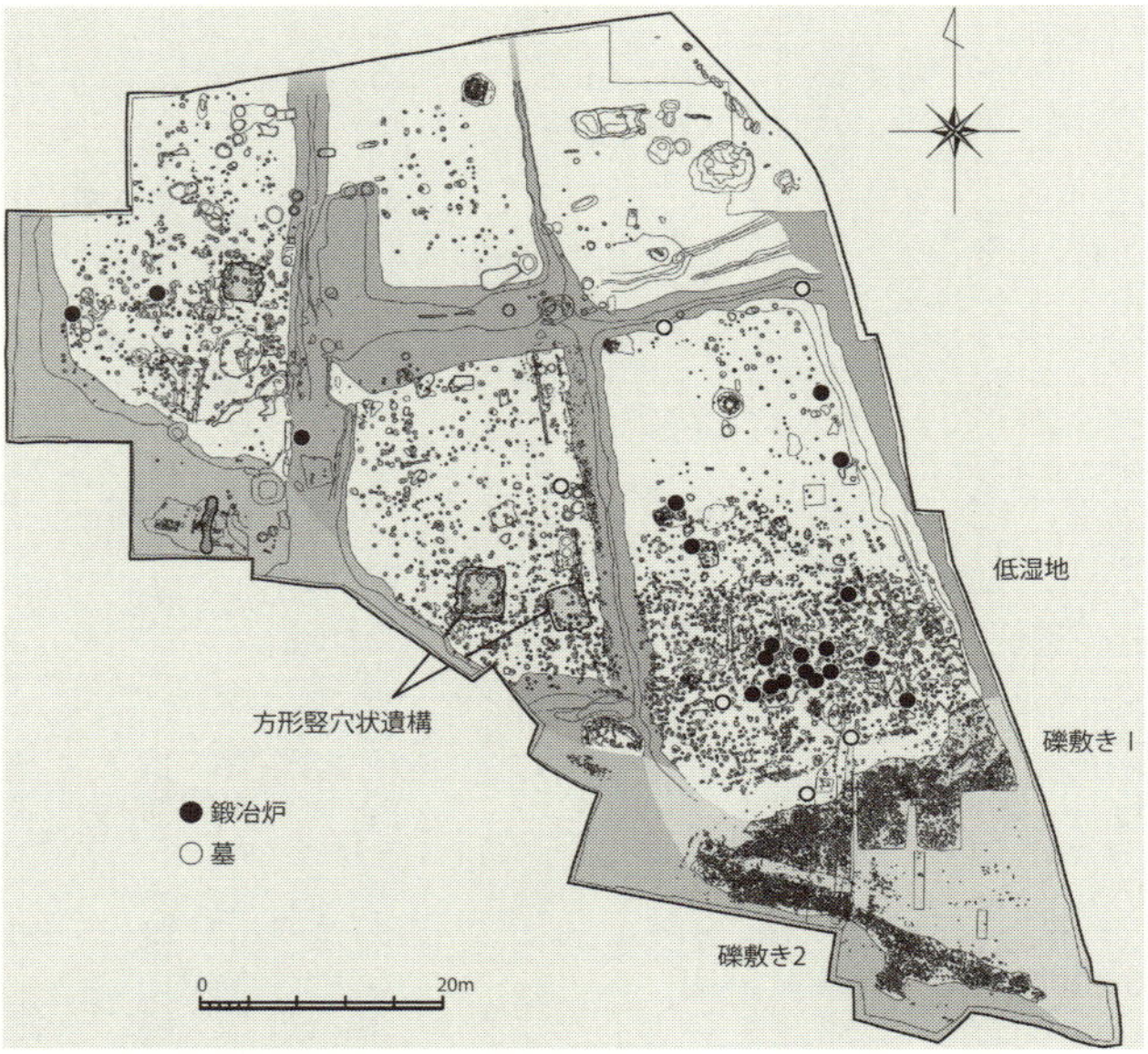

図3　中須西原遺跡遺構平面図

磁一二点を含むが、大半は朝鮮王朝陶磁で、十五世紀以降に主流となる灰青陶器の碗・坏・皿三二五点が主体を占めていた。その他、粉青沙器象嵌瓶、象嵌青磁碗・皿、刷毛粉青、焼締陶器瓶なども出土した。この数量と比率は山陰では異例のことである。また、これまで山陰では出土例がなかったベトナム産の碗、鉄絵皿等四四点、タイ産の鉄絵皿・小壷二点が出土したのも特記される(10)。

さて、遺物の量的な変遷をみると、C期に土地利用の萌芽がみられるが、G期に至るまで顕著な増加傾向はみられず、中世前期の傾向は沖手遺跡とは大きな差がある。ところが、中世後期のH期（十四世紀後半～十五世紀前半）になると出土量は急増し、J期（十五世紀末～十六世紀前半・中頃）まで継続し、十七世紀前半までは確実に存続したことがわかる。

ここでは、特筆される朝鮮陶磁と東南アジア陶磁のありようからその背景を考えてみたい。西原での朝鮮陶磁の占有率は一二パーセントであったが、さすがに対馬中心部の水尻仮宿《みずしりかりやど》遺跡では六五パーセントを占めるのは位置的な差と歴史的環境の違いであ

写真2　鉄絵瑠璃釉大鉢（中国元代）
中須西原遺跡出土

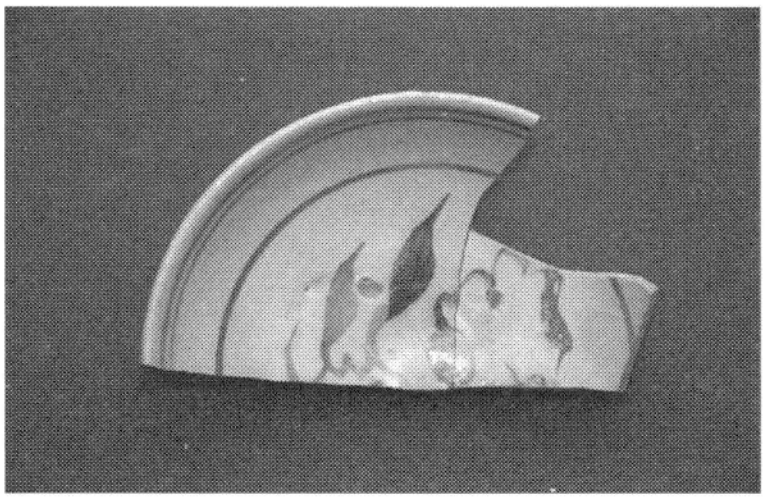
写真3　ベトナム鉄絵皿
中須西原遺跡出土

写真4　象嵌青磁（朝鮮）
中須西原遺跡出土

写真5　灰青釉・軟質白磁（朝鮮）
中須西原遺跡出土

ることは明白であろう。しかし、対馬周辺部や壱岐、松浦地域でも朝鮮陶磁と東南アジア産陶磁がセットで出土する時期があり、その比率が西原の様相と極めて類似しているのである。[11] 森本朝子は、十四世紀後半から十五世紀初頭にかけて明の海禁政策で中国市場を失った南蛮船が、琉球経由ではなく、東シナ海で対馬・壱岐・博多商人や倭寇と接触することにより、東南アジア産陶磁が流入したもので、これらの出土事例は、対馬・壱岐を除けば、大宰府・博多を中心に瀬戸内沿岸などで一〜二点のわずかな例があるだけだと述べている。[12]
また、水尻仮宿遺跡に隣接する土寄《つちより》には倭寇の頭目早田氏がいて、一帯に対馬最大規模の集落七〇〇戸が展開していた。東南アジア産陶磁は、遺物は、朝鮮軍が上陸した応永の外寇（応永二十六年〈一四一九〉）の焼土層から主に出土していて、下限を十五世紀の早い時期に置くことができる。西原遺跡の朝鮮陶磁とベトナム・タイ陶磁の複合的様相は、対馬の周辺部・壱岐・松浦地域の遺跡の様相にきわめて類似しており、こうした点を重視すれば、この遺跡が石見における倭寇の拠点、あるいはこれに深く関与した交易拠点であることは明白であろう(13)。

中須東原遺跡は、現場の様子から西原遺跡と一体のものとして考えてもよいと思われるが、ここからは遺物総数の約一〇パーセントにあたる五三二三点の貿易陶磁が出土した。うち、中国製が九二パーセントを占め、朝鮮陶磁が約八パーセント、東南アジア産はタイ鉄絵壷、ベトナム白磁碗など七点が出土し約〇・一パーセントを占めた。やはり、山陰では顕著な朝鮮陶磁の比率と東南アジア産陶磁の出土は、西原同様の状況にあったことを物語っていると考えられる。時期的には、東原はD期（十二世紀中頃〜後半）に出土量が増え、F期（十三世紀中頃〜十四世紀初頭前後）まで安定した出土数を保っていて、西原と組成内容を異にしている。特に目につくのは、H期（十四世紀後半〜十五世紀前半）には西原・東原共遺物量の顕著に増加する点である。

H期の十四世紀後半というのは、益田氏が荘園領主に代わって実権を掌握し、再び益田本郷を本拠に、館・寺社など、地域の再編成を行った時期にあたっている。この時期、益田川上流の大年《おおとし》ノ元《のもと》遺跡では銅精錬工房跡が検出されており、圏域の経済活動の活発化は、古代以来重要な働きをした都茂鉱山の掌握とその盛行が背景にあったことを予測させる。東原では、J期（十五世紀末〜十六世紀前半・中頃）が最も貿易陶磁が増加し、K期にも傾向が維持されている(14)。

四　今市《いまいち》遺跡（中世今市船着場跡）

遺跡は、益田市乙吉町に位置し、かつて高津川と益田川の合流する地点近くに立地し、背後には、十五世紀代に東福寺ゆかりの勝剛長柔《しょうごうちょうじゅう》や竹心周鼎《ちくしんしゅうてい》が住持した東光寺が接している。早くから、益田本郷地区の港的遺跡として注目されていた今市遺跡は短冊形地割が顕著に踏襲され、道を挟んで東西に上市・中市・下市の地名が残っている。遺跡の調査では、大内氏館跡出土のものに類似する防長系鍋・擂鉢・足鍋などの遺物が出土し(15)、十六世紀前半には短冊形の町割が成立したと考えられるが、十六世紀初頭にさかのぼる可能性も残っている。この遺跡の盛期は十六世紀の最末期から十七世紀初頭であり、またその活動は一気に終息している。該当期の遺物の主体をなす唐津焼の碗皿に砂目の重ね痕が無く、その後の遺物も激減しており、同様の性格を維持した街区として十七世紀第２四半期まで継続したと考える必要はなかろう。なお、貿易陶磁の出土数は少なかったが、中国陶磁一九点に対し、朝鮮陶磁が一四点出土したのは比率として注目された[16]。遺構について付言しておくと、第３・７・９区では、木杭と割石、敷石遺構が今市川に近い個所でそれぞれ確認されており、確かに船着場的な性格を有したことが窺えた[17]。

この不思議な区画をもつ遺跡の性格を考える際に、下流の中須東原遺跡の存在は重要である。先に見たように、中須東原遺跡では、J期（十五世紀末〜十六世紀前半・中頃）が最も貿易陶磁が増加し、K期（十六世紀中頃・後半〜十七世紀前半）にも維持されていた。盛んに活動する東原がありながら、高津川・益田川合流地点の側に、出島のように、短冊形の今市が作られ、東上市・中市・下市、西上市・中市・下市の字名が配置されているのは、新たな市町造りの強い明確な意思を感じさせるものがある。

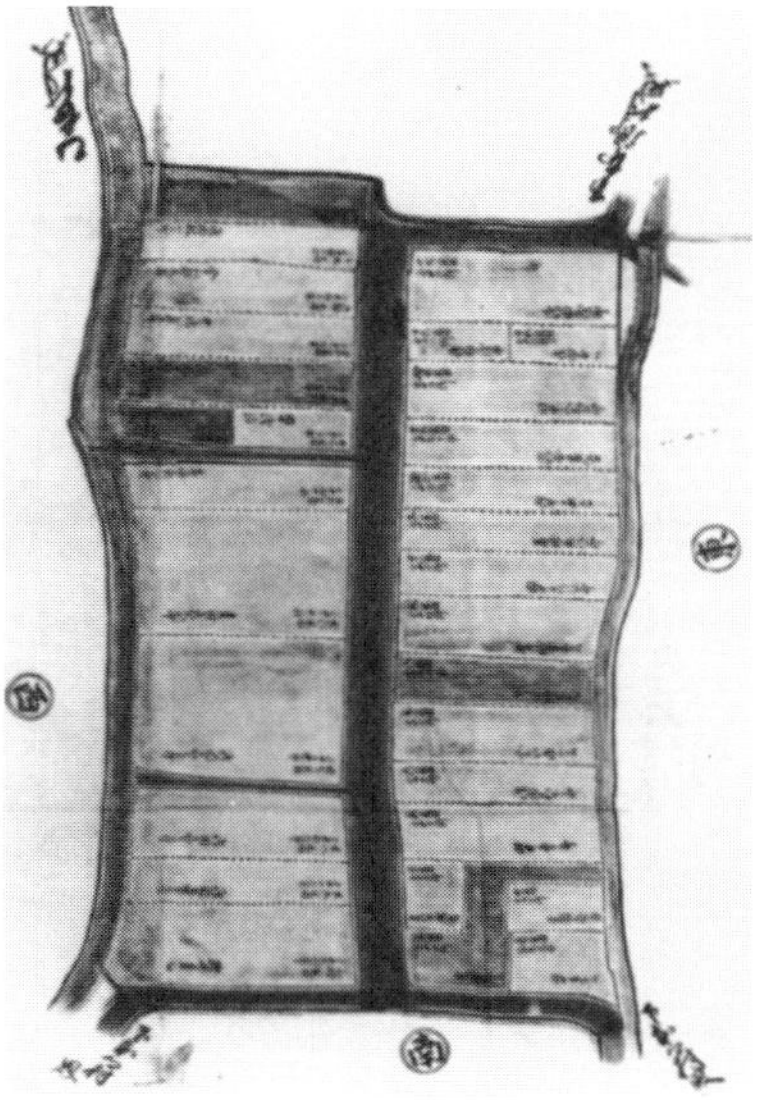

図４　乙吉村今市地引図
（広島大学図書館所蔵）

永禄五年（一五六二）、益田氏は出雲進出後の軍事費などの調達のため、杵築大社の神官別火家を倉本に任命したように、次第に大規模化する戦闘用の物資の確保、輸送などのために今市に特権的な商人を創出した可能性が高い。十七世紀初頭に活動が一気に終息したのが、益田氏の関ヶ原後の須佐移転にあるのであれば、特権商人としての今市住人の性格が明確になろう[18]。天正十九年（一五九一）の「益田元祥領検地目録」には「今市屋敷銭代二貫三一〇文」

とあるが、この街区の役割はそれを大きく上回るものを想定しなくてはならないかもしれない。

五　終わりに

高津川・益田川河口部の港湾遺跡群は、それぞれが、その歴史上の性格、位置づけを変化させながら、地域の交易・交通を担ってきたが、これまで考えられてきた以上に、東アジア的諸関係のなかで展開している状況が浮かび上がってきたように思われる。その様相を列島規模、あるいは東アジア規模で解明することは、益田圏域の地域的特性と歴史的意義を明確にするために重要な作業であるように思う。

【註】

(1) 益田市教育委員会『中世今市船着場跡文化財調査報告書』二〇〇〇年
島根県教育委員会他『沖手遺跡―1区の調査―』二〇〇六年
島根県教育委員会他『沖手遺跡・専光寺脇遺跡』二〇〇八年
益田市教育委員会『沖手遺跡』二〇一〇年
益田市教育委員会『沖手遺跡』二〇一四年

(2) 山本信夫他「大宰府条坊跡XV　陶磁器分類編」『大宰府の文化財第二九集』太宰府市教育委員会　二〇〇〇年
山本信夫「貿易陶磁の分類・編年研究の現状と課題」『貿易陶磁研究№30』日本貿易陶磁研究会　二〇一〇年

(3) 池崎譲二・森本朝子「海を越えてきた陶磁器」『よみがえる中世1―東アジアの国際都市　博多』平凡社　一九八八年

(4) 亀井明徳『日本貿易陶磁史の研究』同朋舎出版　一九八六年

(5) 渡邊誠『平安時代貿易管理制度史の研究』思文閣出版　二〇一二年

(6) 村上勇・西尾克己「中国地域の経塚出土陶磁」『貿易陶磁研究No.24』日本貿易陶磁研究会 二〇〇四年
小田富士夫「九州発見の陶製経筒」『日本歴史考古学論叢』吉川弘文館 一九六六年
(7) 註(4)に同じ。亀井氏は『博多唐房の研究』二〇一五年では褐釉経筒としている。
(8) 久留島典子「益田金吾家文書(中世分)の紹介と考察」『科研成果報告書 大規模武家文書群による中・近世史料学の総合的研究―萩藩家老益田家文書を素材に―』益田市教育委員会 二〇〇八年
井上寛司「中世の益田川関と沖手、中須西原・東原」『中須東原遺跡』益田市教育委員会 二〇一三年

久留島氏の論文の中で、益田本郷津料浮口の記事がある文永六(一二六九)年の法橋範政書状案が紹介された。文書を解釈した井上氏は、中流域から高津川を使って搬出される材木に課される益田本郷津の浮口(税金)をめぐるものであるという解釈を紹介している。高津川と益田川の河口部は合流しており、沖手遺跡が交易の中心にあったことは間違いない。その繁栄は北九州の勢力とのネットワーク、または、東アジア世界に広がった当時の潮流のなかで生起したものと思われる。

(9) 村上勇「地域研究と貿易陶磁・山陰」『貿易陶磁研究No.29』日本貿易陶磁研究会 二〇〇九年
(10) 木原光「石見国益田の中世港湾遺跡群」『日本考古学第32号』日本考古学協会 二〇一一年。なお、数量・比率については本報告書『中須東原遺跡』益田市教育委員会 二〇一三年を参照。

山陰側の遺跡からは朝鮮陶磁が出土するのではないか、あるいは出土しているかのような記述に出合うことがあるが、一遺跡からの出土量は微々たるものであった。西原・東原遺跡の出土数量は他を圧している。この点で、特別なネットワークの存在を想起するのは無理のないところであろう。しかし、山陰の各遺跡ではこうした可能性を常に念頭に置いておかなくてはならないようにも思われる。

(11) 宮崎貴夫「長崎県地域の貿易陶磁の様相」『貿易陶磁研究No.18』日本貿易陶磁研究会 一九九八年
川口洋平「産地不明の貿易陶磁―対馬・壱岐・長崎」『貿易陶磁研究No.23』日本貿易陶磁研究会 二〇〇三年
(12) 森本朝子「壱岐・対馬出土のベトナム陶磁について」『国立歴史民俗博物館研究報告第94集』国立歴史民俗博物館 二〇〇二年
(13) 村上勇「中須西原・東原遺跡出土の貿易陶磁と中世後期の交易」『記録集 歴史を活かしたまちづくり講演会パート12』益田市教育委員会 二〇一一年

朝鮮陶磁や東南アジア陶磁の当該遺跡での厳密な時期設定などがなお必要であろうが、森本朝子氏〔註（10）〕や川口洋平氏等〔註（9）〕の分析と同様の内容であると考え、時期的にも、高津川・益田川河口部で倭寇的活動をする人々の存在を考えてみた。しかし、これが十五世紀後半のことになれば、別な視点の導入も検討する必要があろう。文明三年（一四七一）二月に、初めて石見国以外に所領を領有した益田氏は、文明十五年（一四八三）の「益田兼堯・同貞兼連署譲状」（益田家文書〔第廿二〕二一二）『大日本古文書家わけ第二十二益田家文書之一』二〇〇〇年、東京大学史料編纂所にあるように、筑前国筵田・福光・原村を、大内氏の九州出征に従軍した恩賞として、大内氏の分国支配と結びついたかたちで獲得した。原・筵田（あるいは福光）は、天文十五年（一五四六）の「益田尹兼譲状」（益田家文書〔第廿八〕二八三）や永禄十三年（一五七〇）の「益田藤兼譲渡所領注文」（益田家文書〔第三十四〕三四六）『大日本古文書家わけ第二十二益田家文書之二』二〇〇三年、東京大学史料編纂所にも、「両郷三百五十貫文本地也」とあるように長く関係が続いた。また、十六世紀半ばには津丸・久末（福岡県福津市）の三隅分を併合している。原は福岡県の早良郡にあり、博多湾の西部に流れ込む室見川下流右岸にあたり、筵田（福光も近接地と思われる）は博多における中国貿易の一端を担った筥崎宮を上流に少々遡った今の板付空港の入り口あたり、いずれも博多湾沿岸部に点在した重要な港湾遺跡の所在地と重なっている。津丸・久末も津屋崎・宮地嶽神社・宗像大社に近い交易の要地。山口県萩市沖の見島も同様。したがって益田氏の動向に影響を受けた交易の様相を一方に想定することもできよう。いずれにしても、国人領主益田氏と領国の人々が、複線的な九州を介した東アジア的世界のなかでさまざまな交易活動を展開していたことが徐々に判明してきたといえよう。この点に関しては、早く岸田裕之氏の指摘（「石見益田氏の海洋領主的性格」『大名領国の経済構造』二〇〇一年、岩波書店、初出は一九八六年）があり、本田博之氏もコンパクトに触れている。（「十五・十六世紀山陰地域における流通経済と貿易」『尼子氏の特質と興亡史に関わる比較研究』二〇一三年、島根県古代文化センター）なお、文献から論じた関周一氏の業績（『中世日朝海域史の研究』、二〇〇二年、吉川弘文館）なども、このテーマにとっては大変参考になる。

（14）註（10）を参照のこと。

（15）村上勇「出土陶磁器から見た益田今市町地割地区の変遷」『中世今市船着場跡文化財調査報告書』益田市教育委員会　二〇〇〇年

この小文では、今市遺跡の性格を考え、今市市町地割地区と表記した。

(16) 註(9)参照

(17) 二〇一四年の益田市教育委員会の調査で、前回、礫敷・木杭が出土した第3調査区の上流近接地から、中須西原・東原遺跡と同類の礫敷遺構が確認された。(益田市教育委員会『中世今市遺跡』二〇一五年)

(18) 註(9)参照。別火氏は倉本に力を貸した存在とする理解もあり、益田氏の倉本設置も、出雲部を介して若狭方面との交易を円滑にするためとする意見もある。その場合は書状の年代比定も変更されよう。なお、益田藤兼から元祥への永禄十三年(一五七〇)の所領譲状には、藤兼代よりの知行地として雲州(出雲国)生馬郷百貫の記載が新たに見られる。国人領主益田氏も、西は博多湾から東は島根半島までの交易ネットワークの構築は、この時期必須の案件であった。

益田大会を振り返って

五味文彦

今回の大会は、西日本の都市のなかで中世の姿を色濃く残す石見の益田を会場とした。中世都市を考えるにあたり、この益田ほどに多くの材料をあたえてくれる土地はないといえよう。考古学的知見が豊かなうえに文献史料にも恵まれていることから、「西の鎌倉」ともいえる。

しかもそのたとえられる鎌倉であっても、中世後期になるとさほど史料が多いわけではない。これに対し、たまたま益田が近世になって城下町にはならなかったことが幸いし、大改変を受けることなく、そのため中世の姿が今に伝えられているのである。

今回の大会は益田での考古学的な知見を中心にして、中世都市のあり方を探ったが、そこでの報告やこれまでの研究を踏まえ、私なりに簡単に中世都市益田の展開をまとめてみよう。

一　益田荘と益田氏

最初は十一世紀から十二世紀にかけて国衙領美濃郡の時期に、石見国の在庁官人の御神本氏がその拠点を置くなか、やがて益田荘が、郡荘という、郡が荘園に転化する形で成立するに至ったと考えられる。日本海に注ぐ益田川・高津川に沿って生まれた荘園で、国府の置かれた浜田の西、長門・周防国に隣接していた。

治承四年（一一八〇）五月十一日に皇嘉門院が甥兼房に譲った所領に「いわみ　ますた」とあるのがその初見である（『九条家文書』）。皇嘉門院の父摂関家の藤原忠通は天養二年（一一四五）に石見国の知行国主となっており（『台記』）、これから数年後に忠通がその権限を利用して、益田荘を立てて娘の所領としたのであろう。

貞応二年（一二二三）の石見国田数注文（『益田家文書』）に「ますたのしやう　百四十八丁八反小」とあり、規模の大きな荘園であった。この益田荘段階の遺跡が益田川河口部の沖手遺跡である。十二・十三世紀中心の集落遺跡で、東西および南北にはしる溝と、その溝に囲まれた中には無数の柱穴と井戸が分布し、墓も存在し人骨も出土している。川の河口部は幾多の改変を受けるのが一般的で、全国的に見てこのように残るのは珍しい。

十二世紀後半は日本列島の経済的活況期にあたり、武士が家を形成するようになった。奥州の平泉や伊豆の北条などの武士の館が認められ、それが源平の争乱の経済的な基盤となっていた。御神本氏も家を形成するにあたり藤原姓を称し、益田本郷を苗字の地とする益田の家を形成していったのである。

その益田氏の活動は、平氏討伐に向けて下ってきた源範頼が元暦元年（一一八四）に藤原（益田）兼栄の所領「益田庄」を安堵する下文から知られ、建長二年（一二五〇）三月の閑院内裏の築地を負担する御家人のなかに「益田権介」の名が見える（『吾妻鏡』）。

二　湊町の展開

沖手遺跡の益田川をはさんで西側にある中須東原・西原遺跡は、沖手遺跡が十四世紀に衰退するなか、十三世紀から十五世紀にかけて湊遺跡として発展していった。その船着きの礫敷遺構が広範囲に出土し、道路跡も存在する。遺物には土師器皿や国内産の陶器、中国や朝鮮半島産の陶磁器、ベトナム産や東南アジア産の陶磁器が出土している。時代はモンゴル襲来とともに活発な海外貿易が行われ、列島の各地に多くの湊町が生まれていて、この遺跡はその典型であり、博多と並んで東アジアに開かれていたのである。

日本海の沿岸には潟が多くあり、そこに湊町が形成されていたが、同じく益田でもそうした潟に湊町が形成されていたとみられる。近くの福王寺には鎌倉末期のものと推定される石造十三重塔や元徳二年（一三三〇）銘の五輪塔も存在し、鍛治関連の遺構もあって、この時期から台頭が著しくなった職人の活動の痕跡が、その発掘調査から知られている。

こうした湊町の発展とともに南北朝の動乱が始まると、そのなかで成長したのが国人領主である。鎌倉時代の地頭とは違い、地方で広範な政治経済活動を担った領主を国人領主というが、おそらく益田氏は国人領主として中須の湊町と関係をもつようになり、海洋に進出して海洋領主の側面も有するようになったとみられる。

三　館と市

南北朝の動乱が終息をむかえつつあった応安元年（一三六八）、その後の益田氏発展の基礎を形成した益田兼見が築いたのが「三宅御土居」である。益田川が平野部に出る右岸の微高地上に、土塁に囲まれ周囲を堀で廻らして立地する。益田が近世に城下町とはならず、館跡に泉光寺という寺院が建てられ開発の波を受けなかったので、よく残されたもので、国の史跡に指定されるとともに、現在は泉光寺が移転し、発掘が行われている。

発掘によって遺物は応安以前のものもあるので、以前は荘園経営の拠点である政所の可能性が高く、益田氏は益田川中上流域に退いていたものが、下流域に進出しこの政所のあった所に館を設けたものとみられる。

南北朝のこの時期には各地に領主館が形成され、今にその遺構が伝わっている。隣接する周防国では大内弘世が貞治二年（一三六三）に周防・長門の守護に任じられると、それを契機に山口盆地の中央に居館を移し、その後の発展の基礎を築いている。大内氏は周防の在庁官人として鎌倉幕府に仕えていたが、南北朝時代に飛躍をとげ、守護にも任じられて発展を迎えることになり、弘世は上洛し銭貨や唐物を送っている。

大内・益田と同様な国人の居館には、伊豆出身の江馬氏が飛驒に遷って勢力を広げ築いた江馬氏館があり、下総の千葉氏の一族の東氏が美濃に遷って築いた東氏館など各所に認められる。この頃から国人領主が土塁や溝濠に囲まれた居館を築いて、安定した支配を進めるようになったことがわかる。

益田兼見は居館の形成とともに、永徳三年（一三八三）に本領が義満に安堵され、居館の周辺に宗教文化を育んだ。中須にあった安福寺は応安七年（一三七四）に移転して万福寺という時宗の寺院となり、式内社の染羽天石勝神社は熊野権現を勧請して瀧蔵権現と称され、その別当寺として勝達寺が建立されている。天台宗崇観寺は正平十八年（一三六三）に臨済宗寺院として造営されている。

兼見は永徳三年八月に置文を作成し、益田本郷を始めとする所領を嫡子兼世のほか兼弘、兼政に譲与するとともに、御公事や軍役は惣領兼世がとりまとめること、一味同心して談合して支配を行うように示している。

このような館の造営が各地で行われるようになったことをよく物語るのが『庭訓往来』に載る消息である。『庭訓往来』は各地の武士の館を訪れた連歌師の手になるものと考えられ、備中の新見荘の政所には『庭訓往来』があったことが知られていることからも、これが大きな影響をあたえたことがわかる。その三月から八月にかけての消息は武士について語っている。

三月の消息は最初に「家門」の繁昌を喜び、所領に入部してなすべきことを政所に命じている。所領の堺を糺して清廉の沙汰を行うよう、所領支配の文書を整えるよう、勧農を行って年貢・地子を収納するように指示するとともに、所領支配の拠点となる「御館造作」について次のように語っている。

早く四方に大堀を構へ、その内に築地を用意すべし。棟門・唐門は斟酌の儀有り。平門・上土門・薬医門の間に於てはこれを相計ふべし。寝殿は厚萱葺、板庇、廊中門・渡殿は裏板葺、侍・御厩・会所・囲炉裏間・学文所・公文所・政所・膳所・台所・贄殿・局部屋・四阿屋・桟敷・健児所は、葦萱葺に支度すべき也。

このように堀を廻らし、築地で館を囲んで、門を構えるなど、館内の建物の仕様を詳しく語った後、次のように、主屋の周囲の造作についても記す。

南向には笠懸の馬場を通し、埒を結はしめ、同じく的山を築くべし。東向には蹴鞠の坪を構へ、四本懸を植ゑられ、泉水・立石・築山・遣水、眺望に任せ、方角に随て、禁忌無き様に之を相計ふべし。客殿に相続いて、檜皮葺の持仏堂を立つべし。礼堂・菴室・休所は先づ仮葺也。傍に又土蔵 文庫を構ふべし。其中間は塀也。後苑の樹木、四壁の脩竹、前栽の茶園、同じく調へ、植うべき也。

庭の造り、客殿、持仏堂、土蔵や文庫のほか、樹木・竹林・茶園にまで指示は実に細かい。この消息に対する三月十三日の返信は現地に臨んでの報告である。作事については、桁・梁・柱以下の材木は杣取りため誂えたこと、門の冠木や扉の装束以下の具足は津湊で買うこととし、山造りの斧・鉞以下の金物は、炭鉄を用意し鍛冶に造らせるので、木工寮や修理職の巧匠を召し下され、釿立、礎居、柱立、精鉋を行い、棟上の吉日は陰陽の頭に命じてほしいことなどを記す。まさに三宅土居のありし日の姿を彷彿させるものがある。

さらに四月の消息は、「市町は辻子小路を通し、見世棚を構へしめ、絹布の類ひ、贄菓子、売買の便り有るの様に相計らはるべき也」と、市町には小さな道を中に通し、道の両側に見世棚を構え、絹布や贄菓子などの売買の便があるように計らうのを良しとし、招くべき職人をあげている。

これに対応する益田の遺跡が、益田川の河口の湊町と三宅土居の中間には設けられた今市という新たな町場遺跡であって、ここには今に続いて道を挟んだ短冊形の家地遺構が残っている。

四　館の文化

益田氏は大内氏と連携して従軍するなか、京に出て将軍の外様衆として活動した。益田氏と大内氏との交渉は密で、それは長期にわたった。益田兼堯と大内氏の重臣・陶弘護とは親族の間柄にあり、益田兼堯・貞兼・宗兼三代にわたり大内氏に従軍している。

画僧の雪舟との交流から、雪舟の描いた益田兼堯の像が今に伝わる。「雪舟」という印と文明十一年（一四七九）の竹心周鼎《しゅうてい》の賛があることから、雪舟は益田を訪れ兼堯に会っていたものと考えられる。その雪舟の益田での足跡について、万福寺の北庭を雪舟が池泉回遊式庭園として造り、崇観寺の塔頭の医光寺でも寺の後方の山肌を利用して築庭したと伝える。

『古画備考』に載る、雪舟筆とされる「山寺図」は模本しか残されていないが、その図柄は山口から益田に向かって旅をした時の山河を描いた図であるという解釈が出されている。『花鳥図屏風』は文明十五年に兼堯の孫宗兼が家督を相続した時、その祝いとして雪舟が描いた花鳥画の屏風とされている。その真偽ははっきりしないが、益田氏と雪舟の関係は深かった。このような館を中心とした文化の動きについても、『庭訓往来』はよく記している。五月五日の消息にはこう見える。

大名、高家の人々、路次の便りを以て、打寄す可きの由、内々其聞え候、折節草亭見苦敷、資具、又散々の式也、御扶持に預らずんば、今度の恥辱を隠し難し、助成せられれば、生涯の大幸也、

大名や高家の人々が立ち寄るという噂があるので、どのように接待をすればよいのか、館は見苦しい状態なのでお助けください、と前置きをし、必要な物品をあげている。それらは「縵幕、幕串、高麗端の畳、深縁の差筵、屏風、几帳、翠簾」「打銚子、金色の提、青漆の鉢、茶碗の具、高坏、懸盤、引入れ合子、皿、盞、油、蝋燭、鉄輪」などであり、家人や若党、家来が無骨な田舎人なので、「配膳、勧盃、料理、包丁」などについて故実を知っている職人を二人ほど雇いたいともいう。

これへの返信は、その注文にはない「燈台、火鉢、蝋燭の台」のほか「能米、馬の大豆、秣、糠、藁、味噌、醤、酢、酒、塩梅」、初献の料は「海月、熨斗鮑、梅干」、削物は「干鰹、円鮑、干蛸、魚の躬、煎海鼠」、生物は「鯛、鱸、

鯉、鮒、鯔、王余魚、雉、兎、鳫、鴨、鵠、鶆、鶉、雲雀、水鳥、山鳥一番」、塩肴は「鮎の白干、鮪の黒作り、鱒の禁割、鮭の塩引、鯵の鮨、鯖の塩漬、干鳥、干兎、干鹿、干江豚、豕の焼皮、熊掌、狸の沢渡り、猿の木取、鳥醤、蟹味噌、海鼠腸、琢、鰭《うるか》、鱗、烏賊、辛螺、蛤、蛯交の雑喉」などについても送るという。

実に多くの料理の材料からなり、接待の際の料理がどのようなものかがよくうかがえるが、『益田家文書』には永禄十一年（一五六八）二月に大名を招いての祝宴の献立が載っており、決して誇張されたものではないことがわかる。益田氏の食文化を示すものといってよいであろう。なお永禄の献立により益田の中世の食文化の復元が試みられている。

七月の消息は、勝負の経営に関するもので、風流のために用立ててほしいものとして、「紅葉重、楊裏の薄紅梅、色々の筋、小隔子の織物、単衣、濃紅の袴、唐綾、注文の唐衣、朽葉、地紫の羅、袙、浮文の綾、摺絵書、目結、巻染、村紺、掻浅黄の小袖、同じき懸帯、蒔画の手箱、硯筥、冠、表の衣、直衣、水旱、狩衣、烏帽子、直垂、大口、大帷、太刀、長刀、腰刀、箙、胡録、大星の行騰、房鞦、牛の胸懸等」などについて、上品でなくてもよいから欲しいと述べる。

これへの返信は注文分を送るとした後、注文の外にも使者を通じて申し入れた分について「長絹素絹の袈裟、精好薄墨の衣」以下の法服や仏具、履物、さらに「竜虎梅竹の唐絵一対、并に横笛、笙、篳篥、和琴、琴、琵琶、方磬、尺八、大鼓、鞨鼓征鼓、三の鼓、調拍子、振鼓」などの唐絵や楽器を調えて送るとしている。ここに見える勝負とは風流とあり、茶や連歌などの芸能の勝負である。地方の国人の館ではさまざまな文化が広がっていた。

五　戦国時代

益田氏は戦国大名への成長を目指すなか、七尾城を益田市の市街地を見下ろす丘陵の尾根上に築くようになった。

その城の名は南北朝の動乱期に見え始めるも、本格的に整備されたのは天文二十年（一五五一）の頃で、大幅な改修がはかられ、益田藤兼が大手の曲輪に居住したと伝える。

本格的な縄張りを有する城郭であり、最も高い本丸を中心に二股に分かれた尾根筋には約四十もの曲輪があって、要所には堀切や枡形虎口、畝状竪堀群などを設けられている。益田氏は三宅御土居と七尾城を使い分けて利用し、その間に七尾城の麓に町を形成していった。天文十二年（一四四三）に浄土宗寺院として創建されたと伝える暁音寺や益田氏の菩提寺の妙義寺は、この麓の町に立地する。新たな町場が形成され、益田は都市として体裁が整えられていった。

しかし大内氏を滅ぼした陶氏を破った戦国大名毛利氏に益田氏は帰属すると、宿老として活躍するなか、近世の大名として益田に城下町を形成する道もあったのだが、それを捨てて益田元祥は長門の須佐に移り住むようになった。それとともに益田は近世には浜田藩の支配を受けるようになった。

その時に城下町を形成することも考えられたが、津和野藩との境界に近いことから断念し、益田は城下町としての大改造を受けなかった。改めて益田を見れば、益田川と高津川の二つが流れこむ河口部にあり、この河口部に城下町を新たに形成する途もあったろう。ただ高津川に沿った地が津和野藩、益田川に沿った地が浜田藩に分割されたことから、城下町として展開するのではなく、在郷町として発展してゆくことになった。

＊　＊　＊

このように益田の都市的な発展、益田氏の成長は日本中世の動きを見事に伝えるもので、今後はさらに考古学の発掘と文献史料からの知見を組み合わせ、さらに絵画や仏像・金石文などの文化作品のも目をこらし、考察を進めてゆくことが求められる。

第二部　上越大会

『中世日本海の地域圏と都市』報告

中世北東日本海の水運と湊津都市

高橋一樹

一　中世北東日本海の湊津都市

中世社会の北東日本海域において、史料上に湊・津などと呼称される都市的な場の展開を考えるうえで、その前提になるのは古代律令制下の国津であろう。『延喜式』主税上「諸国運漕雑物功賃」の北陸道諸国に関する規定によれば、各国内の陸路につづいて、国津からの海路ルートがつぎのように知られる。

若狭国：勝野津→大津
越前国：比楽湊→敦賀津→塩津→大津→京都
加賀国：（陸路のみ）
能登国：加嶋津→敦賀津（以下、越前に同じ）
越中国：曰理湊→敦賀津（以下、越前に同じ）
越後国：蒲原津湊→敦賀津（以下、越前に同じ）
佐渡国：国津→敦賀津（以下、越前に同じ）

いずれの国津（湊）も、基本的に大河川の河口または内湾・入江という地形環境のもとにある。各国内ではこれらに加えて、ほぼ郡規模ごとに同様な立地条件をもつ中核的な湊や津(仮に「郡津」と呼ぶ)が存在したと考えられる。その具体的な様相は、たとえば八世紀の越中国(中世の越中国+能登国)における国司大伴家持の巡回ルートからうかがうことができる。[1]

ところが、中世末期~近世初期の北東日本海域における主要な湊や津は、「廻船式目」の「七湊」をみるかぎり、三国湊(越前)・本吉湊(加賀)・輪島湊(能登)・岩瀬湊(越中)・直江津(越後)というように、古代末期の国津とはほとんど重ならない。

おもに河口に立地する湊である点は共通するものの、北東日本海における十世紀以前の国津から十六世紀以降の「七湊」への変化は、中世社会に湊や津の独自な展開があったことを示している。

では、中世社会における北東日本海の湊・津や水上交通については、これまでどのような構図のもとに把握されてきたのか。簡単に研究史を振り返っておきたい。

そもそも中世の日本海交通は、荘園制に象徴される京都の求心構造にもとづく東西航路への分節(分岐点は越前・若狭)とその解体を軸に描かれてきた。[2] とくに北東日本海は、西日本海に比して一体性を強調されることが多く、越前・敦賀(若狭・小浜)と陸奥(さらに道南)を結ぶ「航海圏」のひとつにも位置づけられる。[3]

十三世紀後半から北東日本海に姿を見せる「大船」(越中大袋庄住人の「関東御免津軽船」、若狭の浦刀禰が所有する「ふくまさり」「徳勝」など)[4]は、まさにこの海域が「航海圏」であることを象徴するものとして注目を集めてきた。

つづく十四~十五世紀になると、京都の求心力低下と軌を一にした西日本海との直行航路の定着が進み、東西航路の分節構造が崩れていく。[5] 謡曲や幸若舞曲に博多や陸奥外ヶ浜との船・商人の往来が描かれる能登の輪島湊(小屋湊)は、それを典型的に示す湊といってよい。十六世紀に入ると、山陰などでの鉱山開発の進展ともあいまって、広く日本海沿岸の湊・津を結ぶ人とモノの動きは、さらに日常化かつ稠密化の様相を呈する。[6]

海上交通とその場をとりまく構造の変容は、中世の北東日本海における海運の担い手にもあらわれた。おおむね十三世紀後半を転機として、日吉白山《ひえはくさん》（大津）神人から時衆などへの転換である。(7)その具体例として、十四世紀後半には、松江〜宮津〜三国湊〜放生津〜直江津〜粟島〜十三湊といった、東西日本海を貫く時衆のネットワークも見いだせる。(8)

これら松江（白潟）・宮津・放生津・直江津といった湊・津は、いずれも各国の府中ないし守護所、あるいは一宮を含む有力寺社が立地ないし近接しており、中世日本海沿岸における典型的な港湾都市といってよい。十四〜五世紀はその確立期とみなされ、十六世紀には対外交流の要素も加わって、より広域的な人とモノの交流の環が発展していく。(9)

以上のような段階的把握にもとづく大きな見取り図のもとに、西日本海域に関しては近年、内水面交通にも目配りしながら、より立体的な水上交通とその拠点に関する研究が進んでいる。また、海運だけでなく、宍道湖や中海を含む大小の潟湖や河川の道と役割、それらの要衝にいとなまれる湊や津の展開を重視した議論が高まっている。(10)

ひるがえって北東日本海をみると、そこには十三世紀以降の主要な湊・津として、若狭の小浜、越前の三国湊、加賀の宮越津・大野湊、越中の放生津、越後の直江津・寺泊・蒲原津などがあり、さらに加賀の津幡、能登の羽咋、越中の氷見、越後の岩船なども含めて、内陸部の潟湖や河川に寄り添う湊・津の密度がより高いことに気づく。(11)

府中や守護所の立地する港湾都市をはじめ、それと密接な関係を有する中世の湊・津を擁した都市的な場であり、本稿では、これらを超時代的な概念である港町ではなく、湊津都市と呼ぶことにしよう。

そして、中世の西日本海をめぐる研究動向に学びながら、一国単位のまとまり、外海の海運重視、京都を核にした人とモノの移動、といった枠組みの射程を見直すことによって、中世を通じた北東日本海における湊津都市の展開と地域的特徴を考えてみたい。

二　地域圏と湊津都市

中世の北東日本海沿岸における人やモノの移動について、これまで注目されてきた海上のみならず、河川・潟湖を組み合わせた水運や一部の陸路を組み合わせたルートをあとづけていくと、「大船」の航行を基準にした水運の評価[12]には少なからざる疑問がある。

十四・五世紀成立の『義経記』で描写される小屋湊と珠洲湊との断絶[13]が象徴するごとく、北東日本海域に突き出た能登半島は、周辺の海流[14]とあいまって、その東西海域を分断する境界性を帯びている。これを前提にかつて論じたように、少なくとも十三世紀以前に能登半島沖を航行する船と人・モノの移動は一般的とはいえず、むしろ半島の付け根や中間で、潟湖と河川からなる内水面を利用した交通体系が発達していたと考えられる[15]。すなわち、Ⓐ越中・放生津潟（国府）～小矢部川～石動～加賀・河北潟の「津幡津」、Ⓑ能登・七尾（国府）～邑知潟～羽咋（一宮）、という二つのルートであり、いずれも十二世紀にはその重要な機能が確認できる。

ルートⒶは加賀の河北潟から大野川を経て日本海と接点をもつが、そこに成立したのが大野湊である。河北潟の内陸側にある津幡津はもちろん、この大野湊についても、単に海路や海運との関係でのみ機能していたのではない。能登半島の東西域を内陸部で結節する地点に重要な湊津都市が立地していたことが重要である。

能登半島によって隔てられる東西海域での水運の様相は、青苧座本所でもある三条西実隆の日記『実隆公記』にみえる十六世紀前半の苧麻運送船のあり方が参考になる。たとえば、享禄二年（一五二九）二月十七日条には、

神余越前来、（中略）越後舟於能登留之、又能登船於越後留之、仍当年商人未下向云々、是京都商人中有欝訴之事云々、

とあって、上杉氏の雑掌である神余氏が実隆に報告するには、越後船が能登で、能登船が越後でそれぞれ抑留さ

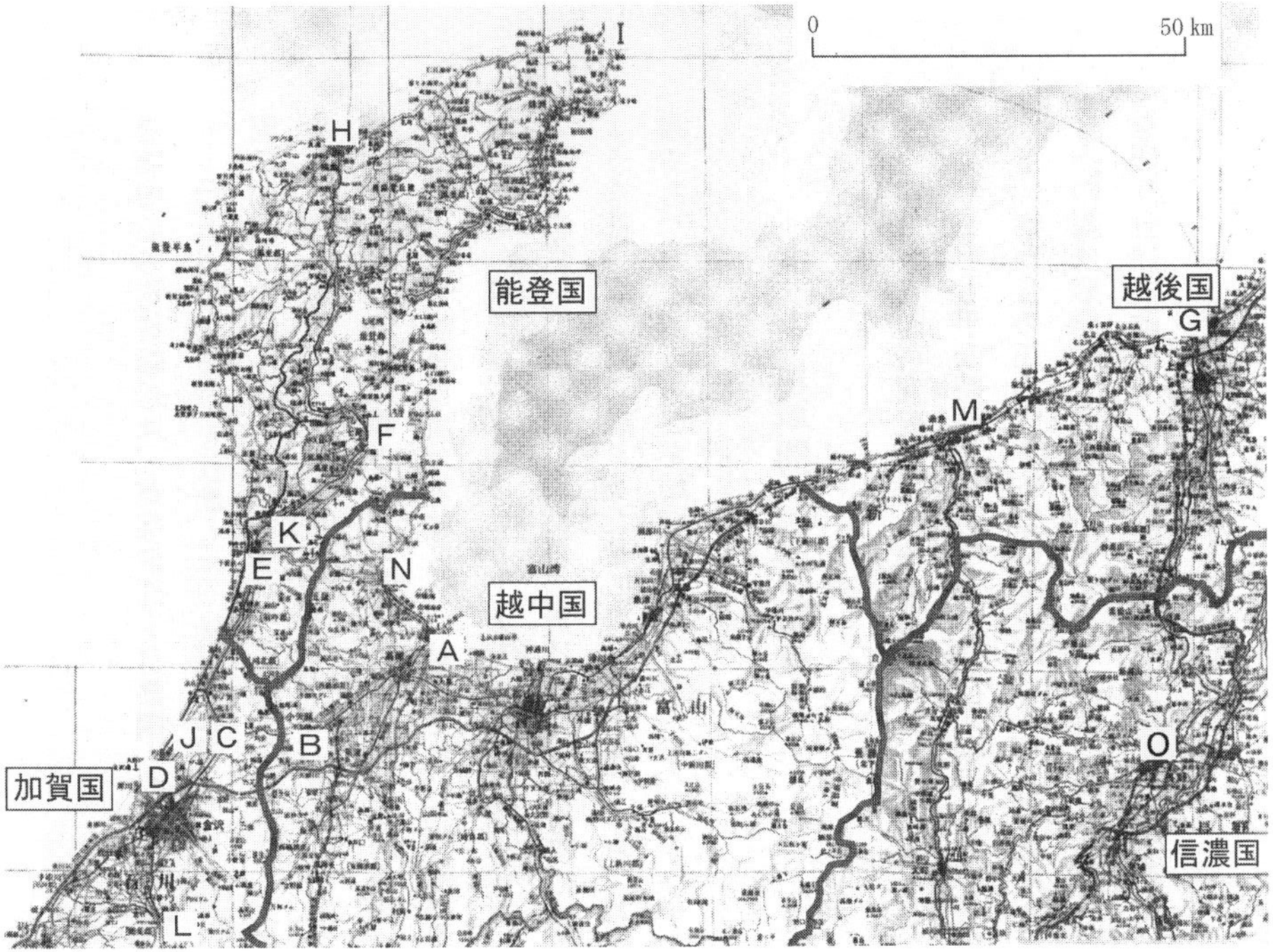

図1　越後頸城から加賀北部にかけての主要な湊・津と拠点（高橋一樹「北陸社会の交通と地域区分」所収の図に加筆）
A　放生津（越中国府と守護所）　B　石動　C　津幡　D　大野湊　E　羽咋　F　七尾（能登国府と守護所）
G　直江津（越後国府と守護所）　H　小屋湊　I　珠洲岬　J　河北潟　K　邑知潟　L　白山比咩神社
M　山岸遺跡（糸魚川に隣接）　N　氷見（十二町潟）　O　善光寺（国府の後庁）

れ、能登～越後間の廻船がストップしているため、商人が京都から越後に下向できていない、とある。

また、大永三年（一五二三）七月十日、八月十日・二十六日、九月三日、十一月十三日の各条によると、若狭の小浜に係留する青苧船＝青苧商人からの上納金についてトラブルがおきたが、八～九月には「越後船」一艘、「若州苧船」四艘、「若州舟」一一艘の小浜着岸と留置の報告が実隆になされている。若狭～越後間を直行する青苧船はごくわずかで、同じ若狭のなかで越後産の青苧を運ぶ船が多数をしめている。これは能登半島を挟んだ東と西の海域それぞれで折り返す廻船の航行とそれによる運送を結節させたものとみてよかろう。

逆に能登半島より東と西それぞれの海域では、地域的なまとまりが認識されていたとおぼしい。親鸞の妻であった恵信尼が故郷の越後頸城に戻り、京都にいる女子にあてた書状をみると、文永元年（一二六四）五月十三日付けのなかで「これは慥かなる便りにて候、（中略）唯今とてこの便急ぎ候へば、こまかならず候、又この衛門入道殿の御言葉かけ参らせて候とて、喜び申候也」と記して、衛門入道なる人物が確実に西越後から京都まで手紙を運んでくれることを喜んでいるが、これは決して日常的な状況ではなかった。

衛門入道殿が京都へ書状を届けてくれた特定時期の前後、たとえばそれに先行する段階の恵信尼書状（第七通）には、「もし便りや候とて、越中へこの文は遣わし候也」とある。越後頸城から越中までは確実に届く人的手段があるものの、その先（加賀以西）は不透明であり、こちらが彼女の日常的な感覚であった[16]。水運にたとえるなら、衛門入道殿の動きはちょうど同じ時期に史料上で登場する「大船」にあたり、越中とつながる日常の世界から逸脱した存在なのではないだろうか。

恵信尼は下級貴族ないし有力在庁の家に出自する女性で、国牧と推定される「とひたの牧」に住み、召し使う下人のなかに北信濃の国御家人である中野馬允と子どもをなす者もいた[17]。十三世紀後半の在地領主層といって差し支えない彼女の認識する地域のまとまりは、越中と西越後、そして北信濃という範囲になるものと考えられる。

青苧商船の動きと在地領主層の地域認識という、十六世紀前半と十三世紀後半の現象を直結させるのは、いささ

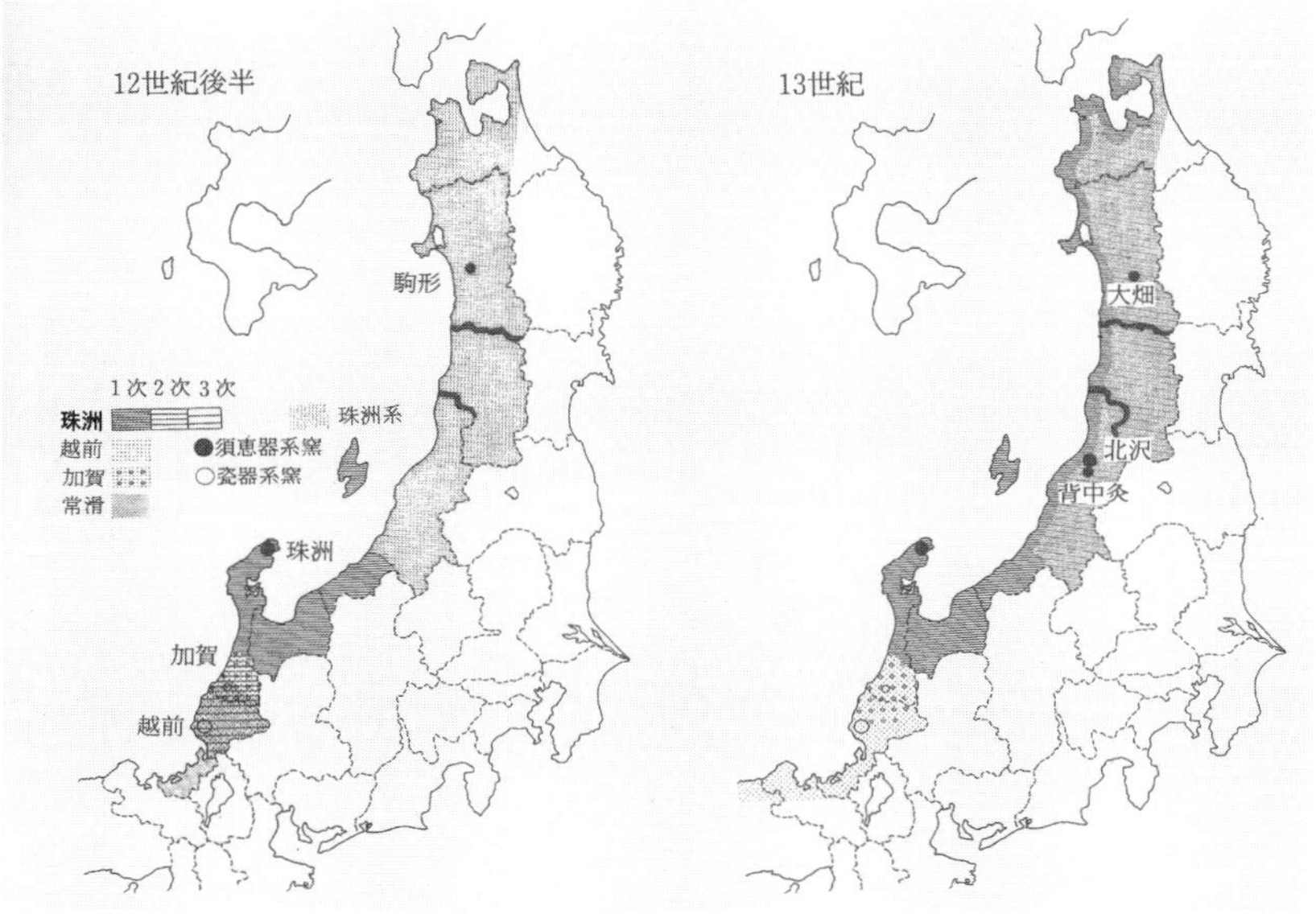

図2　中世北東日本海沿岸における陶器の流通圏
（吉岡康暢『中世須恵器の研究』所収の図より）

か乱暴との誹りを免れないが、じつはこの地域的なまとまりとそこでの人やモノの交流に重なる物証がある。能登半島の先端で十二世紀から生産された珠洲焼の流通圏である。

一九九四年に刊行された吉岡康暢の研究[18]以後のデータ集成と解析が急務であるが、さしあたり吉岡の成果によれば、十二世紀における珠洲焼の初期流通圏は、北加賀〜能登〜越中〜越後頸城〜佐渡[19]となり、この範囲が十三世紀以後に拡大する流通圏にあってもコアの部分をなす。

とくに能登半島以東でみた場合、珠洲焼が出土する中世前期の遺跡が面的に把握されるのは能登〜越中〜越後頸城〜佐渡となり、佐渡を除けば青苧商船の動きや恵信尼の地域認識と重なってくる。かつて私はこの海域を〝能越内海〟と呼んだが[20]、ここでは内陸部の水・陸運を含めた湊津都市の問題を考えるために、主として海運に立脚した「航海圏」ではなく、地域圏という分析概念でとらえてみたいと思う。

能登半島より東側の地域圏について、越後国内で頸城とそれ以東とで内陸部に濃淡があらわれるのはなぜか。いいかえれば、十二世紀から十三世紀にかけての珠洲焼流通圏が面的には越後頸城までしか及ばない理由はなにか、という問いになるが、その有力な解答は、北信濃と越後頸城を結ぶ内陸部の交通体系がもつ規定力、といってよい。

越中とならんで〝能越内海〟に面する越後頸城には、南接する北信濃から大きく二つの北上ルートが存在した。のちに北国街道とよばれる、直江津～善光寺平ルートはよく知られているが、[21] もうひとつはどのルートだろうか。信越国境地帯に本領をもつ市河頼房が至徳四年（一三八七）に作成した軍忠状によると、頼房は京都から新しい信濃守護代が下向してきたのをうけて、越後頸城の糸魚川まで出陣して敵方と戦っている。姫川河口の糸魚川にいたる南北路は、信濃国府のある松本平から日本海に出るルートで、のちに千国街道と称される。ほぼ同じ時期には、糸魚川を包摂する沼河郷で、近隣の武士である祢知氏と北信濃の仁科氏が結託して蜂起してもいる。[22]

前述した①直江津～善光寺平ルートとは別に、この②糸魚川～松本平ルートが、十四世紀段階で京都との人の往来を意識した基幹的な軍事道路として可視化されるわけだ。日本海から信濃国府のある(ときには守護所も立地した)松本平に移動する際には、直江津まで行かなくとも、西寄りの糸魚川の湊津で船を降り、そこから直線的に南下したのであろう。越後頸城の糸魚川は、いわば信濃国府の外港の機能を備えていたとみられる。

ルート②の最重要な湊津都市は、このように糸魚川であるが、そこには十三世紀後半に沼河郷地頭で能登守護の北条宗長（名越氏庶流）が庭園をもつ豪勢な邸宅を構えていた（山岸遺跡[23]）。能登の国府と守護所のあった七尾と糸魚川との往来が意識されており、それは信濃国府と糸魚川の湊津を介した陸・海のルートが能登へと収斂していくことをも意味する。戦国期には、能登から越後頸城によく馬の買い付けも行われた。[24]

守護名越氏といえば、越中と越後の守護は名越北条氏の嫡流が十四世紀前半の幕府倒壊まで兼帯していた。越中の守護所は放生津、越後の守護所は国府と同じく直江津にある。直江津が越後の国府と守護所の膝下であることに加えて、ルート①を背後にもつことからすれば、ルート②を擁する糸魚川とのあいだには、名越北条氏の惣庶関係として現れた〝能越内海〟における競合と補完の関係があり、それを象徴する湊津都市として、直江津と糸魚川を位置づけることも可能であろう。

能登半島の先端で生産された珠洲焼が越後頸城の内陸部まで濃密に流通した背景には、その搬入ルートの主軸となりうる、国境をまたいだ①と②の複線的な南北ルートにもとづく地域的な交通体系があった㉕。東西に長い越後国にあって、西端の頸城とそれ以東の領域とを分ける要素のひとつは、その頸城と接続する北信濃からの引力、日本海水運を見据えた人とモノの活発な往来であったが、それはひとまず能登までを直接の射程に入れた地域圏の枠組みで把握されるべきものである。

直江津と糸魚川の中世的な展開とその異同も、こうした内陸部の交通（陸路・内水面）と〝能越内海〟との接点における湊津都市の問題として読み解かねばならない。

三　湊津都市の新興とその原動力

分析素材がきわめて限られる十四世紀以前に比べると、十五〜十六世紀の〝能登内海〟をとりまく地域圏の史的情報は飛躍的に増加する。貴族・僧侶や連歌師などの陸路・海路を使った北陸移動ルートを記す文献が登場するからである。おもな史料としては、

a　世阿弥『金島書』（一四三六年）
b　常光院堯恵『善光寺紀行』（一四六五年）
c　宗祇『老葉』（初編本）ほか（一四八一年〜）
d　常光院堯恵『北国紀行』（一四八六年）
e　聖護院道興『廻国雑記』（一四八六〜七年）

f　冷泉為広『冷泉為広越後下向記』（一四九二年）
g　万里集九『梅花無尽蔵』（一四九二〜一五〇二年）
h　頤神軒存奭「算用状」（一五一八年）
i　冷泉為広『冷泉為広能登下向記』（一五一六・一五一七〜一五一八年）
j　醍醐寺僧某「北国下り遣足帳」（一五六三〜四年）

などがある。[26] これらの多くに登場する越後の柏崎を例に、前節でふれた国府や守護所、一宮クラスの有力寺社が所在しない湊津都市の興隆とその背景について考えてみたい。

〝能越内海〞に面した柏崎は、古代においては「郡津」的な存在であったと推測されるが、十三世紀には佐渡との航路が確認でき、さらにその後半には時衆の拠点が築かれていたことから、鎌倉期にはすでに都市的発展を遂げようとしていたことはまちがいない。十五世紀に万里集九のみた柏崎は、gの一節によれば「市場之面三千余家」「其外、深巷凡五、六千戸」「民戸三千市場面」という繁栄を見せるまでになっていた。

十三世紀後半からの時衆の活動がものがたるように、柏崎の湊津都市としての発展は、日本海の海運との結びつきが重要な要素となったことはいうまでもない。しかし、万里集九のみた十五世紀にいたる驚異的な都市的展開は海運との関係だけで説明できる

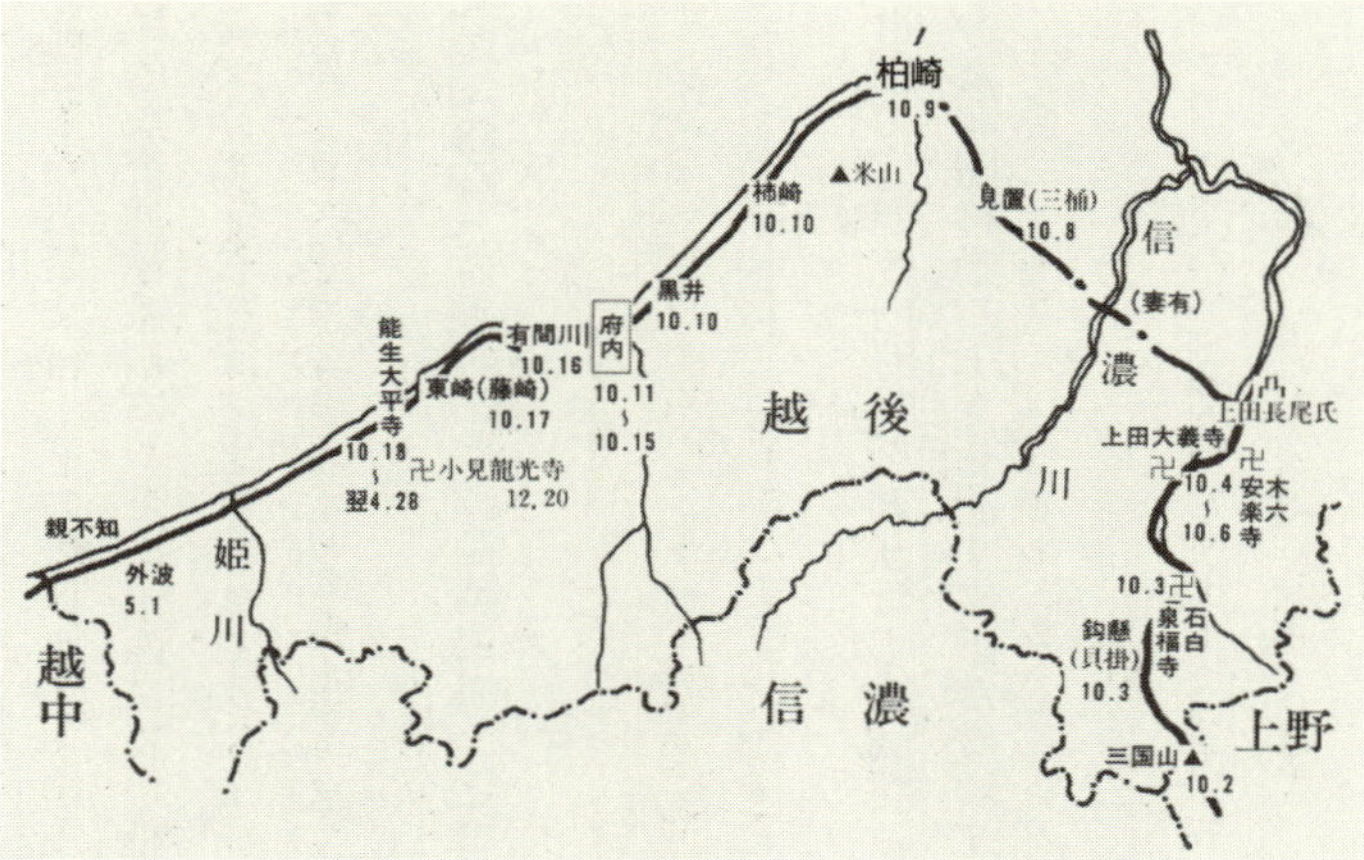

図3　万里集九の移動ルート（『新潟県史』所収の図に加筆）

だろうか。

　cとgに柏崎が登場するコンテクストは、直江津方面から柏崎を経由して内陸部に入り、越後の魚沼から上野との国境をこえて、北関東に抜けるルート上の要衝、という点に求められる。[27] 宗祇も万里集九も、柏崎で沿岸部を離れ、北関東に向かっているのである（図3・4を参照）。

　このルートは、a〜jに先行する十四世紀の軍事道路としてやはり確認できる。貞治三年（一三六四）十一月の石河遠江入道妙円等軍忠状によると、延文四〜五年（一三五九〜六〇）の上野・越後守護で関東管領でもあった上杉憲顕の進軍ルートは、三宝寺城（西頸城）→東城寺城（刈羽）→陣田尻（刈羽）→赤田城（刈羽）→上田城・妻有城（魚沼）→鎌倉というものであり、ここに柏崎の地名はあらわれないものの、たどった行程は宗祇と万里集九のそれと重なりあうことが明白である。

図4　宗祇の移動ルート
（廣木一人『連歌師という旅人』所収の図に加筆）

　延文四〜五年における上杉憲顕の進軍は、約一〇年前の観応の擾乱で越後守護などを罷免された憲顕らが、この国の基幹ルートを再掌握しようとするものであった。その焦点となるのが海陸のアクセスポイント＝柏崎であり、事実、観応二年（一三五一）十一月には、旧守護の上杉憲顕と新守護の宇都宮氏綱がまさに柏崎で争奪戦を繰り広げている。[28]

　柏崎を舞台とした謡曲『柏崎』は、十四世紀末から十五世紀初めの成立と考えられるが、その内容は柏崎の有力武士が子息と家臣を伴って、鎌倉に訴訟のため滞在していたところからはじまる。家臣は鎌倉で主人父子を失い、柏崎へと帰っていくが、そのルートは鎌倉から武蔵、上野までを北上し、上信国境の碓氷峠を経て北信濃の善光寺に至る、鎌倉街道上道を利用したかたちで描かれる。

善光寺から柏崎までは、前節でふれたルート①を経て直江津に至り、そこから沿岸部を柏崎まで移動することになる。これは十三世紀後半の日蓮が佐渡から赦免されて鎌倉に戻る行程そのものであり、謡曲『柏崎』の時代設定が鎌倉時代であることも勘案すると、十四世紀に入るまで、柏崎と北関東を直結する陸路はまだ一般的ではなかったことになる。逆に当該ルートの利用は、十四世紀の内乱をとおして顕在化した可能性が高い。

観応の擾乱より前、南北朝初期の上杉憲顕は、越後国の軍事的掌握にあたり、上野国に拠点をおいた。そこから上越国境をこえて、越後国内に入ると、魚野川から信濃川の流域を遡上しながら戦闘を通じて掌握しつづけ、信濃川が山間を抜けて蒲原平野に出ようとする地点（現在の長岡市）、蔵王堂に越後国内の軍事拠点を構えている。[29]

事実上の守護所でもあった蔵王堂からみても、そこから陸路で最短の湊津にあたるのが柏崎にほかならない。[30] このルートは前述した上野国とつながる越後魚沼〜柏崎のルートともども、中世後期における青苧の生産地→積出し湊という経済道路の機能をも帯びていく。[31]

十五世紀前半に「柏崎住人道秀入道」の遺領である家と苧を一族の石清水神人が幕府法廷で争う、という現象[32]も、まさにそうした十四世紀からの状況の延長線上にある。それは、京都を核とする人とモノの動き、というベクトルに牽引されてはいるが、しかし一方で柏崎と北関東をつなぐルートは、宗祇の移動目的がまさにそうであったように、鎌倉を中心とした東国の政治秩序に規定されたものでもある。京都の求心力を徐々に相対化する兆候も認められることを看過すべきではない。

中世という時期区分のほぼ折り返し時点で、国府も守護所も有力寺社も存在しない柏崎は湊津都市として発展を遂げた。それを促進したのは、湊・津に結節する陸路とその政治的・経済的なバックグラウンドの転換であり、新規ルートの開拓も含めた、いわば内陸部の事情変化が沿岸部の湊津都市を選択したことになる。

要するに、地域圏に加わる（別の地域圏からの）要素の変質が、その地域圏における新たな湊津都市を必要としたのである。

以上、本稿では、日本海沿岸を俯瞰しながら港町という場そのものを論じる方法[33]ではなく、中世社会における湊津都市の成立や機能・規模の盛衰などに影響を与える外的要素、とりわけ一定の地域的まとまり（地域圏）のもとで、湊・津を必要とする内陸部の水陸にわたる交通体系の具体相について、その時期的変遷に留意しながら論じてきた。

中世末〜近世初期の「廻船式目」で「七湊」に含まれる北東日本海の港湾都市には、本節で述べた方向性の先に、その展開を見通すことができるケースがあるように思われる。

たとえば、越中では、古代・中世の政治的・経済的中心は放生津にあったが、十五世紀に入ると国内のほぼ中央を南北に流れる神通川の河口に開けた岩瀬湊に取って代わられる[34]。これは京都の求心力低下と守護代神保氏を軸とした国内の政治動向（富山城の築城もある）に加え、神通川を

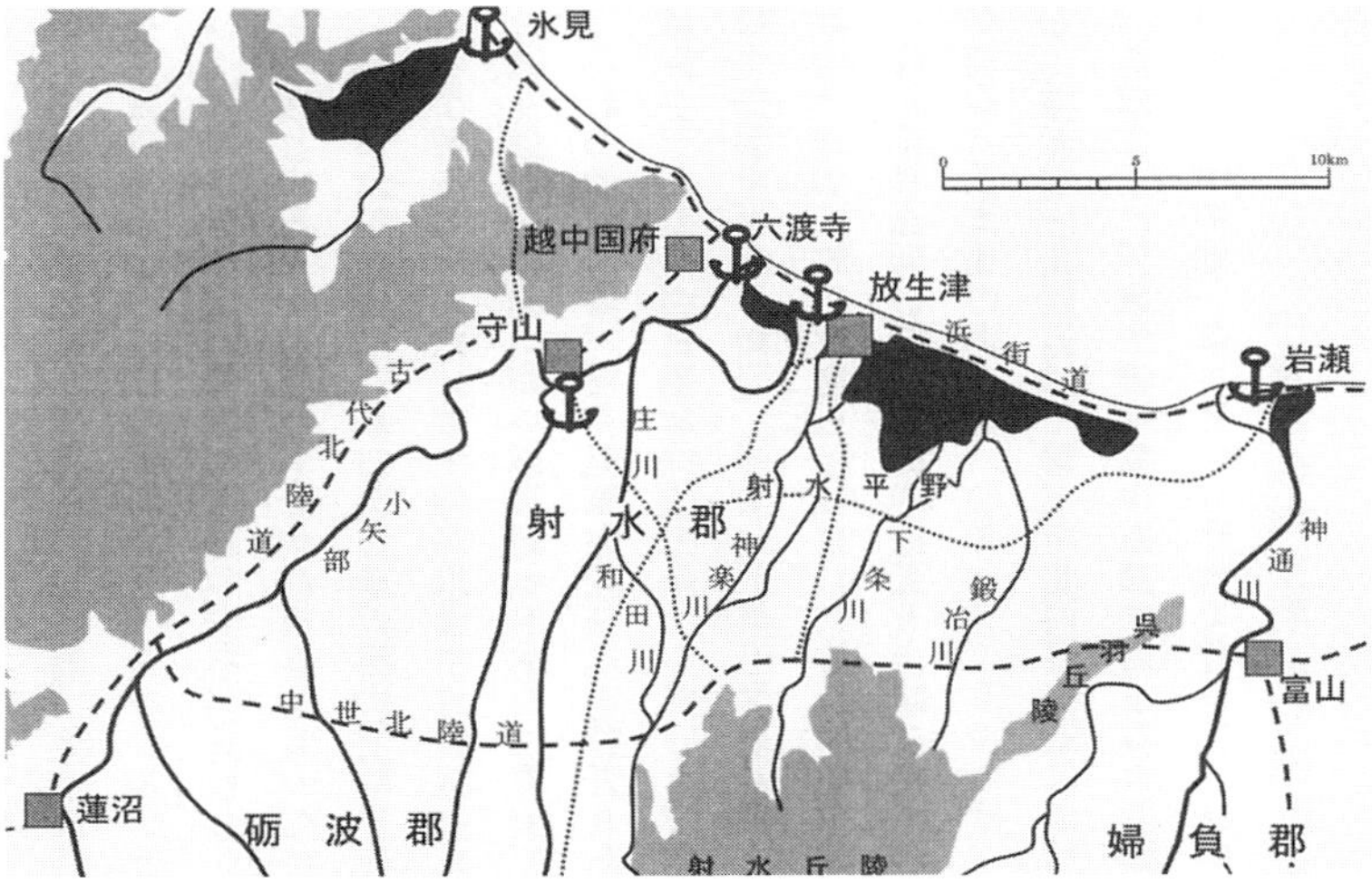

図5　越中国東部の主要な湊・津
（金三津英則・松山宏充「中世放生津の都市構造と変遷」所収の図より）

利用した飛騨北部との南北交通の活性化、そしてなにより神通川の上流で開始された鉱山開発とのかかわりが重視されている。[35] 同様の動きは、北越後の岩船においても、十六世紀を転換期として、潟湖の湾口から大河川（上流の山地で、旧来からの木材の伐採に加え、鉱山開発が進展する）の河口湊に変化した例でも確認できる。[36]

もとより中世末期の内陸部における産業の変化が湊津都市に与えた影響だけで、近世社会の港湾都市が論じられるわけではない。列島規模での経済構造の変化、さらには造船や舟運の技術革新など、さまざまな要素を勘案する必要がある。さらに本稿では、北東日本海域の対外関係に関する側面[37]については、まったくふれることができなかった。

これらの課題を確認して、都市の外側にこだわる議論に終始した本稿を閉じることにしたい。

【註】

（1）高岡市万葉歴史館『越中国と万葉集』同館　二〇〇九年。
（2）大石直正「関東御免津軽船」北海道・東北史研究会編『北からの日本史』第2集　三省堂　一九九〇年。井上寛司「中世西日本海地域の水運と交流」網野善彦他編『海と列島文化2　日本海と出雲世界』小学館　一九九一年。網野善彦「中世前期の水上交通について」『中世社会再考　海民と列島文化』小学館　一九九四年。
（3）市村高男「中世日本の港町」歴史学研究会『シリーズ港町の世界史②　港町のトポグラフィ』青木書店　二〇〇六年。
（4）網野善彦「中世前期の水上交通について」（前掲）。
（5）矢田俊文「北東日本海経済圏の解体」『日本中世戦国期の地域と民衆』清文堂出版　二〇〇二年。長谷川博史「中世山陰の流通と湊町」仁木宏他編『中世日本海の流通と港町』清文堂出版　二〇一六年。
（6）錦織勤「中世山陰海運の構造」『鳥取地域史研究』六号　二〇〇四年。長谷川博史「中世山陰の流通と湊町」（前掲）。
（7）矢田俊文「北東日本海経済圏の解体」（前掲）。

(8) 高橋一樹「日本海交通と十三湊」『幻の中世都市十三湊』国立歴史民俗博物館　一九九八年。

(9) 長谷川博史「中世山陰の流通と湊町」(前掲)。

(10) 註(6)に同じ。

(11) 森浩一『考古学と古代日本』中央公論社　一九九四年。村井章介「中世の北〝海〟道　宮越津・放生津・直江津」青柳正規他編『還流する文化と美』角川書店　二〇〇二年。高橋一樹「北陸社会の交通と地域区分」高橋慎一朗編『列島の鎌倉時代』高志書院　二〇一一年。

(12) 網野善彦「中世前期の水上交通について」(前掲)。

(13) 東四柳史明「日本海交通の拠点　能登」網野善彦他編『中世の風景を読む』第六巻　新人物往来社　一九九五年。高橋一樹「北陸社会の交通と地域区分」(前掲)。

(14) 冷泉為広による能登七尾〜越後直江津の移動ルート(次節の史料ｉ)をみると、滞在中の能登府中(七尾)の外港＝所口湊で乗船↓真脇に上陸↓陸路↓小木浦で乗船↓越後の直江津、となっている。能登の七尾と越後の直江津とは、海流の条件もあって船での直行はできないのではないか。

(15) 戸田芳実「院政期北陸の国司と国衙」『初期中世社会史の研究』東京大学出版会　一九九一年。高橋一樹「北陸社会の交通と地域区分」(前掲)。なお、越後国内についてはとくに、田村裕「中世越後の地域構造」羽下徳彦編『北日本中世史の総合的研究』東北大学文学部　一九八九年。水澤幸一「蒲原平野の遺跡分布からみた潟と河川」『島根県古代文化センター研究論集』第一五集　二〇一五年。

(16) 高橋一樹「親鸞と恵信尼からみた中世の越後」『親鸞となむの大地』新潟日報事業社　二〇一五年。

(17) 上越市『上越市史』通史編2中世　二〇〇四年。

(18) 吉岡康暢『中世須恵器の研究』吉川弘文館　一九九四年。

(19) なお、佐渡とのつながりについては、越後の寺泊・柏崎や直江津とのルートだけでなく、能登との直接的な往来も中世成立期にさかのぼって検討する必要がある。その様相をうかがわせる『今昔物語集』巻第二十六第十五「能登国堀鉄者、行佐渡国堀金語」の説話からは、舟運による一定の人とモノの往来が読み取れるものの、前後の時期に素材が少なく評価はむずかしい。中世の能登〜佐渡あるいは能登〜越後〜佐渡(〜出羽)の移動と湊津都市のネットワークは、海揚がりの珠洲焼ほか陶磁器資料の分析(新潟県内海揚がり陶磁器研究会編『日本海に沈んだ陶磁器』同会　二〇一四年など）やほかの史資料の発掘も含めて、今後の大きな課題である。
(20) 高橋一樹「北陸社会の交通と地域区分」（前掲）。
(21) ルート①は西越後と北信濃を直線的に結ぶルートだが、これ以外にも、千曲川＝信濃川を介して越後魚沼と北信濃をつなぐルートもあり、善光寺平はそれらの結節点でもあった。高橋一樹「「御館」城氏の軍団編成」入間田宣夫編『兵たちの登場』高志書院　二〇一〇年。
(22) 長野市『長野市誌』歴史編原始・古代・中世　二〇〇〇年。
(23) 新潟県教育委員会他『山岸遺跡』新潟県埋蔵文化財調査報告書二二八　二〇一二年。
(24) 東四柳史明『半島国の中世史』北国新聞社　一九九二年。
(25) 事実、十四世紀に入ると北信濃では、中・南信濃と異なり、珠洲窯系陶器が搬入されるようになる。中・南信濃で珠洲窯系陶器が出土しているのは、松本平から諏訪盆地、箕輪、伊那へと南下していく、ルート②の延長線上である。これに対して、ルート①は東信濃から上野を経て南下する鎌倉街道上道や、諏訪盆地から甲府盆地に抜けて駿河ないし伊豆に至る南北路でもある。これらは並列する中世の列島縦断ルートとみなすこともできる。鋤柄俊夫「中世信濃における陶磁器の産地構成と流通」『信濃』三八―四　一九八六年。
(26) 新潟県『新潟県史』通史編２中世　一九八七年。矢田俊文「戦国期越後国政治体制の基本構造」本多隆成編『戦国・織豊期の権力と社会』吉川弘文館　一九九九年。小島道裕「中世後期の旅と消費」『国立歴史民俗博物館研究報告』一一三集　二〇〇四年。廣木一人『連歌師という旅人』三弥井書店　二〇一二年ほか。
(27) 廣木一人『連歌師という旅人』（前掲）。
(28) 上越市『上越市史』通史編２中世（前掲）。
(29) 久保田順一『上杉憲顕』戎光祥出版　二〇一二年。上越市『上越市史』通史編２中世（前掲）。
(30) さらに近距離の出雲崎にも、南北朝期の政治情勢ともかかわって湊が開かれていくことは、本書所収の田中聡論文を参照。
(31) 十日町市『十日町市史』通史編１　一九九七年。
(32) 桑山浩然「足利義教の裁許とその背景」山田英雄先生退官記念会編『政治社会史論叢』近藤出版社　一九八六年。
(33) 仁木宏他編『中世日本海の流通と港町』清文堂出版　二〇一五年。

(34) 富山県『富山県史』通史編Ⅱ中世　一九八四年。金三津英則・松山宏充「中世放生津の都市構造と変遷」仁木宏他編『中世日本海の流通と港町』(前掲)。
(35) 久保尚文『越中富山　山野川湊の中世史』桂書房　二〇〇八年。
(36) 岩船潟の湾口に立地する岩船宿から三面川の河口にいとなまれた瀬波湊に最大の湊津都市が変化している。その背景には、河口近くで戦国期の山城跡に構築された近世城郭を中心とする城下町の建設とともに、三面川の源流をなす後背山地の金銀山開発が瀬波湊の発展に与えた影響が考えられる。村上市『村上市史』通史編1原始・古代・中世、一九九九年。
(37) 村井章介「中世の北〝海〟道　宮越津・放生津・直江津」(前掲)。

日本海交易と越後の湊

水澤幸一

はじめに

以前筆者は、十一〜十二世紀代の白磁を大量に出土する遺跡を日本列島にプロットし、その流通経路を考えたことがあった（図1）。その後、九州や山陰で遺跡数がかなり増えたが、こと東日本における様相は変わっていないようである。

すなわち当時の日本海側における中国磁器のルートは、博多から日本海側を進み、加賀で内水面に入り、越中境の峠を越え、放生津にいたって再び海路へ出て、出羽へと連なっていったということを示していた（ちなみに当時の終点は平泉と考えている）。もちろん能登半島を横断するルートとして、気多大社眼下の邑知潟から七尾あるいは氷見へのルートも考えられるが、いずれにせよ能登半島の付け根で陸路を経由していたと考えられる。

ここでは、考古資料である板碑を材料に後代の流通ルートを考え、その後に越後の湊についてみていきたい。

一　北東日本海型板碑の展開

本章では、北東日本海型板碑の展開を追って、日本海物流の一端をみていきたい。なお詳細は、別稿（水澤二〇一六予定稿）に譲り、板碑に関する文献も省略する。

北東日本海型板碑の特徴を簡単にまとめておくと、地理的には、能登半島から北海道南端までの北東日本海沿岸地域を範囲とする。時期的には、十三世紀第４四半期に造られ始め、十四世紀代を最盛期として、十五世紀前半には造られなくなる。石材は、地元の河原石もしくは割石を用いており、正面に種字を刻むもので、地域によって蓮台等を刻んだり区画線を入れたりする場合もあるが、銘文を刻むものは非常に少ない。武蔵型・阿波型に用いられる緑泥片岩のように層理に沿って板状に割れる石を用いるわけではないので、額部を山形にしたり、二条線を入れたりすることはほとんどない。その直接の発信地は武蔵ではなく、能登であると考えられる。

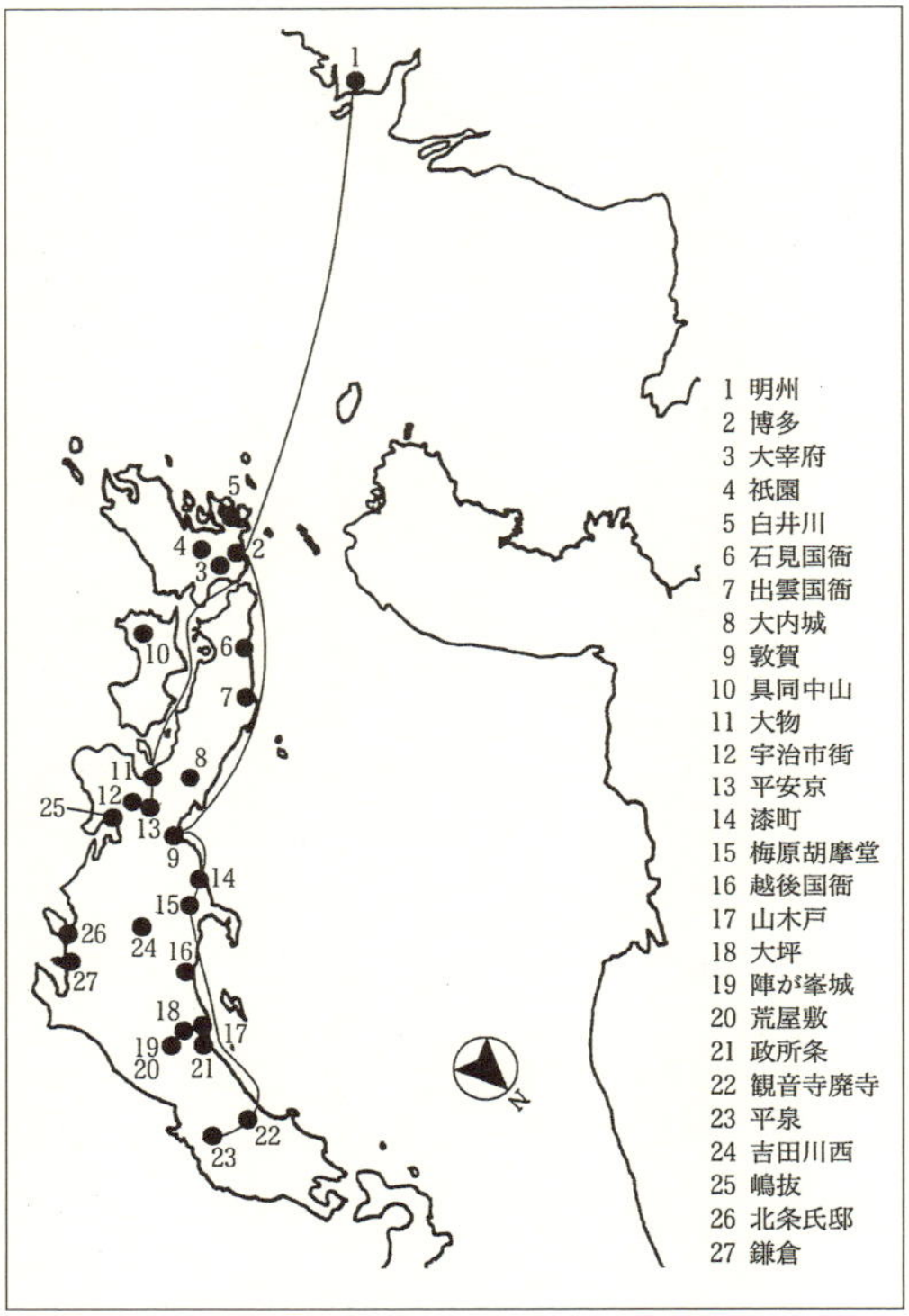

図1　白磁の流通経路
（11世紀後半～12世紀：水澤2009〈初出2005〉）

北東日本海沿岸地域における最古の紀年銘板碑は、富山県射水市の文永四年（一二六七）銘本江神明社板碑（図2左上）であり、近隣に無銘同型の中野大日寺板碑が所在する。そして福井県坂井市の文永十一年（一二七四）銘井向白山社板碑がこれに次ぐが、それが北東日本海沿いに広まるには、石川県羽咋市福水寺遺跡出土弘安二年（一二七九）銘板碑（図2右下）に始まる十三世紀第４四半期の能登での展開を待たねばならなかった。

その後板碑造立の波は、能登から越後阿賀北（永仁七年〈一二九九〉阿賀野市華報寺：地域最古の紀年銘板碑、以下同じ）（図3左上）、庄内平野（正和三年〈一三一四〉酒田市北沢）、秋田象潟（元亨二年〈一三二二〉にかほ市金峰神社）、八郎潟（建武二年〈一三三五〉井川町浜井川）を経て、青森西浜（暦応三年〈一三四〇〉深浦町関）へと北上する。これらの分布状況は点的であり、海沿いに伝えられたことを意味していよう。

なおこの状況は、珠洲陶が北東日本海沿岸地域を席巻する時期と重なることから、契機としては宗教者が商船に同乗した結果、各地へ広がっていったものと考えられよう。あるいは、宗教者自身が商人でもあったといったほうが正確かもしれない。しかし、見事に紀年銘板碑が西から北東へと漸進していることからすれば、例外はあるにせよ珠洲陶の販路拡大も半世紀ほどの時間をかけて徐々に達成されたと考えたほうが実態に近いのかもしれない。

各地とも名号板碑や阿弥陀種子が多数を占めており、そこから「阿」名をもつ人物との関連が浮上してくる。実際に青森では、「光阿」「是阿」「円阿」「□阿」、南秋田郡の「盧阿」「意阿」、北庄内の「来阿」、「善阿」、越後粟島の「入阿」「良阿」等の銘文が認められ、これらの板碑を造立した人物は、十四世紀という時代を考えると、時衆にかかわる廻船商人であったと考えられよう（矢田一九九九）。

なお、右の越後粟島の文和三年（一三五四）銘板碑にみられる入阿（図3左下）について高橋一樹は、同じく文和三年に越後府中の応称寺に現存する京の著名な仏師による遊行上人の倚像を越前の薗阿とともに施主となりつくらせた入阿弥陀仏と同一人物とし、時衆のネットワークを論じている（高橋一九九八）。

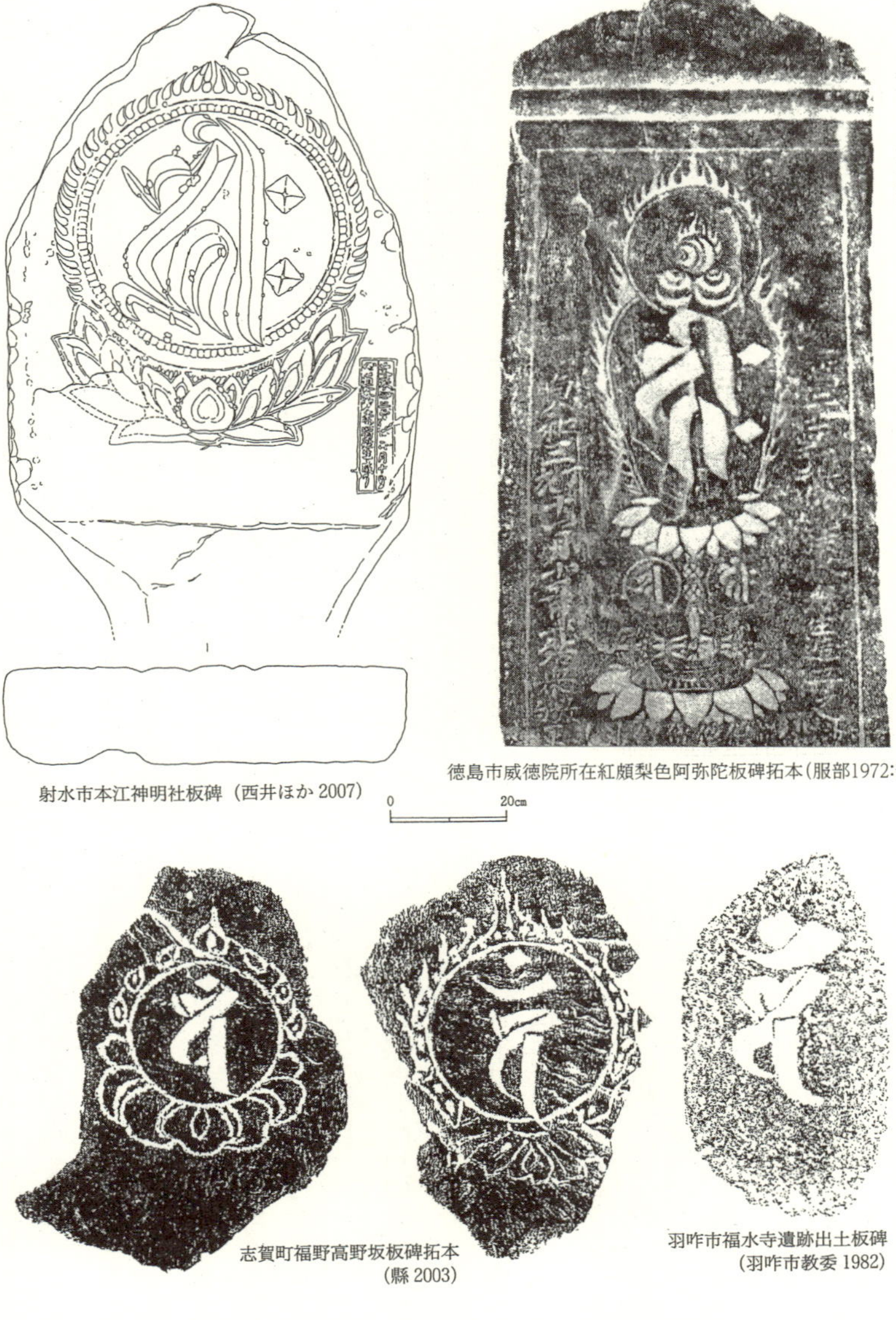

図2　越中・能登の北東日本海型板碑（S＝1：20、威徳院を除く）

二　北東日本海型板碑の来た道—西国との関係—

すでに千々和到は、板碑の情報伝播に対して、重要な視点を提供している。板碑に関する主な論拠を挙げると、①縦一体型阿弥陀三尊種字板碑が徳島県と新潟県と北海道に所在すること、②笏谷石製品が越前から青森・松前へ流通していること、③紅頗梨色阿弥陀板碑が徳島と千葉銚子に所在していることなどを事例として引いている。

このうち、②の笏谷石製品については、その県外への流通は十六世紀後半以降であり、時期的に二世紀のずれがあることから関連性は薄い。また、種字を囲む越前様式の花弁様月輪が津軽西浜の一部の板碑紋様と関連するという見解は、あまりにも両者が異なっているため直接の比較は難しいものと思われる。

日本海流通に関しては、近年明らかとなった若狭西端の高浜町産の日引石製宝篋印塔・五輪塔が、十四世紀後半〜十五世紀前半にかけて、北は十三湊まで、西は長崎まで流通していたという事実が非常に重要である。貿易陶磁器が西から北への一方的な流れであったのに対し（水澤二〇〇九）、本石塔の流通状況の解明によって若狭から西への日本海海運の存在が実証されたことの意義は極めて大きい。これは文献からみても、鎌倉末期の「津軽船」「筑紫船」の存在と重なってくる（高橋一九九八）（註）。

この流通状況をもとにすれば、①の徳島と北東日本海域の縦一体型阿弥陀三尊のつながりは、自明のものとなる。徳島の阿波型板碑が建武四年（一三三七）で、越後弘願寺墓地板碑が至徳四年（一三八七）である（図3右）。越後のほかの無銘二基は、同所に所在する一基が至徳例に近い時期で、もう一例の村上市荒島東岸寺板碑はそれよりもやや遡るものと思われる。また、阿波型もさらに一基認められ、北海道戸井町の例を加えて六基が南北朝期に造立されていることがわかっている。この場合は、阿波から関門海峡を廻って北東日本海域へ情報がもたらされたということとなろう。

さらに近年、千葉県香取市でも阿波の石材を用いた縦一体型阿弥陀三尊板碑が確認された。本板碑には宝篋印塔が刻まれており、至徳二年（一三八五）の年号が認められている。この時期は、右の越後での事例とほぼ同じであり、阿波での紀年銘板碑から五十年を経て同一意匠の板碑が東方の日本海側の越後と太平洋岸の下総の地に建立されていることになる。なお、宝篋印塔の意匠は、逆に下総（貞和六年〈一三五〇〉・至徳二年〈一三八五〉）を始めとする関東から阿波（明徳元年〈一三九〇〉）へと伝わっている。一方的な伝播ではなく、相互交流が認められる。

次いで③の阿波と下総の紅頗梨色阿弥陀板碑については、阿波が嘉暦四年（一三二九）・貞和三年（一三四七）・永和四年（一三七八）銘（図2右上）であり、下総の康応二年（一三九〇）・応永二二年（一四一五）銘に先行するため、阿波から下総への情報伝達が想定されるところである。

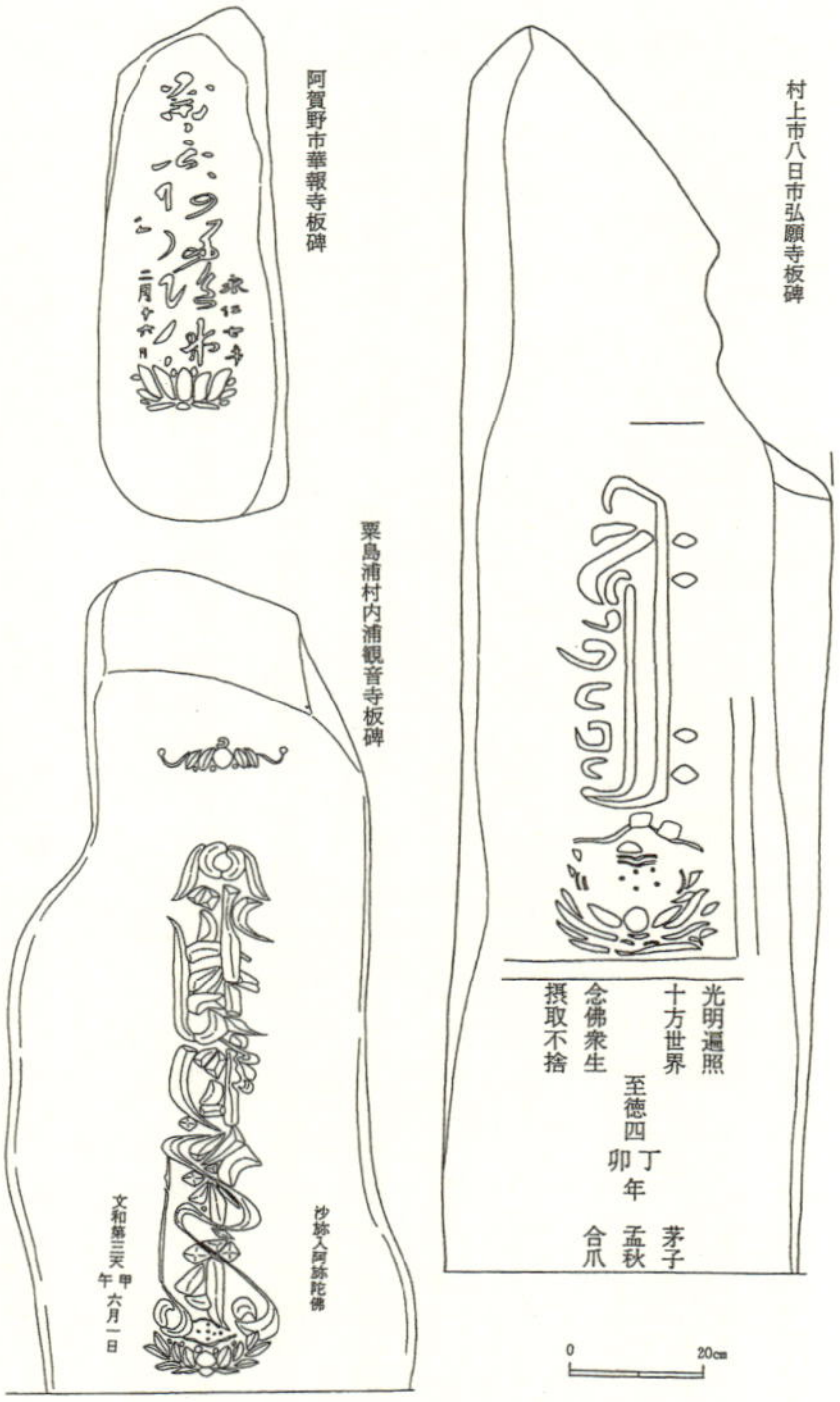

図3　越後の北東日本海型板碑（S= 1：20）

　この紅頗梨色阿弥陀に関連して注目したいのは、前章でふれた北陸最古の富山県射水市の板碑二基である（図2左上）。これらの特徴は、キリークの周囲に花弁状の月輪をめぐらせ、さらに周囲に火焔状の装飾を施すものである。この月輪周囲の火焔については、紅頗梨色阿弥陀を表していると考えて大過ないであろう。そして、本例が十三世紀第３四半期の造立であることからすれば、越中から阿波へとアイデアが飛び火した可能性が考えられよう。

そして、この火焔＝紅頗梨色紋様は、能登へと伝播し、志賀町の旧福野潟周辺で六基が確認されている。これらの種字は、気多神社例が「アン」、嘉暦例が「ボローン」、無銘四基が「バン」（図2下）である。ボローン＝一字金輪が大日如来と切り離せない関係にあることはいうまでもない。そして最古のアンについて櫻井は普賢菩薩とするが、火焔との関係からすれば胎蔵界五仏中の無量寿如来である阿弥陀そのものを意味していよう。そして金剛界大日との関係でいえば、紅頗梨色阿弥陀如来が本来大日如来が頂く五智宝冠を被っていることから、大日・弥陀同体説によってバン種字が選択された可能性を考えておきたい（菊地二〇一二）。このように、バン種字が単に金剛界大日如来信仰をあらわしているのではなく、密教的阿弥陀信仰を組み込んだうえで北東日本海型板碑が成立したことが、北東日本海沿岸を席巻していく理由の一つにあげられよう。

このように考えてくると、能登半島の先端に所在する輪島市中段の青石製正応五年（一二九二）銘板碑が阿波から海運によってもたらされた可能性を検討する必要が生じる。かつて、服部清五郎が中段板碑を阿波型とみなした慧眼に驚きを隠せない。

以上の通り、下総―阿波―越中・能登～北東日本海という列島規模での板碑情報の伝達は、伊藤太が説く若狭湾と伊勢湾を押さえた一色氏といった「海の守護」（伊藤二〇〇八）が志向したネットワークの前提として存在していたことが知られる。

三　越後の湊

湊では膨大な労働力が必要とされ、その社会的底辺の人々のために寺院が必要とされたという。鎌倉～南北朝は律宗・時宗、室町期には禅宗・浄土宗、そして中世末期には法華宗・浄土真宗（一向宗）が彼らの心をとらえたと

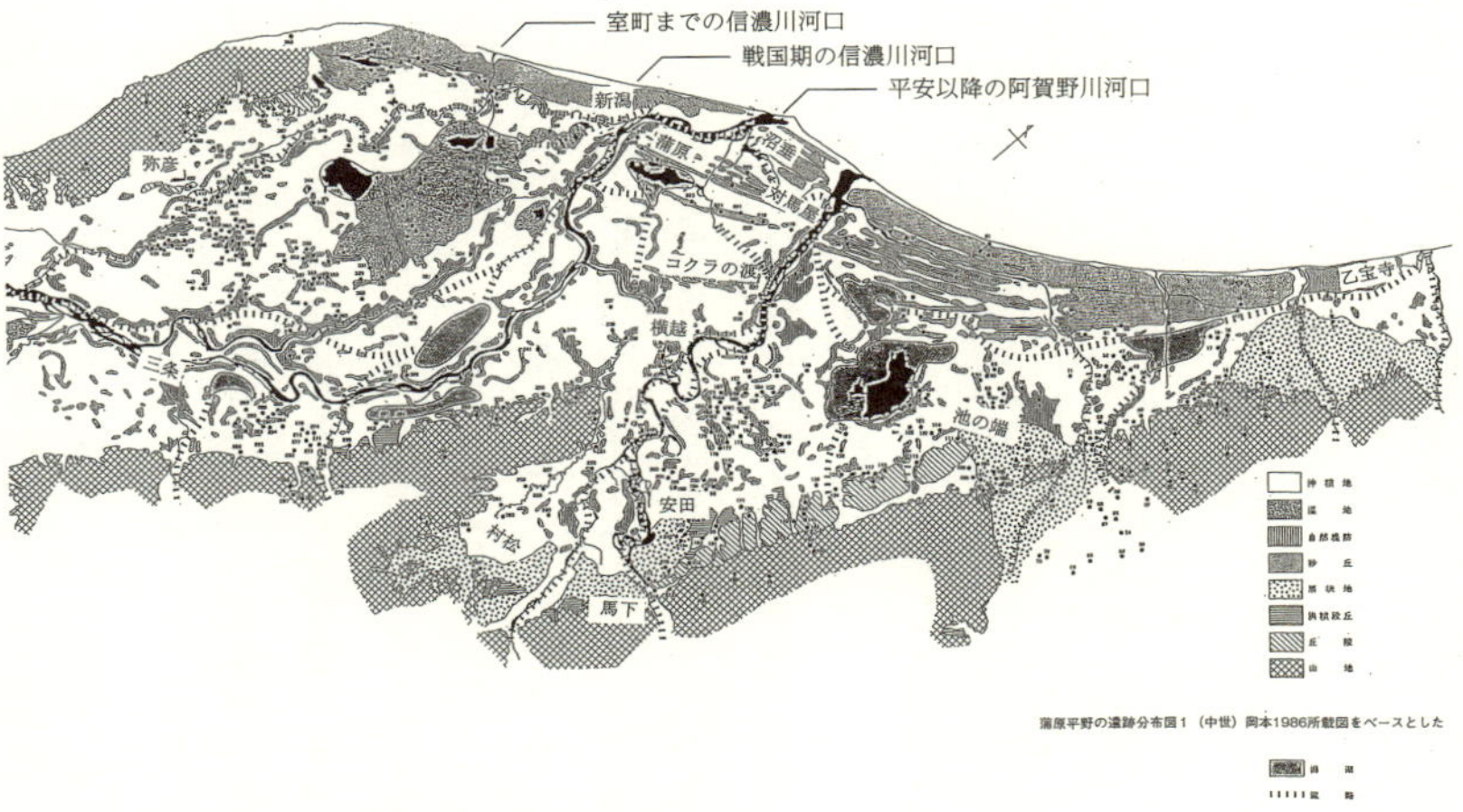

図4　越後平野の様相（水澤2015に加筆）

いうが、越後では中世末期に法華宗・浄土真宗の進出は認められないという（仁木二〇一五）。後に述べるように越後では真言宗（高野聖）の勢力が強かったためであろう。

（1）中世越後府中

中西聡は、至徳寺遺跡の調査成果を受けて、越後府中が十二世紀後半＝一三四〇年（中西Ⅱ期）には関川河口と五智周辺の国府域に二極化していたという（中西二〇一五）。しかし、至徳寺遺跡の報告（笹澤・水澤二〇〇一、水澤・鶴巻二〇〇三）ですでに指摘したように、至徳寺遺跡の土器と白磁の出方は、国府がこの地に十一世紀代に移転し十三世紀前半まで存続していたことを物語っている。五智域の考古学的調査は進んでおらず、もし国府域を考えるのであれば、鎌倉後期以降となろう。しかし十四世紀末以降に至徳寺遺跡に守護所が置かれることからみて、その可能性は低いものと思われる。中世の国府〜守護所は、一貫して今町の府中湊にあったと考えられよう。

（2）三ヶ津（蒲原津・沼垂湊・新潟湊）

蒲原津・沼垂湊・新潟湊の三ヶ津は、信濃川・阿賀野川の両大河が合流して日本海に注ぐ現在の信濃川河口付近に比定されてきており、一体的に語られる場合が多かった。しかし当時の河川の変遷をみれば、蒲原津・沼垂湊は、阿賀野川河口に属する湊であり、新潟湊にいたっては、十六世紀に初見され、戦国期には現在の関屋分水付近に開口していた信濃川河口に属していた（前嶋二〇一〇・山上二〇一三）。戦国期には、両河の河口は六キロメートルほど離れていたと考えられる（水澤二〇一五）。もちろん両河は、内水面でつながっていたと考えられるが、『延喜式』に国津と出てくる蒲原津は、会津へと続く阿賀野川の河口に位置しており、それは古墳時代以来の最重要ルートであった。なお矢田俊文は、新潟湊・弥彦荘地域が西川流域地域と、蒲原津・金津保地域が阿賀野川流域と、沼垂津が加治川流域と深いかかわりをもつことを指摘している（矢田二〇〇四）。

信濃川は、室町時代まで新川河口付近に河口が存在し続けていたのであり（磯部一九八〇）、平安期頃の湊は信濃川河口右岸の的場・緒立遺跡、あるいは左岸の「津」墨書土器を出土した四十石遺跡等赤塚周辺の遺跡群が該当しよう。ただし、平成の合併前の新潟市域では、約一五〇ヵ村のうち中世に遡ることが確認できるのは、わずか七ヵ村にすぎず、ほとんどが近世以降の新田村であった（新潟市一九八九）。すなわち新田開拓以前は、農地に使えない広大な湿地帯が広がっていたといえよう。

蒲原津に関する主な遺跡としては、直接的には新潟市山木戸遺跡（十～十四世紀）、水系では白河荘大坪遺跡（十一～十二世紀）、加地荘遺跡群（鎌倉後期）、奥山荘政所条遺跡群（十一～十五世紀）、白河荘遺跡群（鎌倉後期～南北朝期）などが調査されている。なお、摂関家領奥山荘と会津蜷川荘がともに阿賀野川水系に属し、冷泉宮領（後の近衛家領）であったこと、そしてまた阿賀野川が越後平野へ流れ出た喉元に位置している大坪遺跡は、越後城家との関係が考えられている（新潟県教委二〇〇六、水澤二〇一二ａ）ことは、流通を押さえる立地であったことを物語っていよう。

なお、関連して当時使用されていた舟について、出土舟（井戸枠等）から考察した鶴巻康志の論考がある（鶴巻二〇〇七）。越後平野からは、多数の部材が出土しており、流通の主体を川舟が担っていたことは疑いない。

次いで、南北朝期の軍忠状からみた内水面交通をみていく(表1)

軍忠状からみると、南朝方の拠点が蒲原津で、北朝方のそれが沼垂湊であることがわかる。両湊は阿賀野川の河口を挟んで対峙していたと考えられるが、南朝方の武士団は、左岸を押さえていたため、川を伝って神出鬼没に北朝方の本拠地である加地荘に攻め入っている。

(3) 高野山清浄心院「越後過去名簿」第一冊からみた越後の湊

本過去名簿(山本二〇〇八)からは、十六世紀前半を中心とした町場の所在地がみてとれ、以前分析を行ったことがある(水澤二〇一〇)。ここでは、そこから越後の各湊をみていこう。

①岩船湊　小泉荘(瀬波郡)岩船湊(宿)には、随光庵と法持寺、(増泉坊)という寺院があり、岩船単独の場合と「長浜」と「横浜」が付される地域名称が認められる。三ヵ所に区別される町場区画があったということであろうか。なお五日市の存在(=長浜カ)も指摘されており、四十物屋や曲げ物師がいた(矢田一九九九)。

②三ヶ津　新潟には屋号として、タマ屋、府中屋、新津屋、槙屋がある。寺社は、福生院、勝蔵院、法泉坊、宝亀院宝泉坊、真光寺、宝蔵坊(寺)、大泉坊(寺)、不動院、八幡社があった。蒲原津には金蔵院が、沼垂湊には福聚坊・勝慶房があった。

③越後府中　屋号として、塩屋、鷹屋、足駄屋、町名等として、小町、大町、今町、後町、スカノ町、田塚多小町、馬場町、西町、直江町上田、風呂屋小路、正泉小路、アヤノ小路、登口、テウカクホ、小寺、松田、八王子、八幡、田ハタ、上郷、石田、アフケ橋がある。寺社は、スカノ八幡、土薬師堂来光寺、小寺法印坊、宝憧寺、国分寺、安国寺法音寺、安国寺大慈庵、安国寺一花院、称念寺大道場、惣持寺、東林坊があり、東光坊、大海坊、蔵王院、八幡、各願寺、岩室寺、可識院、健保寺、栄蔵坊、東易談義所、来林院、千福院、東林坊が取り次ぎを行っている(健保寺は御指南)。取り次ぎは、基本的に府中の寺社あるいは僧侶であろうが、可識院は松山犬臥の、健保寺は小黒保

表 1

・加治岡氏軍忠状・色部氏軍忠状
建武 2 年（1335）12 月 19 日　色部氏、南朝方と合戦していたところ、川村氏が瀬波郡に押し寄せたため、向かって追い落として、城内を焼き払う。
12 月 23 日　加治岡氏、北朝方と南朝方の白河・小国氏が阿賀野川水系の福島潟の上陸地点である豊田荘鴻巣で合戦。色部氏、小国・荻・風間・河内氏が信濃川河口の蒲原津に城郭を構えたため、阿賀野川の河口近くの沼垂湊の東方の松崎で合戦。
24 日　色部氏、阿賀野川河口の沼垂湊へ向かう。
25 日　加治岡氏、白河荘の阿賀野川中流で渡合合戦。

・羽黒氏軍忠状・色部氏軍忠状
建武 3 年（1336）2 月 18 日　羽黒氏、小国・河内・池・風間・荻・千屋・高梨氏ら南朝方が蜂起したため、蒲原津に発行。
2 月 20 日　羽黒氏、河村氏が奥山荘の北方の荒川保で隆起して清水潟北東の奥山荘金山寺尾城を構えたため、戻って攻め込む。
2 月 21 日　羽黒氏、清水潟の南岸の洲崎で合戦。
2 月 22 日　羽黒氏、加地荘沼垂湊に移動。
2 月 24 日　羽黒氏、沼垂湊から阿賀野河を渡河して小国氏らと散々合戦。
3 月 14 日　羽黒氏、日夜合戦。
3 月 15 日～5 月　羽黒氏、奥山荘観音俣城に立て籠もる。
5 月 16 日　羽黒氏、小国氏が加地荘に乱入したため、福島潟北方の佐々木宿で合戦。夜に加治川を渡河。
5 月 17 日　羽黒氏・色部氏、佐々木宿に接する佐崎原において合戦。
7 月 27 日　羽黒氏、小国・河内らが清水潟東岸から上陸し、加地荘・奥山荘両荘の間に乱入。奥山荘観音俣城に立て籠もる。
8 月 4 日　羽黒氏、小国氏らを奥山荘から追い落とす。
8 月 26 日　色部氏、水陸の要衝であり、河内氏の本拠近くの菅名荘佐々河山・青橋条・黒金津保で合戦。
8 月 27 日　羽黒氏、南朝方蜂起し、発向す。
8 月 30 日　羽黒氏、長井保青橋山で河内氏と合戦。
9 月 1 日　羽黒氏、河内・小国・風間・荻・千屋・高梨氏らと合戦。
9 月 2 日　羽黒氏、金津保新津城に引き籠もり、小国氏らと合戦。
9 月 4 日　羽黒氏、奥山荘観音俣城に立て籠もる。
11 月 12 日　色部氏、蒲原発向。

・色部氏軍忠状
建武 5 年(1338)3 月 16 日　小国・河内・風間氏が加地荘に攻め入ったので、色部氏は奥山荘鳥坂城に籠もる。
3 月 19 日　小国氏らが加治川沿いの加地荘桜曽祢に打ちいったので、合戦する。

の、各願寺は五十公郷岡田の、岩室寺は保倉の寺院である。

④国外　佐渡国加茂郡住、越前敦賀浜、能登国八田、越中三河郡、信州水内郡、常州小田、出羽仁賀保、奥州白河泉蔵院等がみられる。基本的に北東日本海のかかわりのなかで供養を依頼されたものであろうが、常陸や奥州白河といった太平洋側の人々が越後へやってきていることは注目されよう。

以上の通り、三ヵ津のなかでは、新潟が最も有力になっているようであり、越後府中では多くの町々が成立していたことがわかる。

(4) 永禄六年北国下り遣足帳からみた内水面交通

最後に「永禄六年北国下り遣足帳」(山本・小島一九九二)をみておこう。本帳は、醍醐寺の僧侶数名が京都から北陸道を越後府中へ来、関東を経て、岩城・会津などをめぐり新潟へ出て、京都へと帰っていった旅にかかわる出納帳である。ここでは、出発の翌年の越後平野での道程を追ってみる(図4)。

永禄七年(一五六四)六月二十二日に会津を立ち、二十四日に津川に泊まり、二十五日に船で阿賀野川を下り(五四文)馬下に宿。二十六日に村松、横越を経てコクラの渡りで阿賀野川を渡り(一五文)、対馬屋に宿。二十七日に蒲原津へ出て、新潟湊へ渡り(一〇文)宿。二十八日には宿に荷物を預け置いて再び蒲原津へ渡り(一四文)、そこからさらに沼垂湊へ渡っている(一七文)。そしてその日のうちに砂丘沿いに約五〇キロメートルを歩いて奥山荘北端の乙寶寺へ着いている。その後しばらく月日の記載がないが、四十日ほど乙寶寺に逗留した後、新発田方面を経て池の端で加治川(佐々木川)を渡り(一〇文)、安田で阿賀野川を渡り(一〇文)、三条へと出ている。そして三条から信濃川を下って新潟へと戻り(一〇〇文)、八月十二日〜二十一日まで宿。その他不明の船賃八五文が記されているが、かなり長距離と想定され、あるいは沼垂から乙寶寺へ向かう清水潟までの間の船賃の可能性があろうか。二十二日には、弥彦を経て宿。二十三日にも宿。九月二日には軽井川に泊まり、九月五日に三条へ行っている。

その間、同行者の行真と山城は出雲崎に逗留している。その後、九月十二日には北条へ泊まっており、越後府中方面へと進んでいる。

以上、越後平野では、合計九回で船賃三一五文を支払っており、全体を通して船を利用する率が非常に高い。ここに越後平野の地域特性が現れている。ちなみに新潟に着くまでは、三で割り切れる数字が多く、三名が同行していると思われるのに対し、六月二十八日以降は二で割り切れる数字が多く、あるいは新潟以降は案内者分が含まれていようか。その後八月二十二日以降は、再び三人で行動しているようで、三で割り切れる数字が増える。

さて、信濃川と阿賀野川の本流が合流したのは、寛永八年（一六三一）のことで（新潟市一九九五、一七八頁）、その頃の越後平野の状況を示すのが、正保二年越後国絵図（一六四七年）である。信濃川東川の流路は、十六世紀末頃より東側に変遷したと考えられている（椎根一九八五）が、これが信濃川河口の東遷に影響したのであろうか。

永禄七年（一五六四）時点での信濃川河口は、前述のとおり関屋分水付近にあったから、新潟湊は信濃川左岸、沼垂湊は現信濃川河口付近にあった阿賀野川河口の右岸であり、両者は六キロメートルほどを隔てていた。蒲原津は対馬屋から直接陸路で達することができたため阿賀野川左岸で信濃川の右岸側に所在していたと考えられよう。

おわりに

以上、十四世紀代には能登半島を船でめぐるルートが成立し、阿波型板碑を介して関東から瀬戸内海―日本海―蝦夷地へいたるまでの航路が整備されていたことをみてきた。

そして越後の湊の様相を概観し、特に越後平野の特異性を指摘した。

本稿は、二〇一五年九月五日に上越市で開催された同題の口頭発表に大幅に加除して再構成したものである。

【註】

錦織勤は、石見銀山稼働以前の山陰海運を過小評価している（錦織二〇一三）が、貿易陶磁器の流入状況をみれば、京都を経由しない日本海海運の存在は巨大であるように思われる。

【引用・参考文献】

相沢　央「出土文字資料にみる古代越後平野の水上交通」『日本古代の運河と水上交通』八木書店　二〇一五年
磯部一洋「新潟平野最新砂丘形成時における旧信濃川河口の位置」『地質調査所月報』31—11　一九八〇年
伊藤　太「一色氏の守護所と中世都市〜丹後府中を中心に」『太邇波』第25・26合併号　二〇〇八年
伊藤　太「丹後府中」『中世日本海の流通と港町』清文堂　二〇一五年
卜部厚志・高濱信行「渟足柵を探る浅層地質調査および越後平野の形成過程の復元」『前近代の潟湖河川交通と遺跡立地の地域史的研究』科研費研究成果報告書　二〇〇四年
大家　健『中世越後の旅―永禄六年北国下りの遺足』野島出版　二〇〇三年
岡本郁栄「序章　自然環境」『新潟県史通史編1　原始・古代』　一九八六年
鴨井幸彦・安井賢「古地理図でたどる越後平野の生いたち」『土と基礎』52—11　二〇〇四年
鴨井幸彦・田中里志・安井賢「越後平野における砂丘列の形成年代と発達史」『第四紀研究』45（2）　二〇〇六年
菊地大樹「主尊の変容と板碑の身体」『石造物の研究』高志書院　二〇一一年
坂井秀弥「越後の道・町・村―中世から近世へ」『中世の風景を飲む』第4巻　新人物往来社　一九九五年
坂井秀弥「地域社会の環境・交通・開発―越後平野を例に」『古代の暮らしと祈り』吉川弘文館　二〇一三年
笹澤正史・水澤幸一「伝至徳寺跡の遺物様相―中世前半を中心として」『上越市史研究』6　二〇〇一年
高橋一樹「日本海交通と十三湊」『幻の中世都市十三湊』国立歴史民俗博物館　一九九八年
高橋一樹「中世日本海沿岸地域の潟湖と荘園制支配」『日本海域歴史大系第3巻中世篇』清文堂出版　二〇〇五年
高橋一樹「文献資料からみた奥山荘中条の政治・経済ネットワーク―中世前期の北越後における「潟湖河川交通」に留意して」『中世の城館と集散地』高志書院　二〇〇五 年

高濱信行・卜部厚志「総論　城氏の権力構造と越後・南奥羽」『御館の時代―十二世紀の越後・会津・奥羽』二〇〇七年
「「御館」城氏の軍団構成」『兵たちの時代Ⅰ　兵たちの登場』高志書院　二〇一〇年
「北陸社会の交通と地域区分」『列島の鎌倉時代』高志書院　二〇一一年
高濱信行・卜部厚志「青田遺跡の立地環境と紫雲寺地域の沖積低地の発達過程」『青田遺跡（関連諸科学・写真図版編）』新潟県埋文調査報告書第133集　二〇〇四年
「コラム2　湖底遺跡と越後平野」『日本海域歴史大系第2巻　古代篇Ⅱ』清文堂出版　二〇〇六年
鶴巻康志・卜部厚志・岡本郁栄　二〇〇四「奈良平安時代の越後平野の古地理をめぐって」『前近代の潟湖河川交通と遺跡立地の地域史的研究』科研費研究成果報告書
中西　聰「新潟県における古代・中世の刳舟について」『新潟県考古学談話会会報』33　二〇〇七年
新潟県教育委員会『大坪遺跡』県埋文報告153　二〇〇六年
新潟市『図説新潟市史』一九八九年
新潟市歴史博物館『絵図が語るみなと新潟』特別展図録　二〇〇八年
仁木　宏「中世港町における寺社・武家・町人―北陸を中心に」『中世日本海の流通と港町』清文堂出版　二〇一五年
錦織　勤『古代中世の因伯の交通』鳥取県史ブックレット12　二〇一三年
前嶋　敏「魚沼市弘誓寺所蔵「木造不動明王坐像」と戦国期新潟津不動院」『新潟史学』64　二〇一〇年
水澤幸一「荘園と城館　奥山荘の景観」『戦国時代の考古学』高志書院　二〇〇三年
「潟街道の遺跡群」『古代の越後と佐渡』高志書院　二〇〇五年
『奥山荘城館遺跡』日本の遺跡15、同成社　二〇〇六年
「十二世紀の越後と会津」『御館の時代』高志書院　二〇〇七年
『日本海流通の考古学』高志書院　二〇〇九年
「『高野山清浄心院「越後過去名簿」第1冊』からみた戦国期の越後」『黒川氏城館遺跡群Ⅳ』胎内市埋文調査報告19　二〇一〇年
『仏教考古学と地域史研究―中世人の信仰生活』高志書院　二〇一一年

「越後平氏城家の一五〇年」『おくやまのしょう』37　二〇一二年a
「北東日本海型板碑の展開」『第78回総会研究発表資料セッション1板碑研究の最前線』日本考古学協会、立正大学　二〇一二年b
「蒲原平野の遺跡分布からみた潟と河川」『日本海沿岸の潟湖における景観と生業の変遷の研究』島根県古代文化センター研究論集第15集　二〇一五年
「北東日本海型板碑の展開と他型式の影響」『板碑の考古学』高志書院　二〇一六年（予定稿）
水澤幸一・鶴巻康志「至徳寺遺跡」『考古―中・近世資料―上越市史叢書8』上越市　二〇〇三年
安井　賢・鴨井幸彦・小林巖雄・卜部厚志・渡辺秀男・見方　功「越後平野北部の沖積低地における汽水湖沼の成立過程とその変遷」『第四紀研究』41（3）二〇〇二年
矢田俊文「中世の北東日本海交通と都市」『東北の交流史』無明舎出版　一九九九年
「沼垂津・蒲原津・新潟津と本願寺教団免除」前近代の潟湖河川交通と遺跡立地の地域史的研究』科研費研究成果報告書　二〇〇四年
山上卓夫「「新潟大泉坊」「新方カウヤ」について―高野山清浄心院「越後過去名簿」を見ながら」『郷土新潟』53　二〇一三年
山本隆志「【史料紹介】高野山清浄心院「越後過去名簿」(写本)」『新潟県立歴史博物館研究紀要』第9号　二〇〇八年
山本光正・小島道裕「永禄六年北国下り遣足帳」『国立歴史民俗博物館研究報告』第39集　一九九二年

佐渡への道、佐渡からの道

田中　聡

はじめに

本稿は、中世日本海交通と地域圏の実態解明の一環として、中世を通じた佐渡航路の具体相とその変化を文献史料にもとづいて検討したものである。

佐渡と日本海交通の関係については、日本海上に浮かぶ「島」というその性格上、各時代を通じて主要な論点の一つとなっている。中世史の分野では、特にその前期における活発な様相が論じられ、日吉社領新穂荘の存在から知られる日吉神人の活動、佐渡の産物として丸鮑・和布・矢篦を越前の気比社に貢納する気比神人の活動などが取り上げられ、さらには、鎌倉北条氏による海上交通支配を表現する要素の一つとして、鎌倉期の佐渡守護が大仏北条氏であったことも注目されている。

四方を海に囲まれた佐渡。しかし、自由自在に佐渡へ（佐渡から）渡海できたわけでないことはいうまでもなく、自然的要因や技術的要因、あるいは政治的要因などが介在し、時代ごとに航路のあり方には幾多の変遷があったことが予想される。本稿では、特に「どこから佐渡に渡海しているか」を注意深く観察することによって、中世の佐渡航路の具体相と変化を明らかにし、この作業を通して、中世日本海交通と地域圏を考える際の材料を提供したい

佐渡汽船「新潟〜両津航路」からの眺め
（中央に越後方面の弥彦・角田山系が島のように見えている）

と考えている。

近年、高橋一樹氏は、中世前期段階から北東日本海交通を一つの航海圏とみる見方を批判的に検討し、能登半島の境界性を重視しつつ、能登半島の西（若越内海）と東（能越内海）の航海圏を構想している。本稿でも、能登半島の境界性や時代差にかかわる高橋氏の議論を念頭に置きつつ検討を進めることにしたい。

一　京都から佐渡へ、佐渡から京都へ

(1) 中世の流人の道

中世の佐渡航路といった場合、最初に頭に浮かぶのは流人たちがたどった経路であろう。

次に引用するのは、『吾妻鏡』承久三年（一二二一）七月二十日条で、承久の乱に連座して順徳上皇が佐渡国に流される時の記事である。

廿日壬寅、陰、新院《(順徳上皇)》遷御佐渡国、花山院少将能氏《(一条)》朝臣、左兵衛佐範経《(藤原)》、上北面左衛門大夫康光《(源)》等供奉、女房二人同参、国母修明門院《(藤原重子)》、中宮《(藤原立子)》、一品宮、前帝《(仲恭天皇)》以下、別離御

悲歎、不違甄録、羽林《能氏》依病自路次帰京、武衛《範経》又受重病、留越後国寺泊浦、凡両院諸臣存没之別、彼是共莫不傷嗟、哀慟甚為之如何、

ここでは、順徳上皇の佐渡配流にあたり、一条能氏らの供奉人や女房二人が同道したこととともに、上皇の母修明門院らとの別れの場面が記述され、つづいて、能氏が病を得て途中で帰京したこと、範経が重病のため寺泊に留まって渡海しなかったことが記されている。著名な事例であるが、まずは京都から佐渡へ向かう場合、その渡海地点が寺泊であったことに改めて注目しておきたい。

次に、鎌倉後期の歌人京極為兼の場合を見てみよう。官職を辞して籠居中だった為兼が六波羅探題に召し取られ、さらに佐渡配流になったのは、永仁六年（一二九八）三月十六日のことだった。その為兼が撰者をつとめた勅撰和歌集『玉葉和歌集』には、彼が佐渡に向かう途中、越後国寺泊の遊女初君（正しくは「初若」とされる）から贈られた歌が載せられている。

為兼、佐渡国へまかり侍りし時、越後国てらどまり《寺泊》と申す所にて申し送り侍りし
遊女初君

物思ひ越路の浦の白浪も立ちかへるならひありとこそ聞け

遊女の存在から寺泊の都市的な性格がうかがえるが、やはりこの場合も、京都から佐渡に向かうにあたって、寺泊から渡海したとみられる点が注目される。

鎌倉期における寺泊から佐渡への渡海事例は、右の二つのほか、鎌倉幕府によって佐渡配流となった日蓮の例（後述）がある。文献史料によって経路が確認できる事例は、これらに限定されるが、そのすべてが寺泊からの渡海で

あることは注目すべきことである。古代の北陸道も寺泊付近（古志郡渡戸駅）から佐渡へ渡海していた。寺泊付近からの渡海は、鎌倉期にいたるまでの間、最も安定した航路だったと位置づけられるだろう。

さて、こうした鎌倉期までの状況は、その後どのようになるのであろうか。つづいて、室町期の佐渡の流人、世阿弥の例を見てみたい。

かくて順風時至りしかば、纜を解き船に乗り移り、海上に浮かむ、さるにても佐渡の島までは、いかほどの海路やらんと尋ねしに、水手答ふるやう、遥々の舟路なりと申しほどに、

世阿弥の佐渡配流

これは、世阿弥の『金島書』の一節である。室町幕府将軍足利義教によって佐渡配流となった世阿弥は、永享六年（一四三四）五月四日に京都を出発し、翌日到着した若狭国小浜から海路で佐渡（大田の浦、現在の佐渡市多田）に向かった。右の一節は、佐渡に向けて出発した直後の世阿弥と水手とのやり取りを描いている。

『金島書』には、世阿弥が海路で目にしたものとして、白山、能登の国つ神、珠洲の岬、七島、立山、砺波山、倶利伽羅峰、有明の浦の地名が書き上げられている（図参照）。世阿弥は鎌倉期の流人と異なり、小浜から海路で能登半島を越え、そ

して佐渡に向かったのである。

このように鎌倉期の流人と室町期の流人では佐渡への航路が大きく異なり、そこには北東日本海交通史上の段差があらわれている可能性がある。事例数が少なく、なお慎重な検討が必要なことはいうまでもないが、鎌倉期とは様相を異にする佐渡航路については、もう一つ事例を付け加えることができる。つづいて、『太平記』に登場する日野資朝の息子・阿新の佐渡への経路を見てみよう。

(2)『太平記』の阿新の道

後醍醐天皇の討幕計画にかかわったとして佐渡に配流となっていた日野資朝が処刑されたのは、正慶元年(一三三二)六月のことであった。父の処刑命令が出たことを知った阿新は、佐渡に渡って父の最期を見届け、冥土の旅のお供をしようとの思いを母に打ち明ける。はじめは容易にそのことを許さなかった母だったが、ついにそれを認め、阿新は佐渡に向かって旅立つことになる。『太平記』の古態本の一つである神田本は、阿新の京都から佐渡への経路を次のように語っている。

都ヲ出て十三日ト申ニ、越前ノ敦賀ノ津ニソ著ニケリ、是より商人船ニ乗ッテ、程ナクサドノ国ヘソ下リツキヌ、

越前国の敦賀から商人船で佐渡にいたるという経路は、西から東に能登半島を越えるという意味において、世阿弥の経路を彷彿させるものである。少なくとも『太平記』の成立期、すなわち十四世紀後半期以降においては、西から東に能登半島を越えて佐渡にいたることが可能な状況が形成されており、阿新の物語はこうした実態をふまえて生み出された可能性を指摘することができるだろう。

しかし、この阿新の事例については、『太平記』の古態本の中でも玄玖本・神宮徴古館本が渡海地を越中国の放

生津としており、注意が必要である。いずれにしても寺泊からの渡海という鎌倉期の状況からの変化は読み取れるわけだが、世阿弥と同じく能登半島を越える航路かどうかについては、両様の可能性があるということである。十三日（西源院本は十日とする）という都からの所要日数に注目すれば、敦賀よりも放生津のほうがより整合性があるようにも思われるが、ここではひとまず両様の可能性を併記し、鎌倉期の佐渡航路との相違に注目するにとどめたい。

ところで、このように南北朝期以降に確認されるようになる佐渡と越中・越前・若狭との結びつきについては、別な観点からも指摘することができる。それは、南北朝・室町期の守護国の配置に関するデータである。

畠山国熙　↑康暦二年（一三八〇）九月〜永徳元年（一三八一）十二月↓　（兼帯）越中
一色詮範　↑嘉慶元年（一三八七）十二月↓　（兼帯）若狭
斯波千代徳（義健）　↑永享十一年（一四三九）六月↓　（兼帯）越前

右は、南北朝・室町期における佐渡守護の所見と、その人物（あるいはその一族）が同時期に守護を兼帯していた日本海側の国を示している。

例えば、畠山国熙の場合、康暦二年（一三八〇）九月から永徳元年（一三八一）十二月にかけて佐渡守護であった所見があるが、その一方で、国熙の甥・基国が、康暦元年十一月から同二年七月の間に越中守護を獲得していることが知られている。畠山氏においては、同時期に佐渡と越中の守護を一族分有という形で掌握していたことを示している。

次の一色詮範は、嘉慶元年（一三八七）十二月前後に佐渡守護であったことが確認されている。彼は、若狭・三河守護を掌握した範光の子息で、父の死（嘉慶二年〈一三八八〉正月二十四日）後、両国守護を継承している。したがって、佐渡守護在職の所見年代の時点においては父子分有というかたちではあるが、一色氏による佐渡・若狭の兼帯が確認されることになる。

さらに斯波千代徳（のちの義健）については、永享十一年（一四三九）六月前後に佐渡守護の職にあったことが確認されている。斯波氏による越前・尾張・遠江の三か国守護職の世襲については周知のとおりであるが、少なくとも千代徳（義健）段階においては、佐渡も含まれていたのであり、特にここでは斯波氏による佐渡・越前の兼帯という事実が注目される。

このように、南北朝期から室町期にかけて、佐渡と越中、佐渡と若狭、佐渡と越前という守護国の組み合わせが確認できるのである。佐渡と越前の守護を斯波氏が兼帯していたと推測される時期に世阿弥が若狭小浜から渡海しているなど、守護国の組み合わせと佐渡航路が一体的に確認されるわけではないが、南北朝期以降、北陸道の西側諸国と佐渡が関係を深めていくことと、佐渡への渡海地がこれらの国々の代表的な湊に移動していることの間には、深い関連性があるといえるのではなかろうか。

ところで、『太平記』の阿新の物語については、もう一つ注目したい点がある。それは、佐渡守護代本間氏の追手に追われる阿新が、山伏の助けによって佐渡の湊から商人船に乗る場面である。この場面で山伏は、次のように阿新に語りかけている（神田本）。

御心安くおぼしメサレ候へ、湊ニ商人船共多ク候ヘハ、ノせ進せて、越後・越中ノ方迄、送ッテ着ケ進スヘシ、

先述の通り、神田本における阿新の往路は、敦賀からの渡海であった。一方で復路については、このように「越後・越中」（西源院本は「越後」までとする）までと語られているのである。結局、阿新は越後国府（直江津）に着岸しているが、こうした神田本の叙述を重くみるならば、阿新の事例は、能登半島を西から東に越えて佐渡へ向かう

ことはできるが、佐渡から西に向かう場合には一気に能登半島を越えられないという当時の状況を表現しているようにも読める。能登半島の境界性の問題については、航行する向き（海流の影響が大きいか）にも注目する必要があることを示唆しているようであり、今後はそうした観点からの検討が必要なのかもしれない。

また、阿新の復路に注目する場合、往路を放生津からの渡海とする玄玖本等が改めて想起される。玄玖本等も復路については越後・越中を目指すとし、実際には越後国府（直江津）に着岸するところも同じである。これによれば、阿新の航路は、往路・復路ともに能登半島の東側の海域世界、すなわち高橋一樹氏のいう「能越内海」を描いていることになる。

果たして能登半島を海路で越える話なのか否か。『太平記』の古態本の諸本による異同は、『太平記』成立期に可能性としてありえた経路をそれぞれ反映しているとも考えられ、そもそも、越えるか否かという二者択一の問題ではないようにも思われる。繰り返しになるが、ひとまずここでは越後寺泊からの渡海という鎌倉期の様相との相違を改めて確認し、節を改め、別な観点から南北朝期を境とした佐渡航路の変化について考えてみたい。

二　寺泊から渡るか、出雲崎から渡るか

(1) 寺泊から佐渡へ

前節では、京都から佐渡に向かった流人等の移動経路の検討から、南北朝期以降の佐渡航路の変化について述べた。本節では、越後の渡海地点である寺泊と出雲崎の検討を通して、南北朝期を境とした佐渡航路の変化を考えてみたい。

寺泊から佐渡への渡海事例については、すでに前節で鎌倉期に流人として京都から佐渡に向かった順徳上皇と京極為兼の事例を見たが、ここでは、鎌倉期に相模から佐渡に向かった日蓮の事例から、その経路を確認しておきた

い。

次に引用するのは、文永八年（一二七一）十月二十二日の「寺泊御書」の一節である。

> 十日《十月》、起相州愛京《甲》郡依智郷、付武蔵国久目河宿、経于十二日、付越後国寺泊津、自此亘大海欲至佐渡国、順風不定不知其期、道間事心莫及又不及筆、但暗可推度、又自本存知之上、始非可歎止之、

この年九月、日蓮は鎌倉幕府によって逮捕され、その身は佐渡守護でもあった北条（大仏）宣時の鎌倉の屋敷に預けられることになった。その後、日蓮は、光る物体の出現によって竜の口での処刑を免れるエピソードを挟みながら、相模国依智郷を本拠とする本間六郎左衛門尉（重連）のもとに護送されることになる。本間氏は、北条（大仏）宣時の被官として知られる一族で、宣時が守護をつとめる佐渡の守護代という立場にあった人物である。右に引用した「寺泊御書」には、この依智郷（神奈川県厚木市）から久目河宿（東京都東村山市）、越後国寺泊津を経て佐渡にいたる日蓮がたどった経路が記されている。久目河宿から寺泊までの経路について「寺泊御書」からは読み取れないが、これについては、赦免されて佐渡から鎌倉に戻る日蓮の経路が参考になる。建治二年（一二七六）三月の「光日房御書」によると、文永十一年（一二七四）三月、日蓮は佐渡の真浦から寺泊を目指すが、大風の影響で柏崎に着岸し、そこから越後国府（直江津）にいたったという。さらに、建治元年（一二七五）の「種種御振舞御書」によると、日蓮は越後国府（直江津）から信濃国の善光寺を経由して鎌倉に向かったと書かれている。おそらく日蓮の佐渡への往路は、帰路と同様に信濃経由であったものと推測される。

ともかくこうして日蓮は佐渡に渡ったわけであるが、越後から佐渡に向かう渡海地点が寺泊であり、日蓮の帰路も、結果として柏崎に着岸したものの、目指したのは寺泊だったことをここでは改めて強調しておきたい。

弥彦山頂から見た寺泊（矢印付近）

このように鎌倉期にその経路が判明する流人たちの渡海地点がそろって寺泊であることが確認されるわけだが、さらに注目すべきことは、鎌倉期のこれらの事例を最後に、寺泊から佐渡に渡海する事例が中世の文献史料においては確認できなくなる、ということである。

もちろん、寺泊から佐渡への渡海事例が確認できなくなるといっても、寺泊が衰退してしまったわけではなく、南北朝期以降も寺泊は史料上に姿を現し、その存在感を示し続けている。例えば、次のようなものである。

①文和五年（一三五六）二月、渡船上人に清浄光院入院を促す将軍家御書が寺泊に到来する。（遊行八代渡船上人廻国記〈『定本時宗宗典』〉）

②永正七年（一五一〇）、長尾為景が寺泊に出陣し、上杉顕定方の軍勢との決戦に臨む。（永正七年六月十二日　上杉可諄書状〈『上越市史　資料編3』六〇七号〉）

③高野山清浄心院「越後過去名簿」に「妙金　寺泊密蔵院立之　享禄二《（一五二九）》　正月二日　霊」などの所見がある。（山本隆志「高野山清浄心院『越後過去名簿』（写本）」〈『新潟県立歴史博物館研究紀要』第九号、二〇〇八年〉）

④天正十三年（一五八五）六月、上杉景勝が寺泊と出雲崎に黒滝衆の兵粮の輸送を命ず。（天正十三年六月十八日上杉景勝朱印状〈『上越市史　別編2』三〇三六号〉）

⑤文禄三年（一五九四）三月、上杉景勝が寺泊に安田筑前守の兵粮の出津を命ず（敦賀へ）。（文禄三年三月十六日上杉景勝朱印状〈『新潟県史』一五〇一号〉）

⑥津軽氏から豊臣秀吉への鷹献上ルート上に寺泊が登場する。〈略〉―新潟―竹野町―寺泊―出雲崎―柏崎―鉢崎―府中―〈略〉。（豊臣秀吉朱印状〈『新潟県史』三一八四号〉）

このような所見がある一方、寺泊から佐渡に渡海する事例が見出されないのである。そして、注目すべきは、南北朝期以降、寺泊と入れ替わるかのように、新たな渡海地点が確認されるようになることである。つづいて、その新たな渡海地点として登場する尼瀬・勝見・出雲崎（いずれも現在の三島郡出雲崎町）について見てみよう。

（2）出雲崎から佐渡へ

次に引用するのは、南北朝期のものと推定される長尾高景書状である（『新潟県史』一三〇四号）。

就佐州発向事、先立令申之処、委細御返事承候了、柏崎へ此四五日罷越候、兼々佐州一国同心候て、かたく船着にてさゝへ候へきよし其聞候、如何にもさそ候ハすらんを存候間、船とも一所より出し候て、同心候、船着へもよすへく候、一時二時もちそくあるましく候、船をまちそろへ〳〵渡候へく候、此方よりふねにのり候ハんする所ハ、あませ《(尼瀬)》・かつ見《(勝)》と申所よりのり候へく候、七月四日吉日之間、船共そろい候ハヽ、わたり候へく候、一時も急度候、当年作毛を少も城へとり入候ハヽ、退治も可延引候、無其儀候ハすハ、退治もいつ程□□と覚候、返々船津へ早々御□《(こカ)》ゐ候へく候、御同心御一族達旁へも、此段を可令御物語候、其方御拝領のうらより船をは御用意

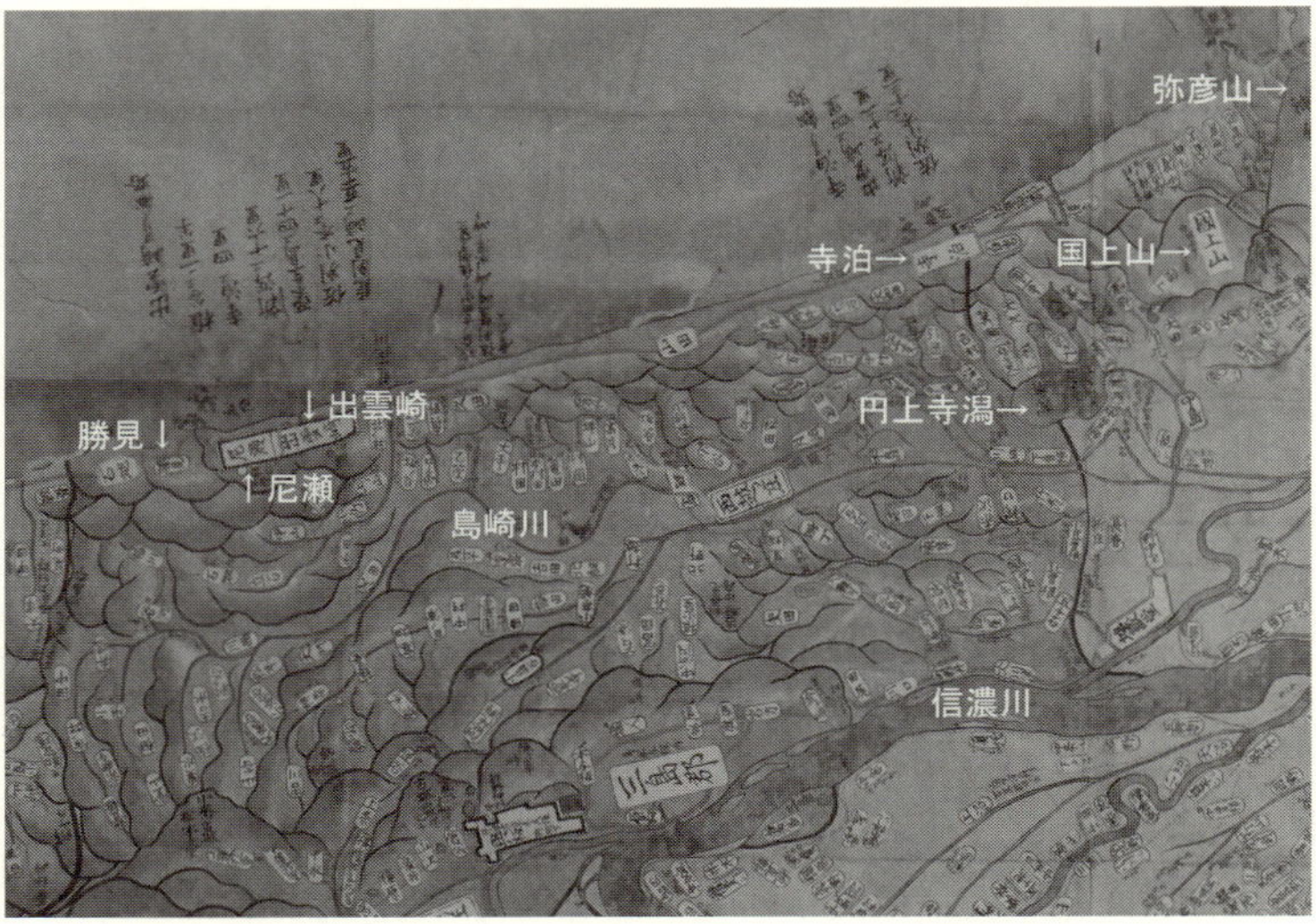

寺泊、出雲崎周辺図
（文政７年『越後輿地全図』〈新潟県立文書館所蔵資料　部分〉に加筆）

候て、めさるへく候、返々夜を日ニつき候て、御越候へく候也、尚々申候のやうに、ちそくハあるましく候、不可有御由《油》断候、早々此方へ可有御越候也、毎時期面拝候、恐々謹言、

六月卅日　　高景《長尾》（花押）

黒川殿

長尾高景は守護上杉氏に仕える越後守護代であるが、「長尾系図」（『越佐史料　巻二』六七〇頁）によれば康応元年（一三八九）二月に佐渡で戦死したとあり、ひとまずこれ以前の書状と理解される。宛所は阿賀野川以北に本拠をおく黒川氏で、佐渡に出兵するため、この四、五日中に柏崎に到着する予定を伝えるとともに、七月四日には尼瀬・勝見から佐渡へ渡海することを告げている。

ここで注目されるのは、長尾高景が佐渡に渡海するにあたって、尼瀬・勝見を指定している点である。鎌倉期までの事例によるならば、寺泊からの渡海がまずは想定されるのだが、なぜ寺泊ではないのだろうか。高景書状も「あませ・かつ見と申所」とわざわざ表現しているが、「と申所」という表現からは、両地の知名度が低く、佐渡への渡海地点としても通常は想定されない場所を新たに渡海地点に仕立てている状況が想定される。背景には当時の内乱状況があったことが予想されるが、この問題を具体的に掘り下げる前に、さらにその後の事例を検討しておきたい。

　時代は下るが、次に引用する史料は、天正十三年（一五八五）三月七日の上杉景勝過所（『上越市史　別編2』三〇一七号）である。

後藤入道（勝元）佐州江遣候間、伝馬一匹・宿送十人幷上下十一人之賄、於出雲崎渡海之船一艘無相違可調之者也、仍如件、

　　天正十三年

　（上杉景勝）御朱印有

　　　三月七日

　　　　所々領主中

　このころ佐渡では河原田本間氏と羽茂本間氏が抗争を繰り広げており、この朱印状は、上杉景勝が調停者として家臣の後藤勝元を佐渡に派遣（前年に続く派遣）することを佐渡各地の領主に告知したものである。ここで注目したいのは、佐渡への渡海地点が出雲崎とされているところである。

　出雲崎は尼瀬と接続する地域で、近世においては幕府直轄地として代官所が設置されるとともに、佐渡奉行の渡海地として、あるいは佐渡の金銀の積上港として、さらにはいわゆる北前船の寄港地として繁栄した湊町である。この史料は、佐渡への渡海地点としての出雲崎の初見史料でもあるが、これ以降、出雲崎から佐渡への渡海事例がいくつか確認されるようになる。

次に引用するのは、天正十四年五月十五日の上杉景勝朱印状（『上越市史　別編2』三〇九六号）である。

本田大郎左衛門尉兵粮弐百俵、佐州江渡海不可有相違者也、仍如件、

天正十四年

（朱印1）五月十五日

（朱印2）　出雲崎

○印文1「摩利支天　月天子　勝軍地蔵」

○印文2「森帰掌内」

冒頭の「本田大郎左衛門尉」は南北朝末期から室町期の佐渡関係の史料にみられる「本間太郎左衛門尉」の間違いであろうが、それはともかく、ここにも上杉景勝と佐渡の結節点としての出雲崎が確認される。

さらにもう一つ、次に「景勝公一代略記」の一節を引用する。

一、天正十七年佐渡御陣有、四月上旬出雲崎御着有、浦ニ舟共集、御先勢之舟三百艘、五月廿八日出雲崎を出、沢根の浦へ着也、御旗本ハ六月十二日千余艘ニ而御着岸被成、十六日佐渡衆八千余羽茂大将にてこう《（国府）》の川防防戦、又河原田表へ御出陣被成処、敵先衆七八百計御当方へ責かゝりたる、此方の先手衆をし返候へよし御下知有、

天正十四年（一五八六）六月、豊臣秀吉から佐渡支配を命じられた上杉景勝であったが、この史料は、天正十七年（一五八九）に景勝によって佐渡攻めが実行されたときのようすを記したものである。これによれば、景勝の軍勢が先遣隊と本隊に分かれていたこととともに、その両隊がともに出雲崎から渡海したことが判明する。

このように南北朝以降、尼瀬・勝見、そして出雲崎という地理的に連続する地域が佐渡への新たな渡海地点として確認されるようになるが、こうした佐渡航路の変化の背景にはどのような事情があったのであろうか。前節においては、南北朝期を境にした佐渡航路の変化を指摘しながら、その歴史的背景を具体的に明らかにできなかったが、本節で述べた越後における新たな渡海地点の出現の問題については、ある程度具体的に考えることが可能である。本節の最後にこの問題について考えておきたい。

その場合重視すべきは、尼瀬・勝見と出雲崎からの渡海事例がいずれも上杉氏・長尾氏との関係において確認されることである。尼瀬・勝見からの渡海は長尾高景書状以外での所見はなく、出雲崎からの渡海事例は、すべてが上杉景勝関係のものである。さらに出雲崎については、史料上の出現期から上杉氏との関係で登場する点も重要である。

出雲崎の初見史料は「北国下り遣足帳」（国立歴史民俗博物館所蔵）の永禄七年（一五八四）の記事であるが、これにつづく永禄十一年（一五六八）十月二十二日の上杉輝虎書状（『新潟県史』三九七六号）を次に引用する。

急度申遣候、昨廿一当津柏崎へ進馬候、明日出雲崎打下、廿七新潟を可打立候、一日も逗留有間布候、定而従喜平次（長尾顕景 景勝）所も雖可申越、有遅々者、其曲有間敷候間、早々三ヶ津へ傍輩共召連可打越候、若一人も如在之者至于有之者、急度折檻不苦候、穴賢〳〵、

十月廿二日　　輝虎（上杉）（花押）

栗林次郎（政頼）左衛門尉とのへ

これには、村上の領主・本庄繁長との抗争で上杉謙信が出馬するにあたり、〈柏崎→出雲崎→新潟〉という経路が用いられたことが記されているが、このように出雲崎は、その史料的出現の段階から上杉氏と密接な関係を物語

る文脈で登場するのであった。

これらのことは、上杉氏・長尾氏が新たな渡海地点として尼瀬・勝見と出雲崎を編成・整備していった歴史を物語っている可能性がある。そして、その背景には、以下に述べるような越後における南北朝の内乱の展開が想定されるのである。

すでに明らかにされているように、中世の寺泊は、弥彦社と国上寺と三位一体の関係にあった。弥彦社は国上寺と一体的な関係にあり、両者を「一宮」「一寺」と表現する史料も存在する。社領と寺領は密接な関係にあり、弥彦社の神事に国上寺が関与する伝統もあった。また弥彦社は、蒲原郡の河湊と寺泊に対する課税権をもっており、寺泊の「寺」は、弥彦社と一体の関係にあった国上寺を指すものと推測されている。

そして重要なのは、これらが南北朝の内乱において、越後南朝勢の拠点化されていくことである。それを象徴するのが後醍醐天皇の息子・宗良親王の寺泊滞在という事実である。

興国二年越後国寺泊といふところにしばしすみ侍りしに帰雁をききて
　ふる郷と聞きしこし路の空をだになほうらとほく帰るかりがね

越後国寺泊といふ海づらにすみ侍りし比夜もすがら千鳥を聞きて
　あら磯のほかゆく千鳥さぞなげにたちゐも浪の苦しかるらむ

右は、宗良親王の歌集『李花集』に収録されている歌である。興国二年は南朝年号で、西暦では一三四一年にあたる。この年、後醍醐天皇の息子・宗良親王は寺泊にしばらく滞在し、そして歌を残した。これは、南北朝の内乱において、弥彦社・国上寺とともに越後南朝勢の拠点となった寺泊の姿を象徴的に語り伝えたものといえるだろう。

石井神社から見た出雲崎の町並みと日本海、そして佐渡

寺泊が越後南朝勢の拠点化すると、当然のことではあるが、北朝方の越後守護上杉氏（および守護代長尾氏）にとって、寺泊は手出しの難しい地域になってしまっただろう。そしてこのことは、上杉氏に対して寺泊にかわる渡海地点を新たに構築する必要を迫ったと考えられる。南北朝期以降、佐渡への渡海地点として尼瀬・勝見・出雲崎が上杉氏・長尾氏とともに史料に登場することの背景は、このように理解できるのではなかろうか。

もちろん、南北朝期以降も寺泊が史料に登場することは先に述べたとおりであり、また、やがて上杉氏の権力が寺泊にも及ぶようになることも確認されるところである（この点は、④⑤の事例に明瞭にあらわれている）。しかし、それでもなお、南北朝期以降、寺泊から佐渡に渡ったという史料的所見がないことは重大である。再び寺泊から佐渡への渡海事例が確認されるのは、十八世紀前半の享保年間以降のこととみられるが、寺泊と出雲崎という二つの湊には、南北朝の内乱という歴史の刻印がその後も長く、深く刻み込まれていたということができるように思われるのである。

おわりに――直江津と佐渡

本稿では、二つの側面から南北朝期を境とした佐渡航路の変化について述べてきた。

第一の側面は、京都から佐渡に向かった流人等の事例の検討にもとづくもので、鎌倉期においては共通して越後寺泊から渡海していたものが、南北朝期以降、越中・越前・若狭から佐渡にいたる航路が確認されるようになるというものであった。そして第二の側面は、越後の渡海地点である寺泊と出雲崎を取り上げ、南北朝期以降、寺泊から佐渡への渡海事例が確認できなくなり、これにかわって尼瀬・勝見、そして出雲崎が登場するというものであった。第二の側面については、その歴史的背景にも考察を加え、越後における南北朝の内乱の展開を念頭に、越後南朝勢の拠点化した寺泊に対して、上杉氏・長尾氏が新たな渡海地点を構築した歴史を想定した。

本稿で述べたことは以上のとおりであるが、最後に越後の代表的な湊として越後国府の所在した直江津と佐渡との関係を取り上げておきたい。

直江津と佐渡の関係については、佐渡の湊から商人船に乗った阿新が越後国府（直江津）に着岸したという『太平記』の事例を紹介したが、このほかにも、源義経一行が直江津で佐渡から来た船を見つけて乗船する話が『義経記』にある。この船は北風で漂流し、佐渡の加茂潟を目指すが着岸できず、さらに漂流して越後国寺泊に着岸したというが、ともかく、佐渡と直江津の関係が描かれている事例として注目される。『太平記』にしても『義経記』にしても、その成立時期から考えて、南北朝期以降の状況を反映したものと推測され、南北朝期を境とした佐渡航路の変化について述べてきた本稿の立場からしても、この時期に直江津と佐渡の関係が登場することは見逃せない。直江津の宿の主人から陸奥信夫の兄弟を買い取った「松崎の兵衛」の話が謡曲『信夫』に出てくるが、「松崎」が佐渡市松ヶ崎のことだとすれば、これもその事例に加えることができるだろう。

直江津から佐渡に渡海した事例として年代がはっきりするものも、やはり南北朝期の事例である。「遊行八代渡船上人廻国記」に文和三年（一三五四）から同五年にかけての渡船上人の廻国経路が記されているが、これによれば渡船上人が、当時直江津にあった応称寺（現在の称念寺で上越市寺町に所在する）から佐渡の三崎（佐渡市宿根木に時宗寺院称光寺がある）へ、さらに府中橋本の道場（佐渡市四日町に時宗寺院大願寺がある）へ移動したようすが読み取れる。

こうした直江津と佐渡の例も含め、南北朝期以降、文献史料のうえで確認できる佐渡航路のヴァリエーションは、鎌倉期のそれと比較して格段の広がりをみせる。しかし、この過程で寺泊から佐渡へ渡海する事例がみられなくなることに示されているように、南北朝期を境とした佐渡航路の変化を、単純な発展史のなかに収斂させることは慎まなければならないだろう。本稿は中世の佐渡航路という限定された視角で検討を進めたが、今後は、日本海航路の具体事例を幅広く見るなかで、さらに検討を深めていきたいと考えている。

例えば、本稿で取り上げきれなかった佐渡とも関係する事例として次のようなものもある。

於三条要害之際一戦、定可有其聞候、然者三嶋精進相過、可進発議定之処、去十五日越中兵庫頭《（上杉定実）》・長尾六郎《（為景）》佐州へ令渡海、一昨日廿、蒲原浦へ移候、旁以出馬、可遂安否之一戦候、不可延候、累年忠信異于他上者、以夜継日、被馳著候者、弥可為感悦候、委細木部隼人佐可申越候、恐々謹言、

四月廿二日　可諄《（上杉顕定）》判

久下信濃守殿

これは永正七年（一五一〇）四月二十二日の上杉顕定書状（『越佐史料　巻三』五三三〜五三四頁）であるが、関東管領上杉顕定の軍勢に押し込まれて越後から越中に逃れた上杉定実と長尾為景が、〈越中→佐渡→蒲原浦〉という

経路で移動したようすが記されている。

越中と佐渡の結びつきについては、『太平記』の阿新の経路、あるいは南北朝期における畠山氏の守護国の組み合わせからも指摘してきたところであるが、これらとともに具体的な渡海事例として貴重なものである。越中のどこから渡海しているのか、あるいは佐渡のどこを経由しているのかによって具体的な航路のイメージは微妙に変わってくる。本稿全体を通じて佐渡側の湊について整理が不十分であったが、こうした課題も念頭に置きつつ、さらに検討を進めて行きたいと考えている。

【参考文献】

赤泊村史編纂委員会編『赤泊村史』上巻、赤泊村教育委員会　一九八二年

網野善彦「北国の社会と日本海」『海と列島文化1　日本海と北国文化』小学館　一九九〇年

網野善彦「海から見た佐渡―島・ムラの再考」『日本海と佐渡』高志書院　一九九七年

出雲崎町史編さん委員会編『出雲崎町史　通史編』上巻、出雲崎町　一九九三年

磯部欣三・田中圭一『佐渡流人史』雄山閣　一九七五年

井上寛司「弥彦神社と居多神社―中世越後国一宮制の構造と特質―」『西垣清次先生退官記念 宗教史・地方史論纂』刀水書房　一九九四年

井上宗雄『京極為兼』吉川弘文館　二〇〇六年

今泉淑夫『世阿弥』吉川弘文館　二〇〇九年

今谷 明『京極為兼―忘られぬべき雲の上かは―』ミネルヴァ書房　二〇〇三年

佐藤弘夫『日蓮―われ日本の柱とならむ―』ミネルヴァ書房　二〇〇三年

高橋一樹「北陸社会の交通と地域区分」高橋慎一朗編『列島の鎌倉時代―地域を動かす武士と寺社―』高志書院　二〇一一年

田中圭一編『佐渡海運史』中村書店　一九七五年

田中圭一『新版　日蓮と佐渡』平安出版　二〇〇四年
橘　正隆『佐越航海史要』佐渡汽船株式会社　一九四七年
田中　聡「南北朝・室町期における佐渡守護と本間氏」『新潟史学』第六六号　二〇一一年
田中　聡「沢根城」福原圭一・水澤幸一編『甲信越の名城を歩く―新潟編―』吉川弘文館　二〇一六年
田中　聡「中世の舞台」分水町編『分水町史　通史編』中世編・第一章、分水町　二〇〇六年
田村　裕「越後国」中世諸国一宮制研究会編『中世諸国一宮制の基礎的研究』岩田書院　二〇〇〇年
寺泊町編『寺泊町史　通史編』上巻、寺泊町　一九九二年
中尾　堯『日蓮』吉川弘文館　二〇〇一年
山本隆志「高野山清浄心院『越後過去名簿』（写本）」『新潟県立歴史博物館研究紀要』第九号　二〇〇八年

【付記】本稿には、東京大学史料編纂所一般共同研究「史資料原本調査をもとにした『越佐史料』巻七（未刊）の再編成」（平成二十五年度・平成二十六年度、研究代表者・前嶋　敏）および同一般共同研究「史料の原本調査による『新潟県史』資料編（中世）の再検討」（平成二十七年度、研究代表者・田中　聡）で得た知見が含まれている。

珠洲焼流通にみる北東日本海域の交易

向井裕知

はじめに

本稿は、石川県の奥能登で生産された珠洲焼の分布状況から北東日本海域の交易の実態を探ることを目的としている。具体的には、集散地の状況については、石川県珠洲市南黒丸《みなみくろまる》遺跡を取り上げ、水運の状況については海揚がりの製品の分布状況を中心に、消費地での出土状況も取り上げて推察した。加えて、館から出土する希少品を素材として、内水面の流通についても考察を加えた。

一　珠洲焼生産と集散地

石川県珠洲市南黒丸遺跡は、旧能登国に属し、能登半島の北東部突端の内浦側に位置する（石川県教育委員会ほか二〇〇三）。飯田湾に注ぐ舟橋川の河口部で、宝達《ほうだつ》山地と海成段丘の境界付近に立地しており、丘陵地を背後に、海岸までは緩やかに傾斜する見晴らしのよい土地である。

中世には能登国珠洲郡直郷に属し、九条家荘園である若山荘の一部であった。遺跡の北側には八幡社が所在し、境内には永和二年（一三七六）銘をもつ石造三重塔がある。

珠洲焼製経筒に刻まれた刻銘には「わかやまの　みそうたゝの　こうのちうにん　おちのためひさ　為久（花押）」（「若山御荘　直郷の住人　越智為久」）とあり、若山荘の荘園経営にかかわる在庁官人系の在地領主が直郷の住人であることを示しているという。

遺跡の所在する黒丸と北側の鵜飼、南側の宗玄の三ヵ村は近世以来「鵜飼三箇」と呼称されており、現在でも地籍が複雑に入り組んでいるという。鵜飼にあった鵜飼川の河口が直郷の年貢積み出しなどにおいて重要な役割を果たした湊である可能性が高く、貞治二年（一三六三）頃には「宇飼九間御堂」という宗教施設も存在した。また河口近くの突出部に見附島という島があり、沖合からのランドマークとなっている。

また、陸路としては、鵜飼川沿いに坪野大路と推定される主要道が通っていた。

発掘調査では、十二世紀後半から十五世紀前半の遺構・遺物が確認されており、十三世紀代が主体となる。掘立柱建物跡が四六棟検出されており、内総柱三六棟、側柱一〇棟である。井戸は縦板組隅柱横桟留や縦板組、曲物の

図1　珠洲郡の荘園・公領分布図
（※●印は現在も地名として残る若山荘内の「名」推定地）
（珠洲のれきし編さん委員会　2004）

ほか、珠洲焼を井戸側に用いたものなどがみつかっている。

大型の掘立柱建物跡が検出されており、調査区内最大のものは柱間七×五間（一七・二×一二・二五メートル）の総柱建物で、梁行は東西に延びる可能性がある。

出土遺物は、多量の珠洲焼のほか、土師器、青磁、白磁などが確認されており、珠洲焼が多種多量に出土していることが本遺跡の特色ではあるが、鎌倉時代の中国産天目茶碗が二点出土しており、石川県内では本遺跡と金沢市堅田館跡のみであることから、居住者の階層性を示す遺物といえよう。

また、十四世紀頃の南都系瓦が出土しており、遺跡の北側に隣接する「ナイコウジ」跡に関係する屋根瓦ではないかとの指摘があり、寺院の存在がうかがわれる。

遺跡は海岸部に面し、背後丘陵に珠洲窯を擁する。珠洲窯の大半は若山荘内に所在しており、直郷の各河川流域沿いの丘陵に顕著である。生産された珠洲焼は、遺跡より北に約一・七キロメートル隔てた直湊へ集荷され、地廻り船や遠隔地交易の船で消費地へ搬出されていたと考えられる。

図2　南黒丸遺跡の位置（石川県教育委員会ほか　2003）

南黒丸遺跡は、珠洲窯に近く、多種多様な珠洲焼が大量に出土すること、直郷域で窯跡基数の多い法住寺窯跡群の盛衰とほぼ符合すること、また、使用痕が認められない製品があることなどから、それらの生産及び出荷にかかわった集落もしくは屋敷の可能性があり、物資集散の拠点と考えられる。

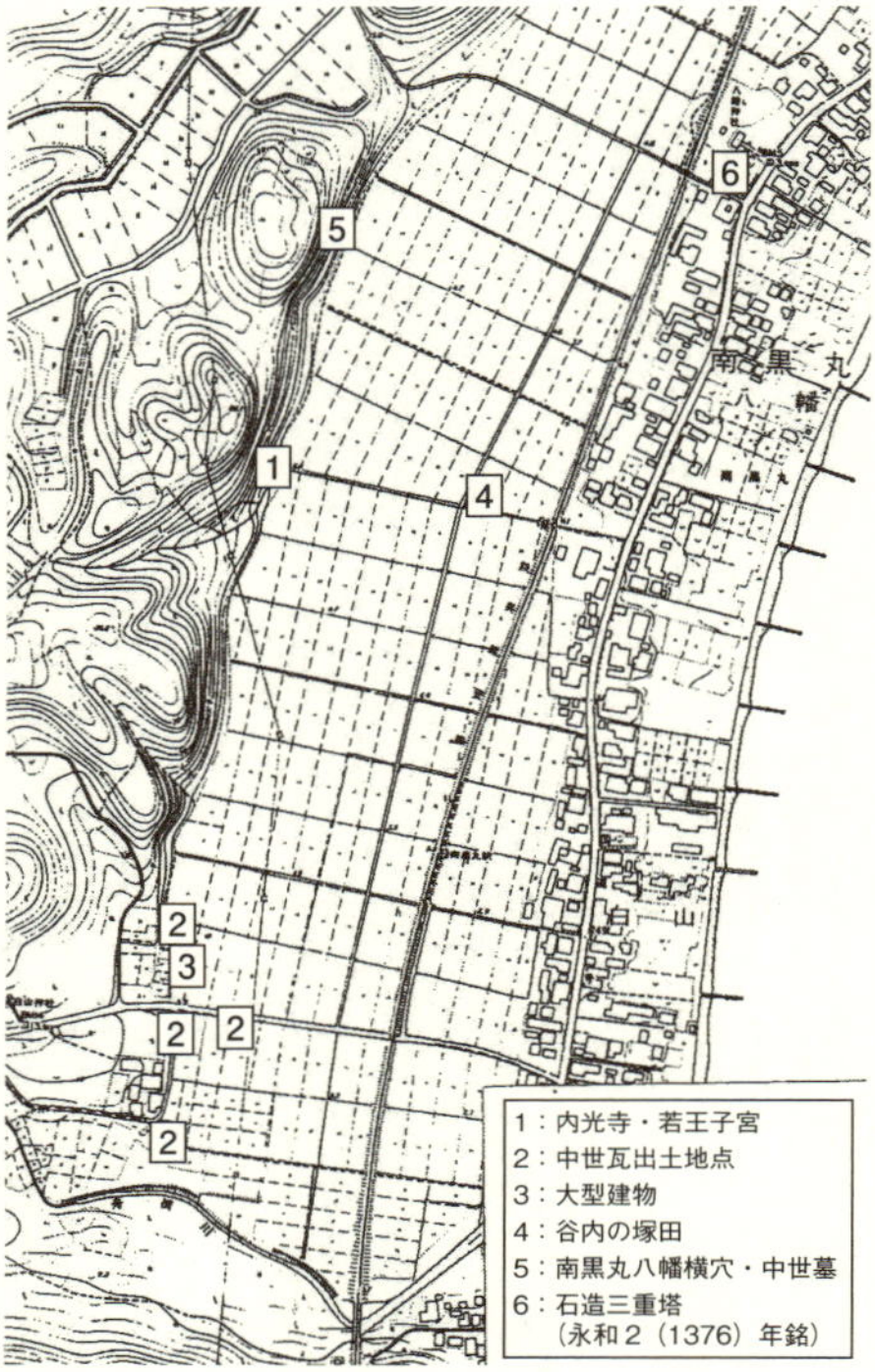

図３　南黒丸遺跡の周辺
（石川県教育委員会ほか　2003）

二　海揚がり品の分布

生産地から南黒丸遺跡のような集散地を経て、水運によって珠洲焼は流通していると考えられるが、近年の調査によって、珠洲焼の海揚がり品の分布状況が明らかとなってきた北東日本海域における調査成果を図にまとめると、開窯当初から北東日本海域へ向けて、積極的に流通網を構築していったことが確認できる（アジア水中考古学研究所他二〇一二、新潟県海揚がり陶磁器研究会二〇一四、吉岡康暢　二〇一〇）。では、その後の内陸部に向けての動きはどうかということであるが、一例を示すと、東北の太平洋側に位置する平泉には、十二世紀代から一定量の珠洲焼が流通している。恐らく、水運と陸運を併用してもたらされたものと考えられる。また、海揚がり品の分布では、十五世紀には北海道まで流通域が広がっていることがわかる。消費地の動向をみると、十二世紀後半段階では、珠洲焼経容器などが青森県まで分布しており、十三世紀には、道南の上ノ国《かみのくに》町竹内屋敷遺跡などで珠洲焼四耳壷が出土していることから（工藤二〇〇三）、こ

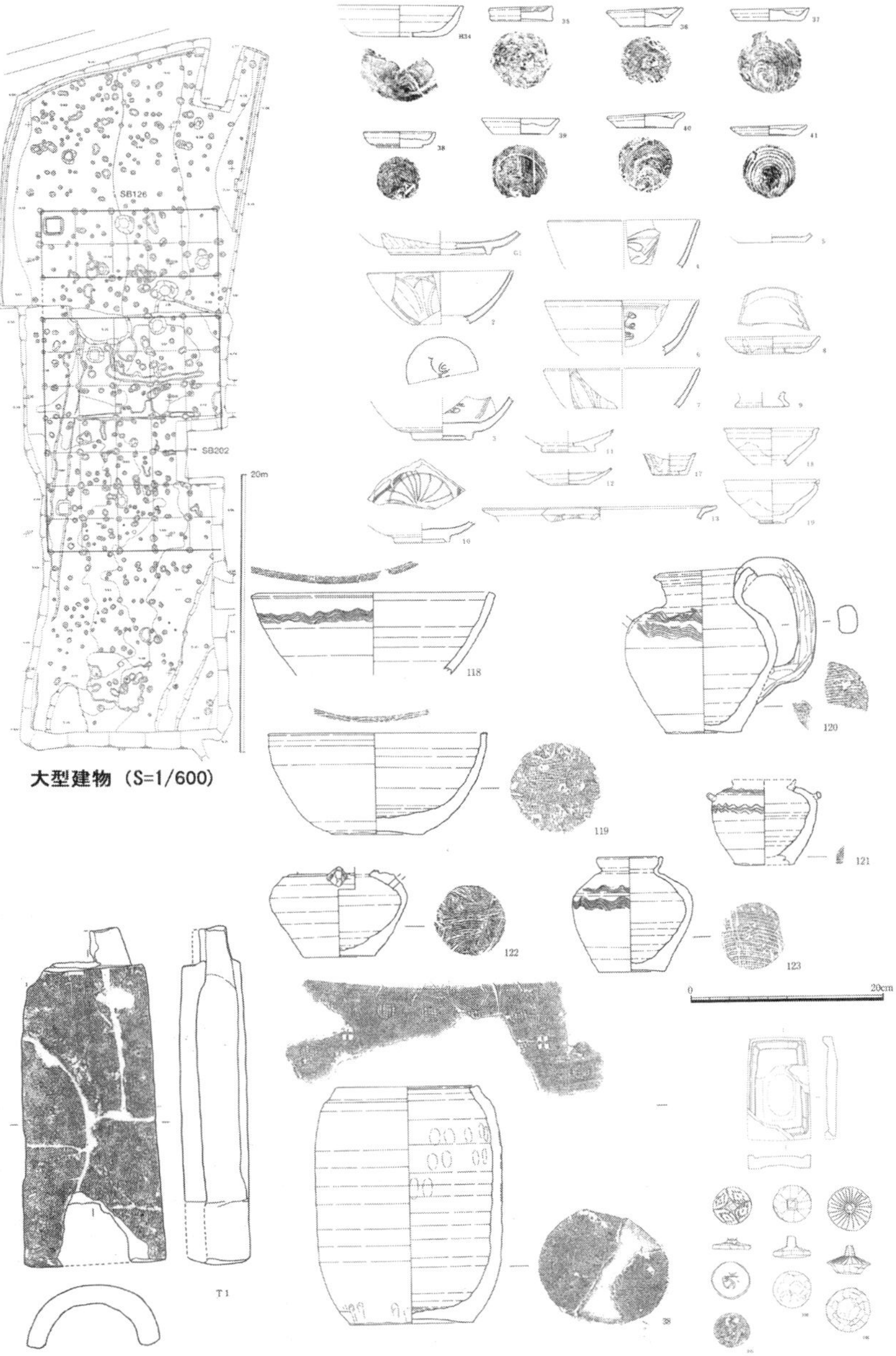

図4　南黒丸遺跡の大型建物（S＝1/600）と出土遺物（S＝1/9）
（石川県教育委員会ほか　2003）

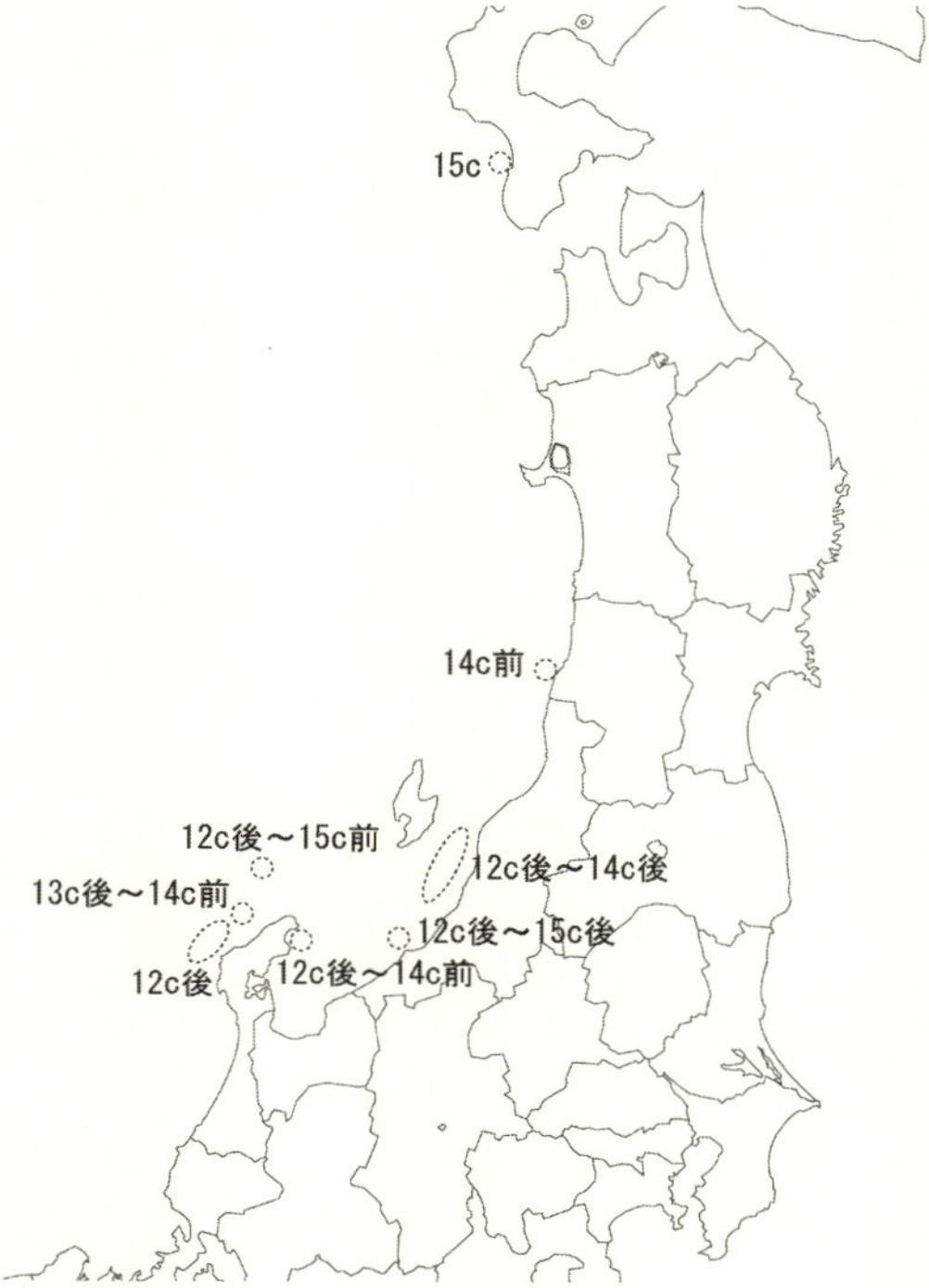

図5　海揚がりの珠洲焼分布と年代
（アジア水中考古学研究所ほか2012、新潟県海揚がり陶磁器研究会2014、吉岡康暢2010）

の頃までには定量の珠洲焼が流通しており、すでに航路が定着しているようである。

　また、珠洲焼の流通は、基本的に珠洲から北東日本海域に向けて水運によるが、珠洲より西側の海域でも海揚がり品が見つかっていることから、南西日本海域に向けても水運を用いていたことがわかる。消費地では加賀地域まで珠洲焼は目立っているので、能登から加賀にかけても、まずは外洋の水運を用いて運搬され、各湊からは内水面交通及び陸路によって流通したものと考えられる。

三　内水面の交通

堅田《かただ》館《やかた》跡（堅田B遺跡）は、石川県金沢市堅田町に所在する十三世紀中葉から十四世紀末頃にかけての館跡であり、堀から建長三年（一二五一）及び弘長三年（一二六三）の紀年銘を伴う般若心経を書写した「巻数板」という木簡と共に大量の土師器皿、中国陶磁器、国産陶器、瓦質土器、漆器、木製品等が出土している（金沢市　二〇〇四）。

時期は下るが、越後国人領主色部氏に関する文献では、巻数板吊り行事は領域支配の拠点となる館の安全祈願であり、領域の安寧を祈願する修正会も一体となって執り行われていたとされている（中野一九八八）。つまり、巻数板吊り行事を実施する堅田館の居住者は一定の領域を支配しているような人物ということになる。

遺跡の南側には、旧北陸道から分岐し、越中方面へ延びる小原越《おはらごえ》（現道が一部踏襲）と呼称される脇街道が東西方向に通過している。さらに、その南西方向には森下川《もりもと》が北流し、河北潟、大野川を経て日本海に至る。遺跡背後の北側丘陵先端部には木曽義仲が居城したと伝わり、発掘調査の結果、弥生時代後期、七・十三・十五・十六世紀の遺物が出土した堅田城跡（標高一三三メートル）が所在する（金沢市二〇〇六）。つまり、遺跡は背後に堅田城を擁する丘陵、西・南を森下川、東をその支流である深谷川に挟まれており、地理的要因によって東西南北が遮断された環境にある小原越沿いを選地しているといえよう。

遺構は掘立柱建物四二棟（最大棟は七間×六間・約二一〇平方メートル）、堀三条（幅四～五メートル、深さ約〇・八メートル）、橋状遺構三基、井戸四基のほか、区画溝、溝、土坑、ピット、集石遺構、土器・鉄鍋埋納ピットなどを確認している。堀は北堀（ＳＤ12）で約七〇メートル、西堀（ＳＤ11）は約九〇メートル（北から約七五メートルで屈曲し、約一四メートル東に延び、再び南に向かう）を確認しており、南は前述の小原越まで延びると想定するとほぼ一町程度になる。なお、南堀および東堀は確認していないが、東堀は一部レーダ探査により確認しており、推定値ではあるが西堀からの距離は最大約九〇メートルを測る。南堀は現道部分が埋設管などで探査できなかったが、現道より南側へは延びておらず（金沢市二〇〇四ｂ）、存在するのであれば、現道内に収まっているものと考えられ、北堀・現道間は約一〇〇メートルとなる。

西堀の一部（ＳＤ01）は館の拡張に伴い埋め立てられているが、そこから建長三年（一二五一）と弘長三年（一二六三）の紀年銘をもつ木簡（巻数板《かんじょういた》）が出土している。このことから西堀の一部改変は弘長三年以降のことであり、出土遺物の様相からも埋没は十三世紀後葉と考えられる。また遅くとも建長三年以前、十三世紀第２四半期には当

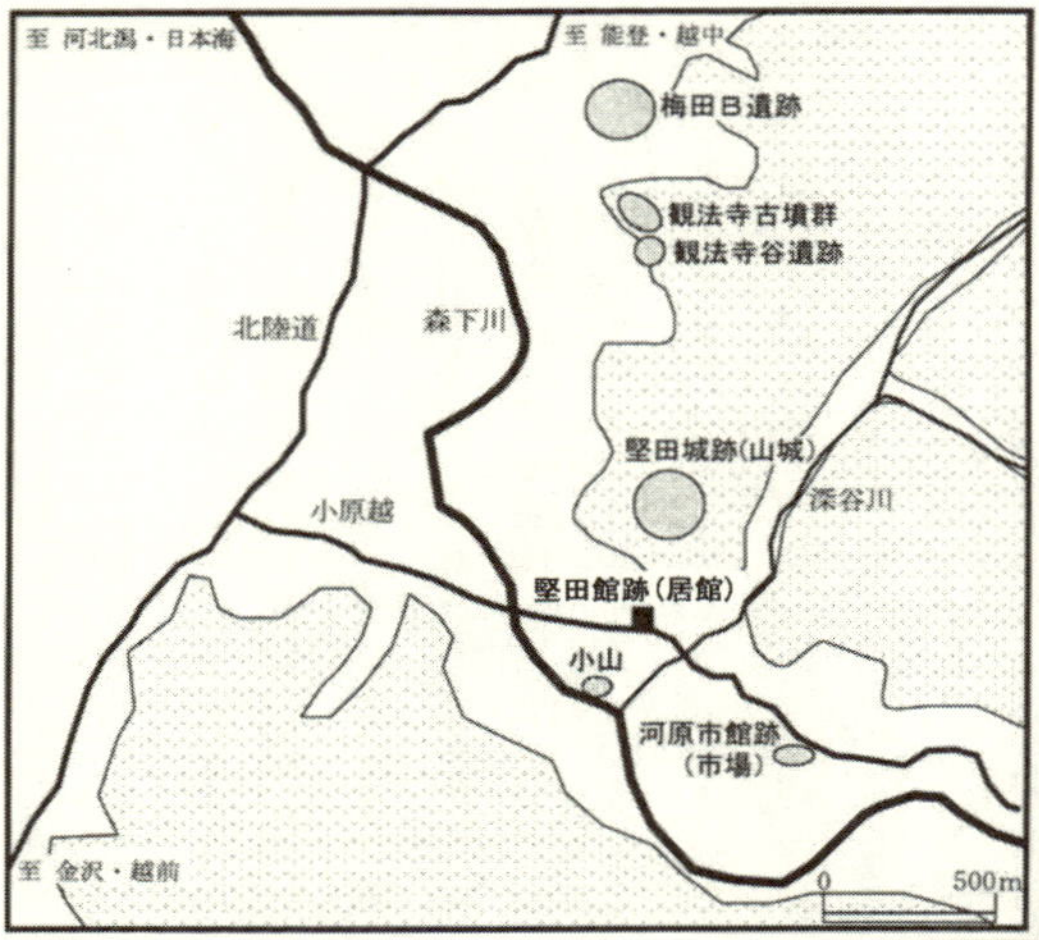

図6　堅田館跡と周辺の遺跡（S＝1/45,000）
(金沢市2004、向井裕知2006)

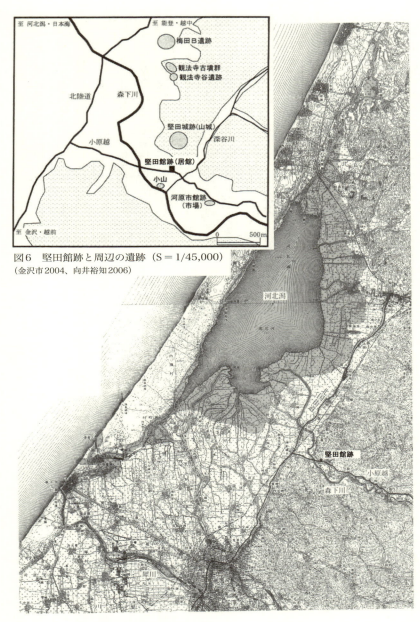

図7　堅田館跡の位置と周辺の街道・河川（S＝150,000）
(金沢市2004)

初の堀の掘削を行っていた、つまり居館が成立していたと考えられる。なお、北堀（ＳＤ12）においても箱堀から薬研堀への造り替えを確認しており、出土遺物から十三世紀後葉頃、つまり旧西堀（ＳＤ01）が埋められた頃に北堀も一度埋められ、再掘削されている可能性が高い。

堀を最終的に廃棄した年代は、北堀（ＳＤ12）の覆土上層で出土した土師器皿や瀬戸製品などから、十四世紀後葉と考えられる。堀埋没後は十五世紀前葉まで遺構を確認しており、居館としての機能は喪失している可能性が高いが、規模は縮小しながらも遺跡は存続している。

交通に関しては、森下川↓河北潟↓大野川↓日本海といった内水面による水上ルート、そして、小原越・北陸道といった陸上ルートの結節点に本館は立地しており、水陸交通の要衝である。そして、その交通網を通じて多くの物資や人が行き交っていたことは、国内外・在地製品にかかわらず出土する多くの遺物が物語るところである。

ここでは①大量の土器・陶磁器・漆器・木製品や②中国陶磁器の青磁酒会壺・双魚文盤、青白磁梅瓶・同蓋、白磁花文碗、天目茶碗や奈良産小型瓦器製品といった高級・稀少品、③山茶碗や瓦器碗、搬入品の土師器皿など、一定の地域では普遍的であるが北陸ではほとんど出土しないものに注目したい。

①・②からは物資の消費頻度や消費レベルの高さが窺え、居住者の階層の高さを示している。③のように、他地域において普遍的なものが稀少品として出土することの意味は、商品的な流通でもたらされたのではなく、個人的・私的な事由によりもたらされた可能性を考えたい。つまり、古瀬戸の入子や瓦器の小型品はその用途目的があるために例外だが、これほど青磁碗や漆器椀、土師器皿が多いところで瓦器碗や山茶碗、搬入土師器皿が食器として必要だとは考えがたい。この本来広域流通しないものは、それを欲した結果もたらされたのではなく、「私物」として人と共に動いている可能性を指摘しておきたい。本館で廃棄に至った経緯は不明であり、館の関係者が他地域から持ち帰った可能性も考えられるが、それを所持した人が他地域から館を訪れている状況が想定できよう。これらの広域に及ぶ人的・物的交流は、まさに内水面を主体的に利用した水運によるものと考えられる。

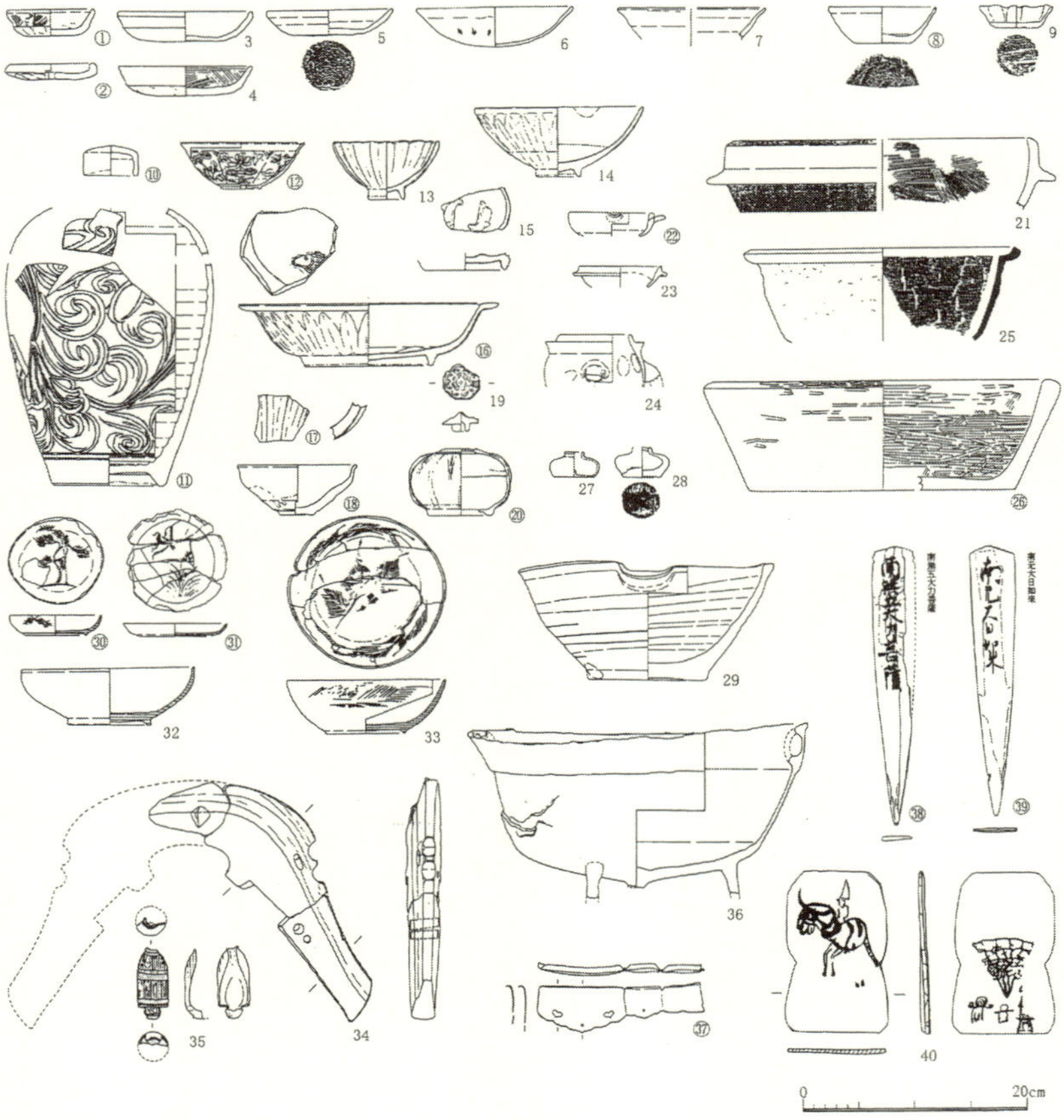

図8　堅田館跡出土遺物（S＝1/9）　※丸数字はSD01出土品
（金沢市2004）

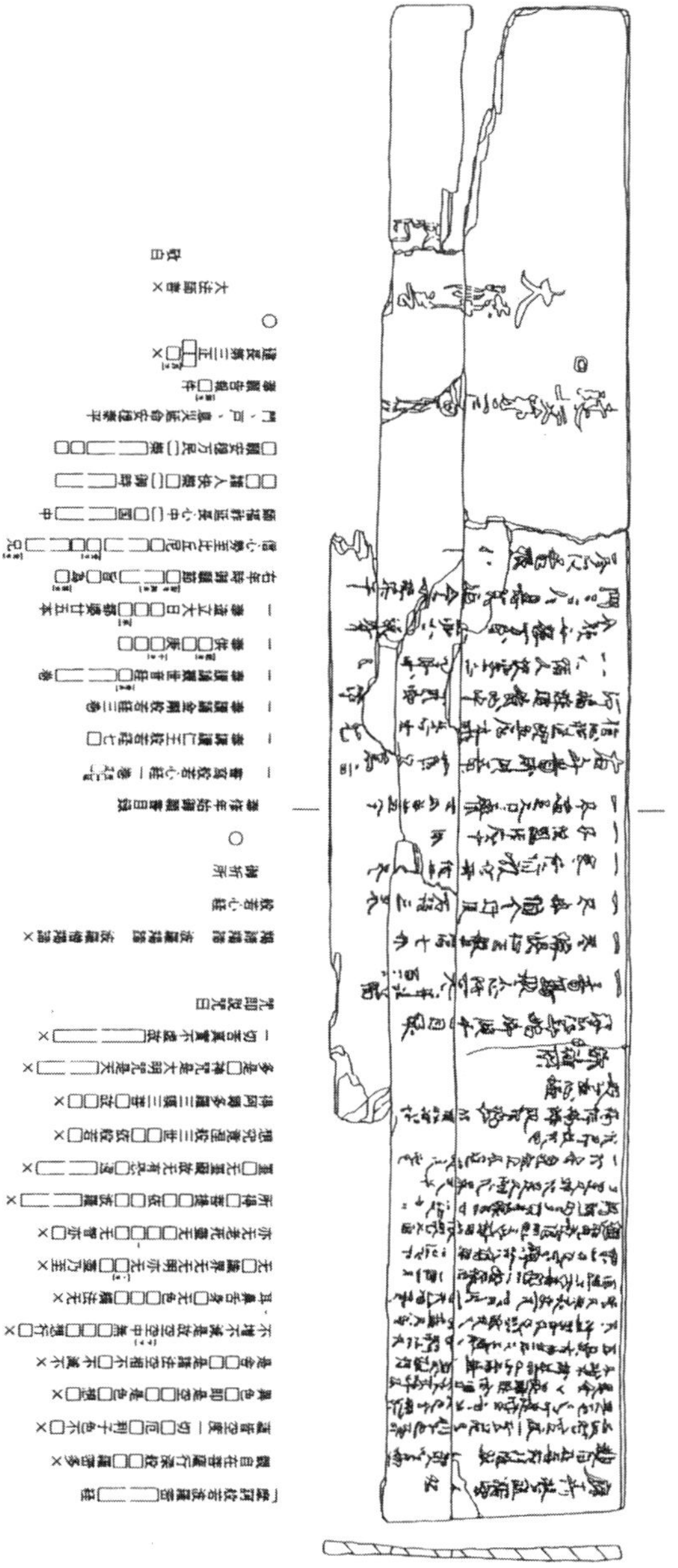

図9　堅田館跡出土2号巻数板（SD01出土、839×160×8mm）
（金沢市2004）

おわりに

本稿では、珠洲焼の流通について、集散地と考えられる南黒丸遺跡の動向と、海揚がり品の分布状況及び消費地の動向から、海運の様相を概観した。また、地域の拠点となる館の立地構造と出土品から内水面交通の様相について、私見を述べた。

珠洲焼の流通状況から交易の実態を探ろうと試みたが、多くの遺跡の様相を把握する必要があり、困難であった。モノが動く様相から、交易の実態を導き出すためには、珠洲焼などの広域流通品が出土する多くの遺跡の情報を整理し、それぞれの遺跡がもつ特徴を導きだすことで、生産・出荷・販売・消費といった交易の諸相について、考古学から迫ることが可能になると考えている。

なお、今回の報告にあたり、南黒丸遺跡について、垣内光次郎氏から多くの教示を得た。記して感謝申し上げる。

【引用・参考文献】

アジア水中考古学研究所ほか『水中文化遺産データベース作成と水中考古学の推進　海の文化遺産総合調査報告書　―全国水中遺跡地図―』、同『―日本海編―』　二〇一二年
石川県教育委員会ほか『南黒丸遺跡・南黒丸B遺跡』　二〇〇三年
石川県立歴史博物館『能登最大の中世荘園　若山荘を歩く』　二〇〇〇年
新潟県海揚がり陶磁器研究会『日本海に沈んだ陶磁器』　二〇一四年
金沢市『堅田B遺跡II（本文・遺物編）』　二〇〇四年
工藤清泰「中世の陶磁器と変遷」『青森県史　資料編　考古四　中世・近世』　二〇〇三年
珠洲のれきし編さん委員会『珠洲のれきし』　二〇〇四年

向井裕知「堅田Ｂ遺跡」『鎌倉時代の考古学』高志書院　二〇〇六年
吉岡康暢『中世須恵器の研究』一九九四年
吉岡康暢「日本海の沈没船は語る」『史跡「珠洲陶器窯跡」国指定記念シンポジウム報告書　珠洲焼誕生！』珠洲市他　二〇一〇年

日本海交易と能登七尾

和田　学

はじめに

七尾市は日本海に長く突き出た能登半島のほぼ中央部に位置しており、北東側に大口をあけたように七尾湾が広がっている。その中央部には能登島が浮かんでおり、その能登島を隔てて、奥能登側を北湾、富山湾に突き出た崎山半島に隔てられた側を南湾、半島の首部に面している側を西湾と称する。

七尾港はこのなかの南湾に位置し、古代には「加嶋津」「香島津」などと称され、能登国の国津として栄えてきた。七尾には能登国の国府や国分寺が置かれ、中世には能登守護畠山氏が居城七尾城を拠点として城下町を形成した。近世初頭には織田信長から能登一国を与えられた前田利家が、城下町を七尾城山麓から七尾港に面した現在の市街地に移した。古くから政治的拠点となった七尾は、海上や陸上の交通の結節点としての要衝となり、人や物資などが集中し、さらには文化や情報が発信される能登の中心都市として栄えてきた。

本報告は、日本海交易と港湾都市七尾の関係について、時代ごとにその変遷を概観するものである。

一　原始・古代の様相

南湾と西湾の周辺には多くの縄文遺跡が点在し、崎山半島の先端部に所在する三室トクサ遺跡（三室町）からは全長五・三メートルの丸木舟（縄文前期～中期）が出土している。また、西湾の南西に所在する三引《みびき》遺跡（三引町）の貝塚からは、魚や動物の骨のほかに鹿骨製の釣り針やモリ、櫂、漁網土錘などが出土しており、七尾湾内での漁労活動が盛んであったことが確認できる。

古墳時代では、前・中期には上町マンダラ古墳群（中島町）、国分尼塚１・２号墳（国分町）などがあげられ、半島の内陸部に多く所在している。それが後期から終末期の古墳は矢田高木森《やたたかきもり》古墳（矢田町）、須曽蝦夷穴《すそえぞあな》古墳（能登島須曽町）、三室まどがけ古墳群（三室町）など、七尾市域の主要な古墳が湾岸域に所在しており、七尾湾を基盤とした海上支配権を意識した被葬者の墓であることが考えられている。また、七尾湾の港湾施設とも考えられる国指定史跡万行《まんぎょう》遺跡の大型建造物群の存在や、万行赤岩山遺跡で多くの鉄鏃が出土していることなどから、港湾を意識した支配体制があり、七尾湾岸域での軍事的要素をもった施設が所在したことが推測されている。

七尾湾における軍事的要素を想定させる史料としては、『日本書紀』の斉明六年（六六〇）三月の条があげられる（史料一）。そこには越国守阿倍引田朝臣比羅夫が率いた二〇〇艘もの北方遠征大船団に従軍して戦死した能登国国造馬身竜の名前が記載されている。阿倍比羅夫はこれに先立って北陸道に派遣され、越など諸国の境を視察していることが、『日本書紀』崇峻二年（五八九）七月の条に確認できる。『新修七尾市史』２古代中世編（七尾市二〇〇三）によれば、当時の能登半島を「越洲《こしのしま》」とする説のなかで、能登半島が日本海に突出しており、半島内の諸方へ向かうのに船運によったという歴史的事実が、畿内の人々に能登半島を「越洲」と認識させたとしている。また、斉明五年三月条には、阿倍比羅夫が船師一八〇艘を率いて蝦夷を討った時に道奥と越の「国司」や「郡司」

に位階が授けられており、そのなかに馬身竜を含めた能登周辺域の首長たちが含まれていた可能性もあるとしている。こうした七尾湾の様相には、軍事的要素のみならず、多様な船を利用しての海上交易も可能であったことも推測できる。

【史料一】『日本書紀』斉明六年三月条

「三月、遣阿倍臣、名闕、率船師二百艘、伐粛慎国、阿倍臣、以陸奥蝦夷、令乗己船、到大河側、於是、渡島蝦夷一千余、屯聚海畔、向河而営、々中二人、進而急叫曰、粛慎船師多来、将殺我等之故、願欲済河而仕官矣、阿倍臣遣船、喚至両箇蝦夷、問賊隠所与其船数、両箇蝦夷、便指隠所曰、船廿余艘、即遣使喚、而不肯来、阿倍臣、乃積綵帛・兵・鉄等於海畔、而令貪嗜、（中略）拋己柵戦、于時能登臣馬身竜、為敵被殺、猶戦未倦之間、賊破殺己妻子、」

養老二年（七一八）、越前国から羽咋・能登・鳳至・珠洲の四郡を割いて能登国が立国される。しかし、天平十三年（七四一）には、能登国が廃止されて越中国に合併されるも、天平勝宝九年（七五七）には再び能登国が成立した。天平二十年の春には、大伴家持が越中国国司として赴任し、能登国を巡行している。そのときに七尾湾付近で詠んだ歌に「鳥総立て船木伐るといふ能登の島山今日見れば木立繁しも幾代神びそ」「香島より熊木を指して漕ぐ船の舵取る間なく都思ほゆ」の二首が知られている。家持は七尾湾内を巡行して、造船のための船木の存在を確かめている。また、『続日本書紀』の天平宝字三年（七五九）九月の記事には、新羅出兵の準備として諸国に五〇〇艘の造船が命じられ、北陸道諸国には八九艘の造船が割り当てられている。能登国には船木部などの造船技術をも持った民もこれに従事した可能性もある。このことからも七尾湾内での港湾機能が相当発達していたとみることができる。

この時期には日本海を距てた大陸の渤海から北陸や東北などへ多くの渤海使が訪れており、能登では外浦と呼ばれる羽咋郡福浦港に客院が置かれる。大陸からの決まった航路などは確認されていないが、時期的な海流や季節風による操船によって能登半島への来着が可能になっていたと思われる。また、天平宝字五年に能登から渤海に派遣された使者の船名に「能登」が付されていることからも、大陸との対外的な交易の場所として能登国が重要な役割を果たしていたと考えられる。さらには、この福浦港と同じ日本海に面した海岸に所在する羽咋市寺家遺跡からは、海獣葡萄鏡や唐三彩などシルクロードに源流をもつような工芸品が多数出土している。このことからも日本海側ではすでに海運による交易が盛んだった様相が推測される。

そのほか、七尾南湾に面する七尾市大田町に所在する曹洞宗海門寺では、安置される千手観音坐像の体内銘から、保元三年（一一五八）の製作年が確認された（史料二）。その銘には「小面十五躰出羽国立石寺慈覚大師霊木幷所々霊木申也」「千手能登・越中及千□霊木也」など出羽国立石寺の慈覚大師（円仁）に関係する霊木などが使用されていたことからも、北陸から東北にかけての日本海側での海運による交易が成り立っていたことを窺うことができる。

【史料二】「千手観音坐像胎内墨書銘」（海門寺所蔵）

（躰幹部正面）

「三尺五寸千手観音一躰、小面十五躰、千手、本躰御身能登国阿修羅処、霊木也、小面十五躰出羽国立石寺慈覚、大師霊木幷所々霊木等也、千手能登・越中及千□霊木也、保元三年歳次戊寅七月廿五日壬午日奉木札始、同年八月三日庚寅奉造立始、同年十月八日甲午開眼供養了、願主平氏市井頼行幷、散位平□□紀氏」

（躰幹背面）

「大仏師僧勢勝、小仏師萬満頼□僧伯清、結縁僧□蓮賢□□□□、越中国南尓尼寄□□□□□□□□、供養也、」

二　中世の様相

承久三年（一二二一）に成立した「能登国公田田数目録」によって、七尾湾岸や邑知潟周辺部を中心として八〇カ所の荘園が能登国に成立し、湾岸に沿った形で荘園が所在していることが確認できる。最初に荘園として成立したのは石清水八幡宮領の飯川保（市域の南側内陸部に所在）で、久安年中（一一四五～五一）と記されている。そのなかで、七尾市の南東部で富山湾に面した大呑荘は、公田数が三九町二反と最大規模となっており、建久八年（一一九七）の成立となっている。この大呑地域は古から鰤網漁などの漁業が盛んで、日本海に面する立地環境からも越中や越後、さらには東北方面との交易も盛んであったとみられる。

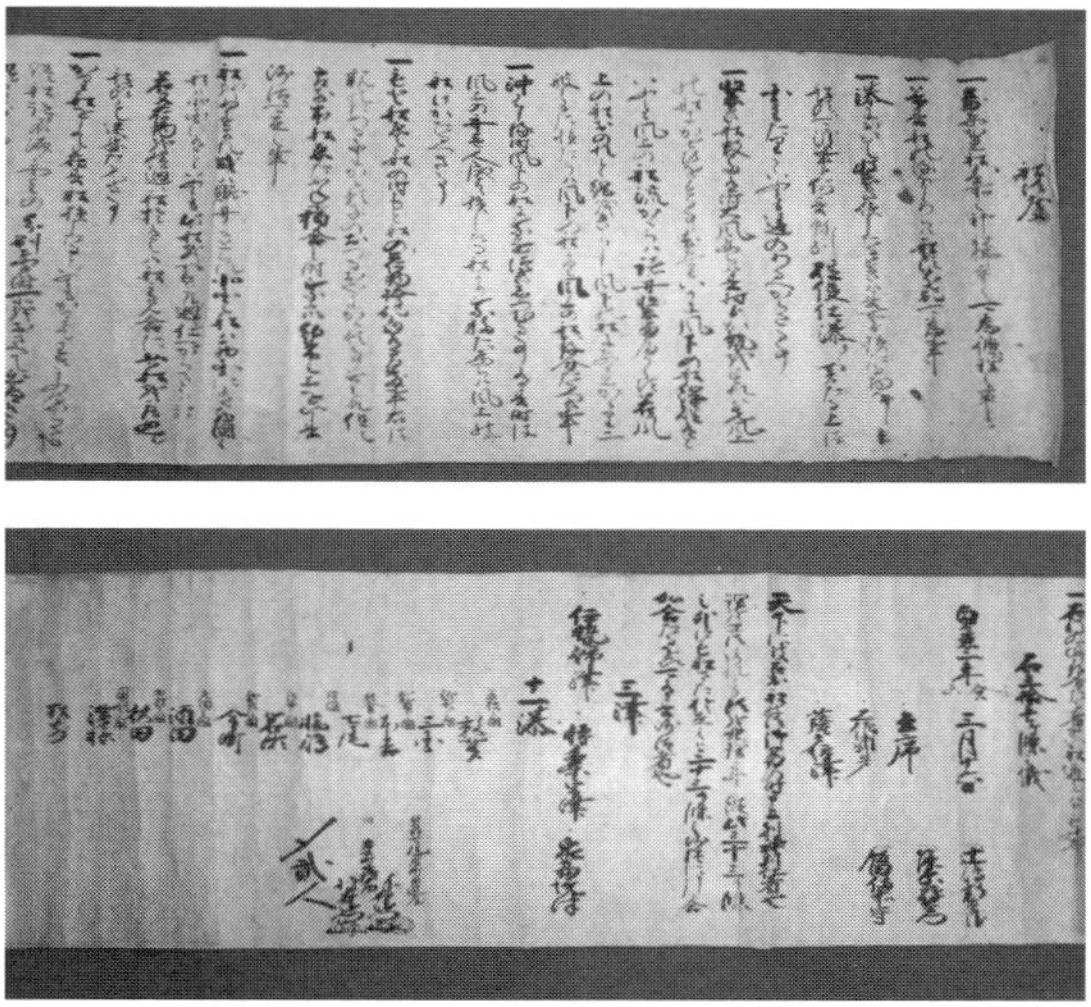

写真　「貞応二年　船法度」の前後部分（七尾市番匠家所蔵）

また、七尾湾の中央に浮かぶ能登島は海上交通の要衝とされ、島の総鎮守伊夜比咩《いやひめ》神社棟札では、嘉元四年（一三〇六）には能登島の惣荘鎮守である八幡宮の本殿が造営されたことが知られる。鎌倉期末には長谷部宗信が能登島荘の地頭として知られ、文治二年（一一八六）に大屋荘の地頭として能登国に来住した長谷部信連の後裔に関係する人物ではないかとされている。

南北朝期には、伊勢神宮の内宮と外宮に供祭物を貢納する神領として能登島御厨と称されている。その後の内乱（観応の擾乱）では、能登島金頸城と半島の首部に所在する三引の赤蔵山を中心に吉見氏と桃井氏が合戦を繰り広げ、七尾湾を舞台とした合戦からは、発達した操船技術なども窺うことができる。

永仁二年（一二九四）、佐渡から京都に向かう日蓮の弟子日像が船中で石動山大宮坊乗微と激しい論争をし、七尾港に着くころには日像に折伏して日乗と名を改め、後に能登の日蓮宗本山とされる羽咋滝谷妙成寺を創建したとされる（史料三）。このとき日像は七尾港に上陸し、七尾の番匠屋に逗留したとされる伝承が残されている。この番匠家は、代々弥右衛門を襲名している旧家で、近世には七尾港に近い府中町に所在していた。当家には永仁元年と記された伝日像筆の「板曼荼羅」と共に貞応二年（一二二三）「船法度」や慶安四年（一六五一）「三カ国浦々通行許可状」、延宝五年（一六七七）「加州・能州・越中浦々通行札」などの海運史料を伝存している。このような伝承や伝存する史料などからは、七尾港が古くから日本海交易の要衝となっていたとみることができる。

【史料三】「竜樹歴代師承伝　日像菩薩」

「（前略）同年（永仁二年）三月観光京師、途歴北地之危嶮、而四月之中乃達上都、（中略）初師過北地時、船中有一苦行者、自言能州石動山之上首也、與師抗論宗義、師折以無礙辯、行者嗟倒、盟為徒屬、既而著七尾、行者延師帰石動之房、勧説眞乗、満山徒衆固執不聴、罵言鼓譟、遂及刀杖、清信士加賀遭師行化、隋喜而不欲去、於是乎與其弟某、捨身命護師、而二人同陥鋒刃、於後郷人閔之、乃創練若於其所、為薦冥福、名為本土寺、師避此難、造于同州瀧谷、行者乃従之、於是師親執杖、倒挿岩間、而告行者曰、我有所誓、此木植根、就此地建一宇乎、乃與行者別去、不幾果生芽、即槐樹也、行者感喜、普告老少、遂成寶坊、號曰妙成寺、行者名日乗、即為其第一世也、（下略）」

応永十五年（一四〇八）、能登国の守護となった畠山氏は、応仁・文明の乱以後には三代義統が在国守護となった。畠山氏は、七尾湾の南東部に延びる石動山系の麓に広がる矢田郷付近に守護所を置き、能登国経営の拠点とした。

永正期には能登で一向一揆や国人、土豪らによる内乱などもあり、石動山系の山岳に七尾城を築き、その麓に城下町を形成した。この内乱は、永正十年（一五一三）から同十二年にかけて能登における一向一揆と国人・土豪の反乱である。「七尾」という地名は、永正十一年付けで畠山氏奉行人から大呑北庄百姓中へ出された戦功褒賞の書状にみられるものが初見となっている。

能登に在国する畠山義統は、文明十二年（一四八〇）に京都から歌人招月庵正広を呼び寄せており、その時の様子を記した正広の歌集には、

【史料四】文明十二年『松下集一』

「（前略）次年の七月すえ、能州府中左衛門佐（畠山義統）状を給て下て、瀬良志と云所に、木像の人丸あり、そのほか浦々をも見侍るへきよしあるに、（中略）九月四日、遊佐美作守統秀、津向とて、北の磯山に小庄のある所にて、一座すすめし中に、海辺新秋、秋のきて興つに向う宿とへハ風おさまりて立浪もなし、（中略）古寺残灯、此浦の南の小嶋補陀羅具のハしめハこれか残るともし火、小嶋の観音とてましますをよめり、（後略）」

と七尾湾の景勝について記している。瀬良志は万葉集で詠まれた机島の対岸にある村であり、義統は風光明媚な七尾湾とその浦々の景勝を称えている。七尾へ来た正広は七尾湾で舟を浮かべて沿岸の浦々を詠む雅遊を楽しんでおり、湾内を自由に航行できる状況であったことが知られる。

また、明応八年（一四九九）には、能登の中居鋳物師藤原國次次郎左衛門尉作の梵鐘が越後の能生の白山神社に納められている。さらには、義統から代を継いだ畠山義元が、永正十二年（一五一五）に白山社の本殿を造営しており、古くから能登と越後は非常に結びつきが深かったことが確認できる。

七代義総の時代には多くの文人墨客が京都から七尾へ訪れ、文芸活動が繰り広げられる。永正十四年から翌十五年にかけて能登府中に滞在した和歌宗匠家の冷泉為広は、そのときのことを日記に記している（史料五）。

【史料五】永正十五年「為広能州下向日記」

「一、永正十五年三月廿九日　善光寺参詣ノ路
次能州間脇ニ一宿シテ、明ル日小木へ着、一宿、（中略）
一、三月廿五日、能トヲ立テ、ウタノ浜（中略）
一、三月廿六日、今日能登ノオギヲ立テ、是ハ廿五日ニノウト云ヨリ立テ、越後国ノ山ノシタト云所ニテ、（中略）
一、ノウト云所ニ一宿シテ、（後略）」

能登を訪れていた冷泉為広親子が途中に長野の善光寺へ行く際に、能登の小木から能生へ渡る経路をとっており、このルートが当時の能登から越後へ向かう重要な航路となっていたのではないかと思われる。

また、天文十三年（一五四四）に七尾を訪れた京の禅僧彭叔守仙が記した『独楽亭記』（史料六）には、

【史料六】天文十三年『独楽亭記』（「猶如昨夢集」所収）

「（前略）茲顧七尾之有絶境、懐太守之恵、而移家山下者、千門万戸、与城府相連、殆一里程余、呉綾・蜀錦・粟米・塩鉄、有行商、有坐賈、山市晴嵐也、大寧・安国、鐘声互答者、烟寺晩鐘也、北望海之滸、或号熊来・湧浦、或号松百・石崎、或号屏風崎・世良志、村々傾蓑笠、浦々舞槎竿者、漁村夕照・遠浦帰帆也、（後略）」

七尾城の麓から一里にわたって城下町が形成されていたことが知られる。七尾城の麓から七尾港付近までの城下町では座で売買される多くの物資などは陸路や海路を経て城下町に入ってきたと思われる。このことからも七尾湾内では珠洲焼や中居の鋳物製品、塩鯖、海鼠腸といった古代からの名産品なども多く流通しており、七尾港は守護所と直結して能登の産物が集積する日本海交易の物流拠点であったとみられる。

また、羽咋市に所在する能登一の宮気多大社で中世から続いている奇祭鵜祭りは、富山湾に突き出た崎山半島先端の鵜浦《うのうら》町鹿渡島《かどしま》から、約四〇キロ離れた気多大社まで生きた鵜が運ばれ、ロウソクのみがともされた本殿で鵜を放して、案上に止まるまでの動きから次の年の吉凶を占う神事である。この神事は毎年十二月十六日の早朝三時に行われる奇祭で、平成十二年（二〇〇〇）に「気多の鵜祭りの習俗」として国指定重要無形民俗文化財に指定された。

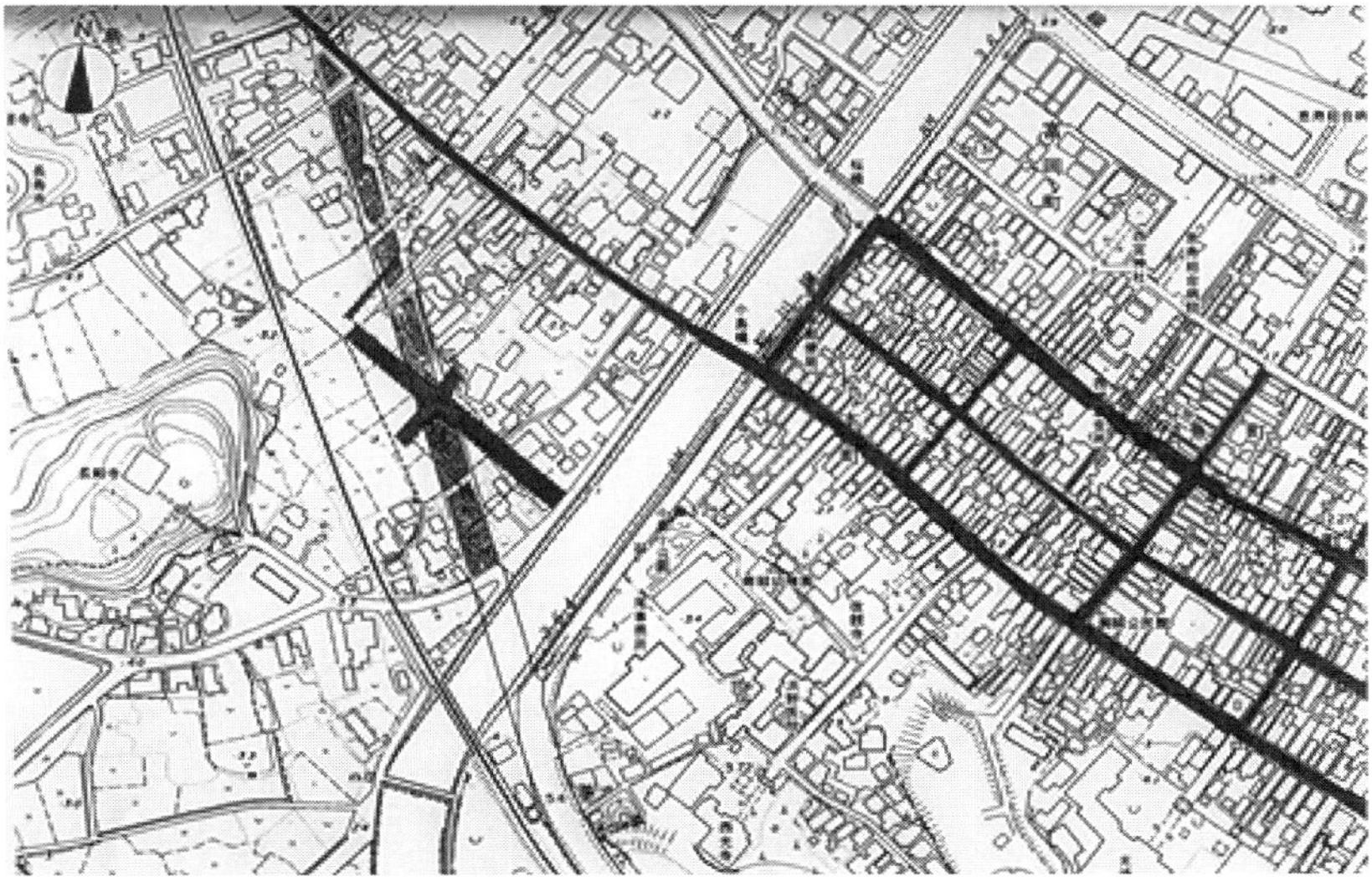

図1　16世紀（前半〜中頃）遺構群と七尾市街地比較図
（「七尾市小島西遺跡」より転載）

その鵜は神事が終わると神社近くの海岸で放され、言い伝えでは放された鵜は越後の能生へ行くとされている。このことからも能登と能生は古くから密接な関係があったのではないかと推測できる。

三　中世港湾都市七尾の様相

七尾の都市景観についてみてみると、現在の街並みは港に面して東西に長く、南北が短い長方形型をしている。この城下町は前田利家が七尾城山麓にあった城下町を現在地に移して形成されたとされている。当時の城下町の海岸線は市中近くまで迫っており、寺社が塩害を被ることが多かった。現在、小丸山城址公園北側に所在する浄土真宗本願寺派の光徳寺は、所口町《ところくち》の起点となっていた塗師町に所在していたが、幕末に海水の浸水被害のために現在地へ移転したほどである。

中世の都市景観については、その時期を詳細に物語る絵図や文献史料を見出すことができず、考察の域を出ていないのが現状である。そのなかで、室町期の連歌に詠まれる景勝地には「小島の観音」や「津向の北

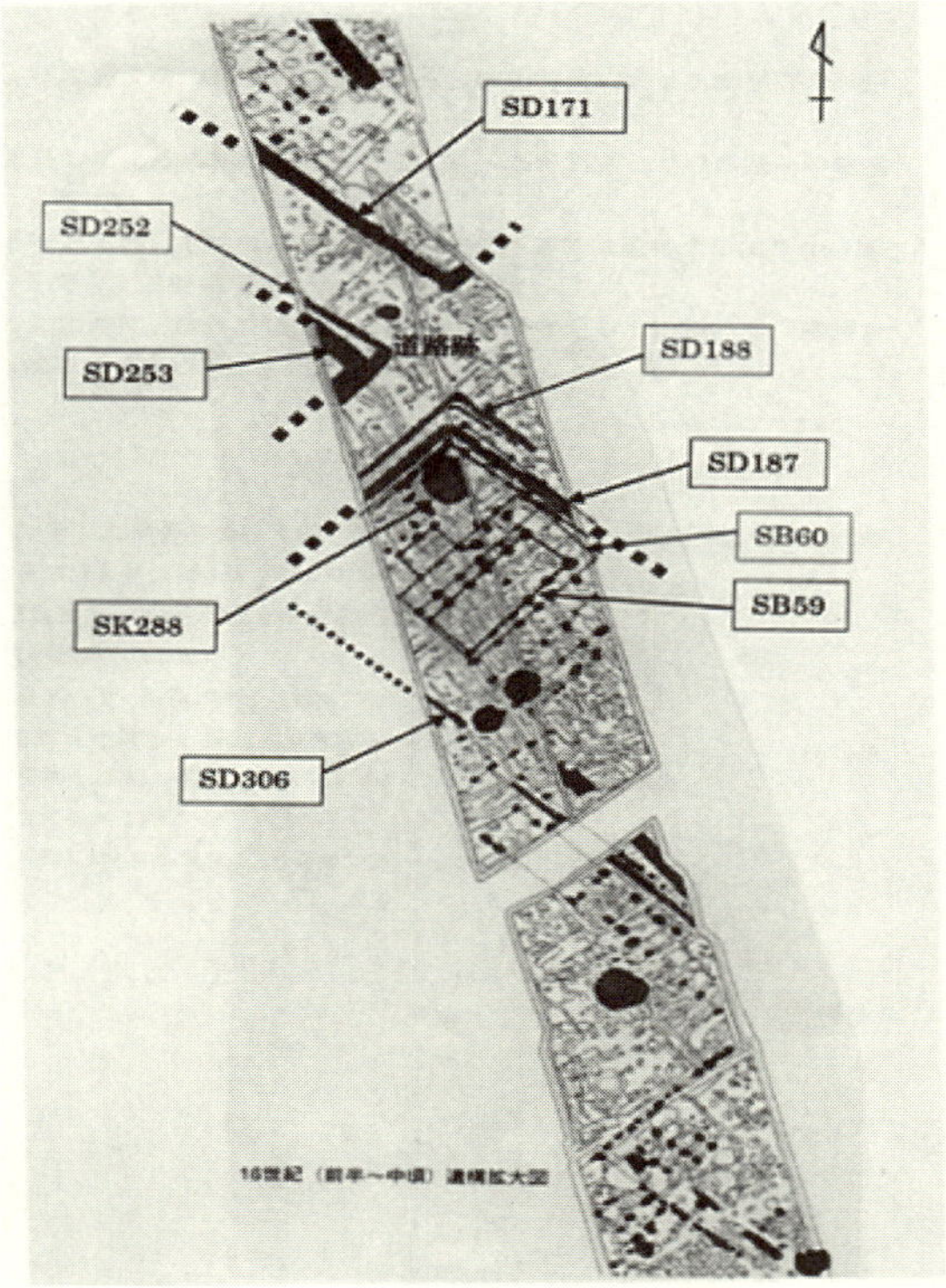

図2　中世遺構拡大図（「七尾市小島西遺跡」より転載）

の小庄」など七尾市街地の西側に位置する地名が記される。市街地西側に流れる川は、市街地中心部を流れる御祓川の放水路で、通称桜川と呼んでいる。この桜川河口は、昭和三十七年（一九六二）に病院建設で発掘された「小島遺跡」が所在し、小運河的要素をもった溝状遺構が確認されている。溝状遺構からは十六世紀前半代の土師皿が多数出土したことから、この遺跡は近世七尾の初期港湾の遺構として注目された。この運河的要素に付随する都市景観の一部として平成十四年（二〇〇二）から同十六年にかけて発掘された小島西遺跡では中世の町家遺構が検出されている（図1・2）。

この小島西遺跡の町家遺構は、現在の七尾市街地の町割り（街区）に並行しており、近世の七尾が、戦国期には西側に重要な港湾機能をもっていたことを示唆する遺跡でもあり、能登畠山氏の府中館やそれに付随した城下町と連動して港湾機能もこの地域で形成されていたのではないかと考えられている。また、小島西遺跡からは多くの人形や斎串が出土しており、「国・郡・津などの官衙が関与する祭祀が行われた可能性」を想定させる祭祀遺跡としても注目されている。このことから前田利家が小丸山に城を形成した十六世紀後半以降には、港湾機能が西側から東側へと移行して近世七尾の町場空間が形成されていったことを推測させる。

四　近世の七尾港

天正九年（一五八二）、前田利家が能登一国を織田信長から与えられ、その居城を七尾港に近い小丸山に築く。それまで東側の山麓付近に形成されていた七尾城下は七尾港を玄関口とする港湾城下町に整備されていった。天正十一年に利家は金沢に居城を移すが、利家は能登を守る兄安勝に指示して七尾港から多くの軍事物資を輸送させている。天正九年段階で七尾湾入り口に位置する三室村での船の個人的使用について制限を加えている（史料七）。

天正十年の越中魚津城攻めでは、その様子が軍記物で記されている。そこでは海上戦の様相をうかがうことができ、能登と越後を多くの船が自由に行き来する状況を知ることができる（史料八）。この魚津城攻めでの物資流通では、能登の松波と穴水、府中から船を一艘ずつだして米や藁を送らせている（史料九）。また、七尾湾に近い低丘陵の小丸山に築城するための資材を、穴水から船によって調達させており（史料十）、七尾湾内と湾から日本海側へ出入りする流通海運機能は、非常に発達していたといえる。

【史料七】天正九年　前田安勝書状写

「追而申候、又左衛門為御礼安土へ被上候条、我等ゟ先申付候、当村船幷人足之義、私として召遣候旨、其聞へ沙汰之限ニ候、此方用所於有之ハ、以書付可申遣候、萬一無書付候ハゝ、如先々船賃取之舟可越候、其上不謂事申候者、急度可注進者也、

十月十日　　五郎兵衛尉安勝判

ふくら百姓中」

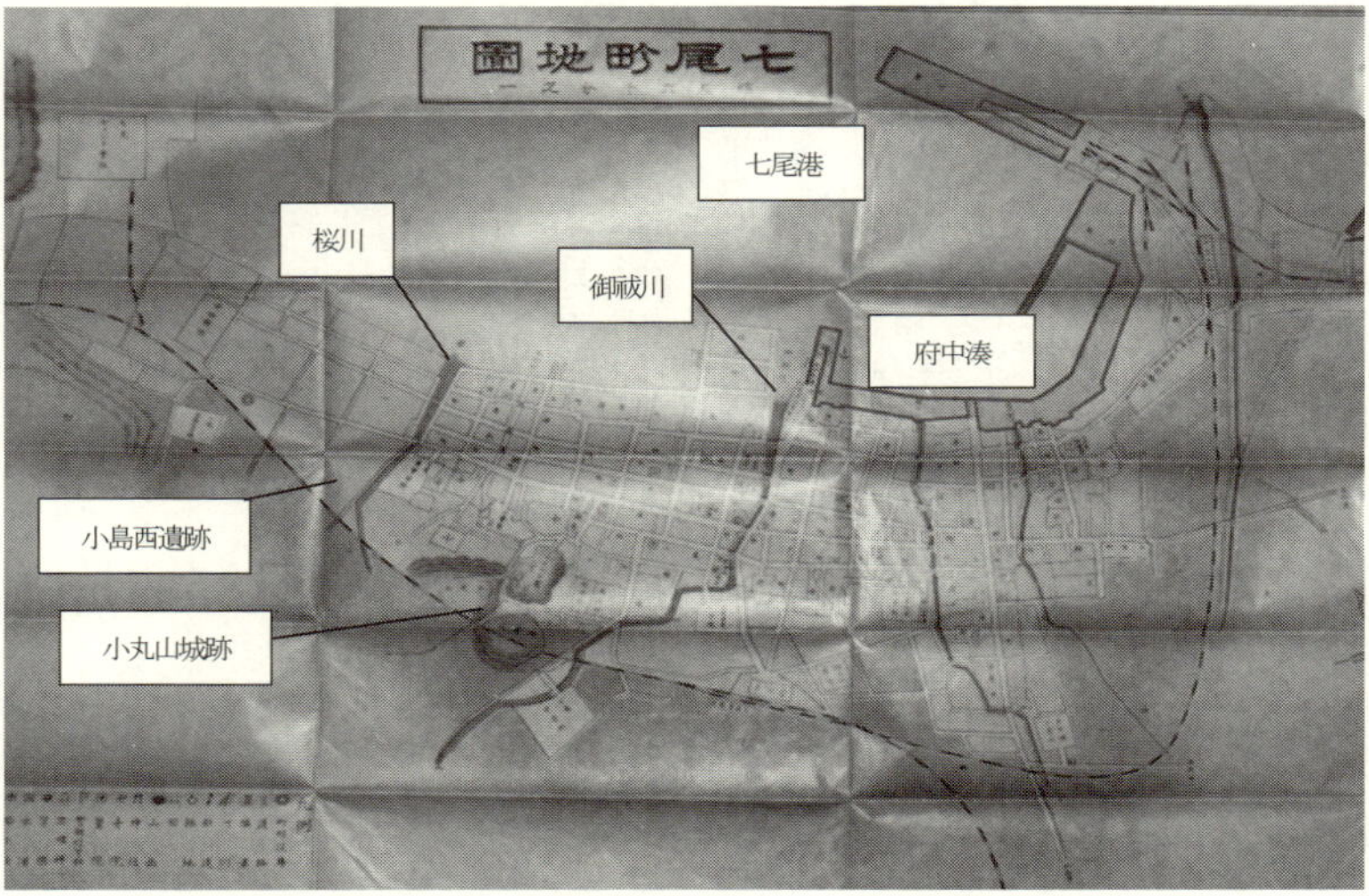

図3　昭和9年（1934）　七尾町絵図

【史料八】文政十三年「翁物かたり」（七尾市大地主神社所蔵）

「（前略）去程ニ黒滝与市、越後国郷頭浦より兵船数百艘に出帆シ、能登珠洲郡棚木ノ城ニ盾籠リ能州一国ヲ奪ヒ返サントス、（中略）因幡ハ船手ヲ指麾シテ惣勢都合三百余騎、海陸ヨリ推シ寄セントス、（中略）鈴木因幡は鹿渡島に船揃し、十六日早天小木ノ湊ニ押シ廻シ相図遅シトマチ居タリ（後略）」

【史料九】天正十年　前田利家書状

「猶以、先度も如申候、夕雲あきたへ被越候、舟之事、此方より鷹取ニ遣候舟ニハかまい不申

候、調之舟運賃之儀者、惣なミたるへく候、但、我等より申越事候間、自余ニ替可申□候、其段御分別候て、可被仰付候、便船御座候者、其舟ニのせらるへく候、舟調候者、塩つませ可遣候、其舟ニ夕雲のせ可申候、返々、わら之事、俵千程之用候、わら何程にて、たハらいか程との義、大かたつもらせ候て可給候、以上、態令申候、仍松並舟一艘・府中舟一艘・穴水舟一艘、以上三艘遣候、弐艘ニ者、米積次第つませ候て可給候、一艘ニ者、わらをつませ候て可給候、今一艘、跡より遣候間、其舟ニも米つませ候て可給候、将亦、

俵之事、在々へ申付候、先書如申候、奉行被仰付、府中にて請取、まハり舟を以、早々可給候、何も堅可被仰付候、恐々謹言、

五月七日　利家（花押）」

【史料十】天正十年　前田利家書状写

「已上、急度申遣候、当城之用、へいはしら並なるきらせ、其地之以舟、早々可越候、急用候間、於延引者可為曲事者也、

六月廿七日　利家（黒印影）

穴水百姓中」

天正十一年（一五八三）に利家が金沢へ移り、金沢城の天守を築城のために越前敦賀の高嶋屋に米や鉄を輸送させており（史料十一）、この時期になると大量輸送が可能になっていることがわかる。この後も天正十八年には米五〇〇〇俵を川中島まで、文禄五年（一五九六）には炭一〇〇〇俵と塩二〇〇〇俵を敦賀へ、塩一〇〇〇俵を金沢の宮腰から尾山城（金沢城）へ輸送しており、日本海側での交易が盛んに行われていたことを知ることができる。

【史料十一】天正十四年　前田利家書状

「去朔日之書状、具披見候、

一、米之売ね不相替之由、先以尤候、殊美濃・尾張へひけ候ニ付て、米はか行候由、可然候、時分の事候間、無由断可申付候、米をハ追々可遣候、

一、松任米千五百俵之舟も着岸之由、尤候、

一、大豆事申越候、即申付、千俵計上候、よきやうニ可相計候、

一、去年かい置候くろかね、如日起下候へく候、天守をたて候ニ付て入申候、早々まち申候、幸の事候間、由断有ましく候、

一、其元様子、細々可申越候、
一、米をのほせ候ハんも、船なく候て不自由候、高嶋屋令相談、船を下候へく候、米ハ舟次第候、委細渡辺彦左衛門尉可申候、謹言、

六月七日　(朱印)(前田利家)

高嶋屋伝右衛門尉・横地藤介殿

また、利家は慶長四年（一五九九）に佐渡の金山へ堀子として渡ることを禁じ、慶長七年には能登の浦々の船に「私として」他国に行くことや水夫として他国に雇われることを禁じており、物資だけでなく人的交流も盛んに行われていたことがうかがわれる。

このほかに七尾港に面する府中町には慶長十七年に船税減額を伝えた「船頭櫂数引き達」や慶長十八年の「能登国船役定」が残されており、日本海側での海運の中心的な交易拠点となっていたことが確認できる。また、万治二年（一六五九）にはすでに佐渡へ七尾酒が運ばれていたことや、寛文四年（一六六四）には七尾の商人が南部藩田名部の佐井村で材木商を営んでいたこともあり、北への下り航路の交易も盛んに行われていたことが知られる。

このほかの能登と越後のつながりとして、七尾市能登島野崎町字小浦《おうら》との関係があげられる。小浦村は、江戸時代の野崎村の枝村であったが、慶安年中に一村全体で越後国蒲原郡へ逃散している。逃散した場所が上越市塩浜町であり、塩浜へ逃散した小浦村の人たちが塩造りをして村を開いたことから塩浜の地名が付いたといわれている。その縁で現在でも能登島町と塩浜町が交流を続けている。能登では西風や南西の風が吹くと船で新潟や佐渡への渡航時間がすごく短縮されるといわれており、この風で流されるとちょうど上越あたりにたどり着いたのではないかと思われる。古代またはそれ以前からも連綿として能登と越後、佐渡のつながりは深く、それは物資だけでなく人的交流にもつながっており、日本海交易の主要な海の道として成り立っていたといえよう。

【史料・図版】

〔史料一〕石川県・加能史料編纂委員会『加能史料 奈良・平安Ⅰ』一九八二年
〔史料二〕七尾市『新修七尾市史』14通史編Ⅰ 二〇一一年
〔史料三〕石川県・加能史料編纂委員会『加能史料 鎌倉Ⅱ』一九九四年
〔史料四〕七尾市『新修七尾市史』2古代中世編 二〇〇三年
〔史料五〕朝日新聞社『冷泉家時雨亭叢書 為広下向記』二〇〇一年
〔史料六・八〕七尾市『新修七尾市史』7七尾城編 二〇〇六年
〔史料七・九・十・十二〕七尾市『新修七尾市史』3武士編 二〇〇一年
〔図版1・2〕石川県教育委員会・(財)石川県埋蔵文化財センター『小島西遺跡』二〇〇八年
〔図版3〕七尾町役場「昭和九年版 七尾町勢要覧」一九三四年

【参考文献】

七尾市『図説 七尾の歴史』二〇一四年
千田嘉博・矢田俊文編『能登七尾城 加賀金沢城〔中世の城・まち・むら〕』新人物往来社 二〇〇六年
拙稿「七尾市番匠家所蔵 貞応二年船法度について」『加能地域史第64号』所収 加能地域史研究会 二〇一五年

中世越中の湊と水上流通

松山充宏

はじめに

本報告は、放生津（現・富山県射水市）からみた中世日本海交易の変遷を整理する試みである。放生津は、能登半島の内海である富山湾の南西部に位置する港町である。越中国内で院政期から現在に至るまで港湾機能を唯一継続している都市でもある。また、海上交通に連関する越中の内水面交通も、院政期に入部した摂津渡辺党の動向を通じて整理した。この報告はすべて久保尚文をはじめとする先学が蓄積してきた研究成果を踏まえたものであり、報告の冒頭においてその学恩にあらためて謝意を表するものである。

一　越中の中世の始まり

承暦二年（一〇七八）越中国の南西部を占める砺波郡に、円宗寺領石黒荘が成立した。円宗寺は後三条天皇の御願寺として発足し、北京三会を行う大寺院であった。広範囲を有した石黒荘十郷は、同寺最勝会・法華会の料所とされた。この石黒荘の成立は、越中における院の荘園支配の端緒であり、中世越中の始まりを告げる画期となった。

その後も越中において院権力がかかわる立荘は相次いだ。

越中国府の東には、放生津潟（現・伏木富山港新湊地区周辺）を中心とする射水平野が存在した。この潟の東に寛治四年（一〇九〇）に賀茂御祖神社領射水郡倉垣荘が設けられた。この立荘は白河院政における下鴨・上賀茂社崇敬があり、射水郡を支配した古代豪族である射水氏出身の官人だった三善為康が立荘に関与していたと考えられている。

放生津潟は、『万葉集』に「あゆの風いたく吹くらし　奈呉の海人の釣りする小舟漕ぎ隠る見ゆ」と越中国守大伴家持が天平年間に詠じた奈呉の江の一部であり、北側に形成された砂丘によって閉じられてできた潟湖とみられている。潟の西北には、唯一の吐水河川にあたる放生津内川が形成され、その流れは越中国府の東を流れる射水川河口まで続いていた。この放生津内川周辺に存在した漁村が奈呉である。

十二世紀以後、放生津内川が射水川に注ぐ位置に六渡寺湊が成立した。国府津である伏木の対岸に位置する六渡寺湊は山王神人が進出し、国衙の沙汰所を務めるなど国衙権力の湊であった。大治四年（一一二九）日吉社は知行国主である徳大寺家に対し、六渡寺の山王神人に対する便宜を求めている（史料一）。崇徳天皇・後白河天皇の外戚で院近臣となった徳大寺家は、越中国射水郡・砺波郡・婦負郡に家領を設定し、同じ院近臣層の三条家も越中国新川郡に家領を獲得している。これら院権力が関与した荘園の年貢を運ぶための流通網も、山王神人らを軸に再整備されていったとみられる。現在も六渡寺（現・射水市庄西町）には日枝神社があり、院政期に遡る作風を有する釈迦如来像も含めた山王三聖の三尊を安置している。

【史料一】（大治四年・一一二九）日吉社禰宜祝部某書状（文化庁蔵「医心方」紙背文書）

上啓　案内事

右、依沙汰前々雖申承候、其後不候指事之間、不申案内候、何等事候覧哉、抑当社之神人者、雖居住於諸国、於在家公事者、皆被免除候処也、於当国は年来之間所被免除候也、而当御任始藍役被宛負之由、神人等訴申候処也、雖須言上於国司、依為少事不言上事由□□□六度寺神人者、御沙汰所ニ被免除候了、任其例令免除給者、尤所仰也、恐々謹言

九月十九　　禰宜祝部（花押）

謹々上　越中御目代　殿

山王神人の流通網は十三湊〜敦賀湊に広がっていたことがすでに知られている。越後でも直江津日吉社や豊田荘（新潟市）の事例（史料二）があげられる。

【史料二】建仁二年（一二〇二）近江国日吉社大津左右方神人等解写（「江藤文書」）

日吉社大津左右方神人等解、申請本社裁事

請殊蒙社恩、令言上貫首政所、経　上奏、召上其身与神人遂対問、任犯科軽重、被糾狼籍真偽、為越後国豊田庄地頭字開瀬五郎義盛、侮朝章、蔑神威、搦取不誤神人清正身、加禁誡、行科料、封納住宅、所持神物追捕取、於其私宅者、以已嫡男開瀬大郎令沙汰居、加之、奪山王三聖御正体天、成破損、踏入泥中、三十余人神人等、或加刃傷、或令凌礫、悉剥取着衣等、還出濫訴、遮経院奏、未蒙御裁断、剰召鉤神人等、付縄差竹綱、将参鎌倉吟歎罔極子細愁状、

（中略）

二　港湾都市放生津の変遷

土地調査や古絵図によれば、放生津内川に付随する小規模な潟（仮称・西潟）が、六渡寺の東に江戸時代中期まで存在し、「舟付」という小字もあった。院政期以後、放生津の上流部で徳大寺家領をはじめとする荘園知行が展開したため、年貢運搬の必要性から西潟周辺に積荷施設が成立したとみられる。建暦二年（一二一二）以前には奈呉に越前気比宮領が設けられていた（史料三）。これが事実上の中世放生津湊の創始とみなしてよいだろう。

【史料三】　建暦二年（一二一二）越前気比宮社領所当米等注進状（「敦賀郡古文書」）

気比大神宮政所

注進　御神領作田所当米已下所出物等惣目録事

（中略）

一　越中国奈古浦

布十五反、鮨桶六口、平割鮭十五尺

貢神鮭七十五尺貢神之後、以直会神官等支配之、　人料鮭随漁得之

（中略）

一　領家得分

（中略）

布十五反、奈古浦進（中略）、人料鮭随漁得越中・越後国進、

（中略）

右、当社一年中所当米已下所出物等、且依往古之例、且任当時弁（済）之実、註進如件、

建暦二年九月　日　　　勾当兼金宮祝散位角鹿

（以下省略）

先述した山王神人の流通網も、摂津渡辺党出身で神護寺再興を期した文覚によって再組織を図った形跡がある。鎌倉時代初期、放生津の上流域にある徳大寺家領般若野荘の年貢は射水川の上流部にあたる庄川中流域の川湊「広神」「アサエ」（現・射水市広上）から若狭国多烏浦へ運ばれていた（史料四）ことや、先述した石黒荘の年貢が大津で押領された事例（史料五）も検出できる。

【史料四】　文永七年（一二七〇）秦守高注進状（秦文書）

注進　此多烏浦ハ去伊なんはの◯《時貞ノ》権守殿御時、成重しん検校多◯《烏》立始可蒙仰候て、立始所也、（中略）又其後に越中□野・ひろかミ・あさいの後米つき候しによりて、門楽生人ノかの後米つき候へはとて、西津のかた庄とうち入ラレ候也、門楽生人《（文覚上人）》のもかんのあとニて、ゐんの御庄に成て、二十三年ゐの御庄と成候ぬ、おきのゐんの御らんより後ハ、本ノことく、如此候者也、去武成秦大夫のつたへをもち候て、守高与七十九まてハつたへ候ぬ、此より後のために如此ノ注状、如件

文永七年〈才次庚午〉三月廿四日　秦守高（花押）

【史料五】　文永八年（一二七一）石黒荘山田郷雑掌申状案（名古屋市蓬左文庫所蔵「斉民要術」紙背文書）

□□《（越中）》国石黒庄内山田郷雑掌申

□安東平右衛門入道蓮聖令違背関東御式条旨、相語□□門悪僧暹尋僧都〈横川庄、号正智房大進僧都、〉於近江国堅田浦、点定

□□色御年貢運上船、令移取若干勝載物等、無謂子細事
□進
□通　関東御式条案弘長二年　可停止山僧寄沙汰事
（中略）
文永八年四月　日　山田郷雑掌上

こうした六渡寺・奈呉地域の経済拠点化に伴い、十三世紀になると鎌倉幕府は国衙勢力の拠点である伏木と六渡寺を避けるかたちで守護所を東に成立した放生津へ置き、守護を世襲した名越北条氏が越中に入部している。名越氏は幕命を遵守して港湾管理を行った（史料六）。

【史料六】　弘安七年（一二八四）越中・越後守護名越公時施行状（『中世法制史料集』一）

条々　諸国一同被仰下畢
一　河手事
一　津泊市津料事
一　沽酒事
一　押買事
右四ケ条、所被禁制也、於河手者、帯御下知之輩、不及子細之由、先日雖被仰下、同被停止畢、守此旨可被相触越中・越後両国、若令違犯者、可令注申給之由、被仰下候也、仍執達如件
弘安七年六月三日　沙弥（花押）
肥後宮内左衛門尉殿

十四世紀には、地名の「放生津」が初見となる（史料七）。放生津は放生会が行われる津という地名由来である。放生会の場となったのは、放生津湊の東端に位置し、守護名越氏の社殿造営伝承を有している惣社の放生津八幡宮（現・射水市八幡町）とみられ、現在も秋季祭礼時に執行されている。また同時期に、律宗の禅興寺・臨済宗の興化寺・時宗道場が放生津郊外の水辺に創建されている。

【史料七】「遊行上人縁起絵」七巻二段（正応五年・一二九二ごろ）
越中国放生津にて、南条九郎と云ひける人まうてゝ申ていはく（中略）

他阿の法を聞いた南条九郎は、得宗被官の南条一門とみられる。得宗権力と放生津の親近関係は嘉元四年（一三〇六）「関東御免津軽船」の略取事件からもよく知られている。この事件は越前三ケ浦・三国湊へ到着した東放生津本阿の持ち船を、地元住民が横領し船荷の鮭などを差し押さえたものである。本阿の船が「関東御免津軽船」であったことからその返還訴訟を著しく複雑化させた（史料八）。

【史料八】　正和五年（一三一六）沙弥本阿代則房重訴状（国立公文書館所蔵大乗院文書「雑々引付」）
越中国大袋荘東放生津住人沙弥□阿代則房重言上
欲早本所大乗院家被違背関東御下知数ケ度御教書并六波羅殿数ケ度御催促、不被糺返損物間、及御注進上者、任傍例、可被経御　奏聞、重被成関東御教書於六波羅、大乗院家至御下知違背段者、仰上裁、同御領越前国坪江郷佐幾良・加持羅・阿久多宇三ケ浦預所代左衛門次郎・刀禰十郎権守・又太郎大夫・進士次郎以下輩等、至所押取大船一艘并所載若干等者、任註文、被糺返、於交名人等者、被処重畳罪科鮭以下間事

副進
　四通　関東御下知并御判御教書案
　一合　御文箱（御奉行所在判在之）
右大船者、関東御免津軽船二十艘之内随一也（中略）、而本所大乗院至下知違背之段者、被経厳密御沙汰、於船并鮭及小袖以下損物等者、任註文可被糺返之旨被仰下、至左衛門二郎・十郎権守以下交名人等者、欲被処下知違背罪科、仍恐々言上、如件
正和五年三月　日

十四世紀になると、放生津及び越中国府の北西に位置し、富山湾に面した氷見が湊として登場する。氷見は十二《じゅうに》町《ちょうがた》潟を後背に擁し、十二世紀後半になると近衛家領阿努荘に包摂されていた。また氷見は能登半島を横断する邑知潟地溝帯への交通路の起点としても機能していた。氷見湊にも中世伝承・史跡が多く残される。氷見沖の唐島《からしま》には、放生津興化寺開山の禅僧である恭翁運良が石浮図を設けたといい、久保はこれを船運の目印となる灯台であったとする。運良は法燈派だが、曹洞宗にも関与し加賀大乗寺三世住持となった。久保は、氷見で法燈派と親しい能登永光寺系末寺が拠点となって勧進活動を推し進めたとしている。
　鎌倉幕府滅亡から観応の擾乱期にかけて、越中は守護名越時有の滅亡（史料九）、観応の擾乱に伴う守護桃井直常の反幕府行動などによって守護所・国府はたびたび焼失するとともに、旧来からの国人層もことごとく没落の憂き目を見た。氷見もこの騒乱に巻き込まれ、中世後期の実態を伝える史料も残されていない。

【史料九】　「太平記」巻一一　元弘三年（一三三三）
越中ノ守護名越遠江守時有・舎弟修理亮有公・甥ノ兵庫助貞持三人ハ、出羽・越後ノ宮方北陸道ヲ経テ京都へ責上

ベシト聞ヘシカバ、道ニテ是ヲ支ントテ、越中ノ二塚ト云所ニ陣ヲ取テ（中略）只今マデ馳集ツル能登・越中ノ兵共、放生津ニ引退テ却テ守護ノ陣ヘ押寄ント企ケル（中略）、五月十七日ノ午刻ニ敵既ニ一万余騎ニテ寄ルト聞ヘシカバ（中略）、敵ノ近付ヌ前ニ女性・少キ人ヲハ舟ニ乗テ澳ニ沈メ、我身ハ城ノ内ニテ自害ヲセントソ出立ケル、（中略）

室町幕府の越中支配体制再構築は、大量に発生した闕所地処分から始まった。応安五年（一三七二）放生津湊とその南側後背地である射水郡姫野保（在庁官人層出身の国人とみられる姫野氏の旧領）は、一括して室町幕府三代将軍足利義満の判始によって石清水八幡宮へ寄進され、守護不入の特権も維持された（史料一〇・一一）ことが象徴的な事件であった。

【史料一〇】　応安五年（一三七二）足利義満寄進状（「石清水文書」）

奉寄　石清水八幡宮
　越中国姫野一族跡
右、所寄進之状如件
　応安五年十一月廿二日　左馬頭源朝臣（花押）

【史料一一】　永徳二年（一三八二）室町幕府御教書（「石清水文書」）

石清水八幡宮雑掌申越中国放生津湊船役事、申状如此、子細見状、就注進状、其沙汰了、所詮当湊、為御寄進之地姫野跡内之上者、彼往来船課役、社家宜進止歟、早停止其妨、可被全神用之状、依仰執達如件
　永徳二年三月十八日　左衛門佐（花押）
　　畠山右衛門佐殿

放生津湊と周辺及び上流部には幕府関係者へ所領が新給された。これは幕府が船運に長けた石清水八幡宮勢力による湊の復興を企図し、放生津内川・潟周辺及び近隣河川流通網の再形成を目指したのではないかと考えられる。

永享年間（一四二九〜四一）になると、越中・紀伊守護を兼務する畠山氏が高野動乱に乗じて提携した高野山学侶派を動員し、守護畠山家領となっていた六渡寺湊にあった惣持寺（現・高岡市関町の総持寺）ほか三ヵ寺で守護の権威と権力を示す真言宗の大法要を実施した。惣持寺での法要に限ってその表白に「郡内静謐・武門泰平」が祈念されている。郡という領域提示からみて、武門は守護畠山氏及び郡守護代を想定すべきである。実施の主体として、射水・婦負郡守護代として神保氏が放生津へこの時期にすでに入部していたと推測される。神保氏は高野山を含む紀伊守護代を兼務していた。

【史料一二】　永享七年（一四三五）集福寺堂供養記（名古屋市　真福寺宝生院文書）

一　濱惣持寺供養九月十四日舞楽曼荼羅供請僧等交名

（中略）

一　表白案

夫以両部心王ノ尊像ハ巍〻シテ而烈、千手観音ノ妙躰ハ堂〻而住ス、（中略）爰當寺者斟テ東寺法水ヲ、湛ヘ北海之金波ヲ、扇テ蓮峯ノ餘風ヲ、瑩ク松下ノ玉場、惣構ソ真俗無不収、任持シテ、人法莫シ不化、尤叶ヘリ、陀羅尼宗名講ニ是ニ非ス、真言密教勝地乎、（中略）然忽國中安全、郡内静謐、武門泰平、黎民豊樂、乃至、有情・非情巨益無邊、動物・植物平楽抜済、敬白、

放生津に入部した神保氏は、神保国宗・長誠・慶宗・長職・長住の五代にわたって越中の一大権力として消長を

繰り返した。特に畠山政長の重臣であった神保長誠は、応仁・文明の乱ののち在国し、その間に本拠とした放生津城（射水市中新湊）周辺の再整備を図った。文献史料・遺構・古地図調査によって、放生津城の外構を起点とした道路網の整備と、被官・一族・国人の屋敷、迎賓施設としての寺院整備がこの区画に沿って行われていたことも判明している。

ここで、だれもが想定していなかったことが起こる。明応二年（一四九三）明応の政変によって支援者の畠山政長を失った十代将軍足利義材（義植）は、直臣の手引きで幽閉先を逃れて放生津へ突如下向し（史料一三）、富田正弘をして越中幕府と言わしめた公権が五年にわたり現出したのである。

【史料一三】　「大乗院寺社雑事記」　明応二年（一四九三）八月条

十一日

一、高矢辻子此間自北国罷帰、将軍御所ハ越中ニ御座、七月一日ニ江州ニ御下向、自其越中御下向也、其後能登国守護参申、加賀国同参申、越後上杉以代官申入之、武田ハ細川与申合事在之、自身ハ京都ニ可罷上、若狭一国事ハ御上洛ニ可被召具之之由申入之、近々各仰天、近習者七十人計ハ参申了、所々御内書以下被遣之、大内方へ被仰遣事在之、御返事ハ不承及、罷上云々、

室町幕府十代将軍足利義材の像
（射水市放生津橋）

放生津の将軍御所は『大乗院寺社雑事記』の記載から従来「正光寺」とされていたが、放生津城の南に隣接していた射水郡石丸（現・高岡市石丸）に当時所在した浄土真宗の光正

寺（現・射水市本町）の誤記とみられている。これは記主尋尊が明応の政変時の義材陣所である河内国正覚寺と呼称を混同したためと考えられる。

放生津城周辺では、義材に随行した側近の吉見義隆邸への将軍御成も行われた（史料一四）ことから、将軍に随従した直臣・公家や僧らの宿所が整備されたことは疑うべくもない。また越中最古の都市祭礼である放生津八幡宮の神輿渡御が確認でき（史料一五）ほか、戦国争乱のなか路次不通となった東海道を避けて東日本から西日本へ向かう来往者も増加している。

【史料一四】走衆故実（『群書類従』武家部）

御供衆かちにて打ち込みに参られ候う時も、昔は走衆の供衆の跡にて候いつると存じ候、近年は左様に候はず候、これも御こしかきの三郎右衛門も左様に申し候う事に候う、越中にて嶋御所様（足利義材）吉見殿へ御成候、其の時の打ち込みにて徒歩にて候いつる衆申す分にて候いつる由、慥かに申し候、殿中より彼の亭へは十町余り候いつる、御供衆かちにて候まま、走衆も返股立もとらず、さげ太刀にて候いつるよしに候う、伊勢備中守殿なども御覚え候わんよし、飯川能州申され候う、

【史料一五】明応九年（一五〇〇）ごろ　光厳東海和尚録（富山市　光厳寺文書）

此是吾邦擁護神　金輿廻出放生津　陀羅尼雨菩提雲　悉洗閻浮妄想塵　於放生津

義材下向前後の神保氏の活動は著しい。近隣の寺社領押領によって寺社勢力の懐柔・制圧を図り、国人の被官化も推進した。瀬戸内海運に長じた興正寺系浄土真宗門徒の誘致を図り、放生津にあった専念寺をはじめとする砺波・射水平野の上流部に位置した浄土真宗寺院を興正寺下に属させた。特に神保氏によって流通拠点化が企図されたと

みられるのは専念寺である。同寺は永正十四年（一五一七）に境内を放生津の近郊から放生津西端の浜辺へ移転させられ、境内に対する禁制も受けている（史料一六）。旧来の放生津時衆も同様に保護し、永正十年（一五一三）に焼失した時宗本山清浄光寺の放生津誘致を推進した。このように港湾を拠点に独自性を強める神保氏は主君である守護畠山氏の忌避するところとなり、永正十七年神保慶宗は越後守護代長尾為景の侵攻を受けて自害した。神保氏は一時没落状態となるが、天文十二年（一五四三）に富山へ本拠を移した。

【史料一六】　永正十四年（一五一七）神保慶宗制札（射水市　専念寺文書）

禁制　放生津専念寺
一　甲乙人等濫妨狼藉之事
一　剪取竹木事
一　俗人寄宿之事
右条々堅令停止訖、若有違犯之輩者可処厳科者也、仍下知如件
永正十四年六月　日　越前守（花押）

神保氏が去った放生津城は支城化したが、放生津湊の経済拠点としての地位は維持された。町を東西に横断する越中浜往来に面した八幡宮・神明宮・山王宮・気比宮の四社の門前を中心に、戦災と復興を繰り返しながら町衆による自治・商取引が継続された。神保氏と親近関係を結んできた放生津の町衆は新たに越中支配へ乗り出した上杉氏（長尾氏）にとって経済支配の障害とみなされた。上杉氏は、再興を遂げた伏木とともに放生津を十楽市とする制札を発し、有力町人へ掣肘を加えた（史料一七）ものの、織田氏の支援を受けて越中へ再進出した神保氏が制札をもって上杉の施策を否定する（史料一八）。その後も織田家部将の佐々氏、前田氏と目まぐるしい支配の変遷を

遂げながら、放生津は近世在郷町へ移行する基礎が築かれていくこととなるのである。

【史料一七】天正四年(一五七六)ヵ 上杉家被官連署制札(新潟県 鞍馬寺文書)

覚

(中略)

一 放生津・伏木浜□并船以下用所可申付事

一 放生津十楽市事

(中略)

一 諸役三年之間御用捨之事、但入船者三ケ一地頭へ可申付候事

右如此仰出、被成御判者也、仍如件、

鯵坂 長実

河田 長親

【史料一八】天正九年(一五八一)神保長住制札(射水市新湊博物館所蔵 大西家文書)

制札 放生津八幡領町

同三宮方

一 当町江方々より先規無之旨申懸る輩、くせ事たるへき事

一 おしかひ、らうせき、人かしらとるへからさる事

一 諸うりかいの物、当座に変りを相わたさゝるともから、くせことたるへき事、

一 ひき催促、つけさたあるへからさる事

一 如前々、不入平夫、むねかけ、徳米あるへからさる事

右条々於相違輩者、速可処罪科者也、仍下知如件
天正九年霜月十二日　長住（花押）

三　越中と越後を結ぶ流通網

南北朝時代、本願寺覚如の子である存覚が残した『存覚袖日記』延文五年（一三六〇）閏四月条に、越後柿崎庄（現・上越市柿崎）の教浄・後藤次母子が本尊軸を持参し、存覚が画讃と裏書をしたためたことがみえる。

【史料一九】袖日記　延文五年（一三六〇）閏四月条（『大日本史料』）

延文五歳庚子閏四月日越後国柿崎庄
教浄房子息後藤次同道、本尊和朝増賀書之百疋云々、別儀
両上人之他如信上人、覚—上人マテ奉戴之信空・聖覚略之
恵心文　　太子文
端前〇和八字　端聖〇文八字
（中略）
越中国水橋門徒、越後国柿崎住人尼浄円本尊也
如此二十字軸本ニ一行ニ書了
（系図略）
寂心ハ同国々府ヨリ下ヘ七里、マナコノ人ナリ寂円モ同所人也、教浄房ハ柿崎ノ人ナリ、而ニ寂円ニ嫁シテマナコニ住ス、而ニ国所ノ作法旁アキテ、教浄本居ノ柿崎ヘ帰時、寂円モ伴テ居ス、其後動乱ノ時、寂心モ柿崎ヘ来テ住ス、貞和

三年丙戌十月十七日入滅、五十九、頓滅殊時往生、寂蓮ハ其後家、今年延文五三月十六日逝去、五十五、光念ハ其婿、同四月二日他界、其翌日三日教浄房進発云々、尼浄円ハ寂心女、光念後家也、今本尊主也、次第手継人々ヲモ可載歟之由雖申之、重々有子細、略了

寂蓮・光念二人依教浄望入過去帳、寂証入滅、十月八日歟云々、年号ハ不分、寂心年号モ不分明、一両年歟ト申間、貞和三ト勘了

画讃を書き裏書をする行為は、親鸞の法系が水橋門徒へ続くことを、存覚が承認したものである。水橋門徒とは越中国新川郡水橋（現・富山市水橋地域）に住んだ初期浄土真宗門徒であり、親鸞が越後へ流される際に教えを受けた三坊主がそれぞれ持専寺（現・富山市小見）・願海寺（現・富山市清水町）・極性寺（現・富山市安田町）へ発展したと伝えられている。この史料から、水橋門徒は柿崎と水橋を往来していた流通に携わる集団が中心であったと推定される。『上越市史』では水橋門徒を願海寺門徒としている。しかし願海寺の由緒には本願寺六世巧如期の開基、十五世紀に越後国新井の村上由清が新川郡曲淵（現・富山市水橋曲淵）で開いたと伝えている。齟齬が生じるため、本論では一ヵ寺ではなく水橋門徒という集団の一部と捉えておきたい。

「袖日記」の水橋門徒は真宗・太子信仰を有しているが、三坊主のひとつ極性寺は古い太子信仰を色濃く残している。極性寺は十四世紀に新川郡舘村（現・富山市水橋舘）での開基伝承を有し、滑川、市江（水橋）、友杉、倉垣荘大白石、打出町、そして近世には富山城下へ、と越中国内の数ヵ所を移動したと伝え、延文五年段階には水橋市江に所在していた。極性寺の移転地はいずれも下鴨社・上賀茂社領荘園かその隣接地・関係地という共通性を有していることから、水橋門徒の初期基盤は上賀茂社の御厨や荘園に仕えた賀茂社供御人や鴨社供祭人であったと考えられる。極性寺はこれら有力門徒（流通業者）にあわせて移動したと推定される。

次に『存覚袖日記』貞和五年（一三四九）三月条に、存覚が摂津国舳淵の本尊へ裏書をしたためたことが記され、

その願主の筆頭は後藤次という人物であった。

【史料二〇】 袖日記　貞和五年（一三四九）三月条（『大日本史料』）

舳淵本尊事

後藤次　覚法

覚信

西念

源五

九郎太郎

右馬太郎

藤次郎

右本尊、此等輩同心合力奉図書之間、於惣中奉安置、各可被信仰之条如件

貞和五年己丑三月日

依後藤次所望、如此書与之

打（料）紙一枚□書之

表書云　□尊置文

史料一九と史料二〇を比較した久保は、舳淵の後藤次を柿崎の後藤次と同一人物と指摘した。舳淵は「住吉大社神代記」にも見える古代以来の水運要衝であり、南北朝時代は摂津渡辺党の伝承を有する善源寺荘（建武四年以後は多田院領）の北端に位置した。つまり、この後藤次は渡辺党関係者と考えることができ、越後と摂津を結ぶ流通網・

交流網を想起させるのである。

渡辺党は西国への流通拠点である渡辺津に住んだ源氏であり、鎌倉時代には西国・北陸へ庶流も展開する。越後では鎌倉時代に赤田荘（現・新潟県刈羽郡刈羽村赤田）へ渡辺党が入部し、親鸞に関する伝承のひとつである保田（現・新潟県阿賀野市安田）の三度栗伝説では親鸞に栗を供したのは渡辺勝の妻女とされている。

越中に目を戻そう。越中では院政期に知行国主徳大寺家が渡辺党を目代として登用したとみられ、また渡辺党―摂津源氏―徳大寺家―下上賀茂社は親近関係にあったことが指摘されている。越中の渡辺党の主たる家は鎌倉時代初期に山間資源が多い婦負郡野積保に入った。越中の渡辺党は摂津の渡辺党と連携を図り、越中国内にも展開しつつ畿内との交流を永く保っていた。渡辺党の活動伝承は神通川上流の楡原保、支流の井田川、河口部や常願寺川河口部の新川郡賀積保や上賀茂社領新保御厨、射水平野に加え、越中・加賀国境の街道筋といった水路・陸路の要地に多く伝えられていて、南北朝時代になると南朝から勲功賞として給付されるかたちで公権を得た。なお極性寺の有力門徒として、渡辺綱の子孫と伝える新川郡市江（現・富山市水橋市江）の渡辺氏がある。

【史料二一】 正平五年（一三五〇）後村上天皇綸旨（「渡辺惣官家文書」）

越中国楡原保（富山市楡原）地頭職、為勲功賞可令知行者　天気如此悉之以状

正平五年三月廿七日　左兵衛督（花押）

　瀧口中務少輔館

【史料二二】 興国二年（一三四一）後村上天皇綸旨（「渡辺惣官家文書」）

越中国井水郡東条庄（射水市）地頭職、為勲功賞、瀧口彦次郎義弘可令知行者　天気如此悉之以状

興国弐年正月三十日　左少弁（花押）

【史料二三】興国二年（一三四一）後村上天皇綸旨（「渡辺惣官家文書」）

越中国上津見保（新川郡賀積保カ）、為勲功賞、可令知行者　天気如此悉之以状

興国二年六月十四日　右中将（花押）

瀧口蔵人館

【史料二四】文明十三年（一四八一）獅子頭墨書銘（富山市八尾町布谷　紫野社）

越中婦負郡西野積布谷七社権現御師子

檀那當所本主渡辺学重

文明十三年辛丑四月十一日

作者　佛資五条大佛子第（弟）子　沢前宗次

注目されるのは、史料二一に先立ち、南朝は能登国の邑知潟の吐水口にあたる白井（羽咋）湊郷（現・羽咋市）を宛行っている点である。

【史料二五】正平四年（一三四九）後村上天皇綸旨（「渡辺惣官家文書」）

能登国白井郡内湊郷南北地頭職、為勲功賞、可令知行者　天気如此悉之以状

正平四年三月十五日　右中弁（花押）

瀧口中務少輔館

すでに久保尚文、山本和幸、高橋一樹は邑知潟地溝帯を経由した能登半島縦断交通網に注目しているが、渡辺党への白井郷湊給付は半島横断交通網を前提にしたものと理解すべきだろう。また南北朝期の越中・加賀において南朝から渡辺党へ給付された地は、いずれも旧来からの渡辺党関係者の痕跡がある国衙領・寺社領に近接するという共通性が見いだせることから、きわめて現実に即した措置であったと結論付けられる。

越中の渡辺党関係地は下鴨・上賀茂社関係地とほぼ重複する特徴や、野積保周辺に斎院御所鎮守の七社を複数勧請し、新保御厨の散所とみられる新川郡新保周辺でも開拓伝承を有することから、越中渡辺党は下鴨・上賀茂年貢輸送網も所管していたのではないかとみる。

越中と越後を結ぶ線として、こうした渡辺党や上賀茂・下鴨流通網といったものの存在を仮説として立てた場合、これを裏付ける史料として親鸞の妻である恵信尼の書状一〇通（龍谷大学図書館蔵）の存在をあげたい。文永元年（一二六四）のものとみられる第七通には「もし便りやとて越中へこの文は遣わし候也」とある。高橋が「もしかするとこの手紙が京都へたどり着くということもあろうかと思って、越中国へこの手紙を出した」と解説したこの書状こそ、越後と越中を結ぶ渡辺党らのネットワークを裏付けるものではないだろうか。もちろん、前提のひとつに親鸞を教導した法然が賀茂信仰と深く結びついていたことも既知のとおりである。

また本報告後、久保から親鸞の娘のひとりである高野禅尼は越後国高野（現・上越市板倉区玄藤寺周辺）ではなく、越中国新川郡高野郷に住んでいたゆえに高野禅尼と称したのではないか、との教示を受けた。高野郷は、水橋から立山山麓に至る広い範囲を占めた地域で、鎌倉期は皇室領、南北朝期に三条家領である。また郷の東端にあたる新川郡横江（現・中新川郡立山町横江）には覚信尼ゆかりといわれる親鸞の分骨塔がある（立山町指定文化財）。この塔は現在も願海寺が所管していることが象徴するように、高野郷周辺は初期浄土真宗門徒が展開していた地域である。恵信尼から覚信尼への書状の媒介者が、越中に展開した初期真宗門徒に支えられたもう一人の親鸞の娘であったという久保の所説を広く紹介して報告文を締めくくりたい。

【参考文献】

井上鋭夫『一向一揆の研究』吉川弘文館　一九六三年
新湊市編・刊『新湊市史』新湊市（近岡七四郎執筆部分）一九六四年
富山県『富山県史』通史編Ⅱ中世、同県（久保尚文執筆部分）一九八四年
久保尚文『越中中世史の研究』桂書房　一九八七年
網野善彦「北陸の日吉神人」『日本の前近代と北陸社会』思文閣出版　一九八九年
久保尚文『越中における中世信仰史の展開』桂書房　一九九一年
久々忠義『放生津城跡を掘る』新湊市民文庫一一　同市教育委員会　一九九二年
北日本新聞社編・刊『富山大百科事典』（富田正弘執筆部分）一九九四年
松山充宏「室町幕府奉公衆桃井氏の所領について」『砺波散村地域研究所紀要』一五　一九九八年
久々忠義ほか「中世の放生津について」『大境』一八　富山考古学会　一九九八年
家永遵嗣「足利義材の北陸滞在の影響」『加能史料会報』一一　石川県　一九九九年
久々忠義「中世の城と町と川」『北陸の中世城郭』一〇　北陸城郭研究会　二〇〇〇年
村井章介「中世の北〝海〟道―宮腰津・放生津・直江津」『還流する文化と美』角川書店　二〇〇二年
羽田聡「足利義材の西国廻りと吉見氏」『学叢』二五　二〇〇三年
松山充宏「明応の政変における幕府直臣団の動向」『新湊市博物館研究紀要』二〇〇四年
菅一典「中世期越後国における流通と交通をめぐって」『弘前大学國史研究』一一六　二〇〇四年
山本和幸「古代能登国の駅路」大阪教育大学歴史学研究室『歴史研究』四二　二〇〇五年
氷見市編・刊『氷見市史』1通史編一　二〇〇六年（久保尚文執筆部分）
大山喬平編『上賀茂のもり・やしろ・まつり』思文閣出版　二〇〇六年
杉﨑貴英「高岡市総持寺千手観音像の近代」『博物館学年報』三八　同志社大学博物館学芸員課程　二〇〇七年
久保尚文『越中富山　山野川湊の中世史』桂書房　二〇〇八年

梶川貴子「得宗被官南条氏の基礎的研究」『創価大学大学院紀要』三〇　二〇〇八年
松山充宏「中世砺波・射水の舞楽曼荼羅供―寺院と芸能」『砺波散村地域研究所研究紀要』二六　二〇〇九年
松山充宏「可視聴化された守護権力―越中守護と真言系寺院」『富山市日本海文化研究所紀要』二二　二〇〇九年
久保尚文「越中太田保と管領細川高国」『富山史壇』一六二　二〇一〇年
久保尚文「越中守護畠山満家考」『富山史壇』一六五　二〇一一年
松山充宏「渡辺党の越中入部」富山民俗の会『とやま民俗』七五　二〇一一年
松山充宏「聖教が語る経済交流―海と川に広がる賀茂信仰」富山市日本海文化研究所『富山市日本海文化研究所紀要』二四　二〇一一年
萩原大輔「足利義尹政権考」『ヒストリア』二二九　二〇一一年
松山充宏「越中渡辺党の中世―神通川水系に広がる伝承」富山市教育委員会『日本海文化研究』二〇一二年
松山充宏「本法寺『絹本著色法華経曼荼羅図』裏書」前掲『日本海文化研究』二〇一二年
松山充宏「越中都市祭礼の創始―中世放生津の神輿渡御」『富山史壇』一六八　二〇一二年
松山充宏「中世と近世が混在する放生津築山」『とやま民俗』七七　二〇一二年
久保尚文「中世富山湾岸の災害と復興」『富山史壇』一六九・一七〇　二〇一三年
射水市教育委員会編・刊『富山県射水市　放生津八幡宮築山行事・曳山行事調査報告書』二〇一三年（松山充宏執筆部分）
金三津英則・松山充宏「中世放生津の都市構造と変遷」仁木宏ほか編『中世日本海の流通と港町』清文堂出版　二〇一五年
久保尚文「永正一四年の放生津専念寺禁制考」富山仏教学会『我聞如是』一二　二〇一五年
原口志津子『富山・本法寺蔵 法華経曼荼羅図の研究』法藏館　二〇一六年
山田康弘『足利義稙』（中世武士選書三三）戎光祥出版　二〇一六年
舟橋村編『舟橋村史』同村　二〇一六年（久保尚文執筆部分）
松山充宏「視覚化された信仰の系譜―専念寺の和朝先徳連坐像」『富山史壇』一八〇　二〇一六年

善光寺門前町と北東日本海交通

田中暁穂

一　中世における善光寺

中世において善光寺およびその門前町は、宗教と経済・政治の核の一つであり、それは信濃のみならず、日本海と関東・東海を結ぶ交通の要衝であることもその要因の一つである。古代には越後へ向かう東山道支路が善光寺周辺を通ると想定され、また中世鎌倉街道上つ道のルート上にも位置する（図1）。

善光寺の創建は不明であるものの、善光寺周辺の発掘調査の成果により、八世紀代、信濃国分寺よりも遡る郡寺段階である可能性も指摘されている。[1] 元善町遺跡内では古代瓦が大量に出土しており、これらの瓦と同文様の瓦が浅川扇状地遺跡群牟礼バイパスB・C・D地点の九世紀後半の竪穴建物跡から出土している。また文献史料上では、十世紀成立の仏教説話集『僧妙達蘇生注記』に「水内郡善光寺」と記されるものが最初である。これらの資料により少なくとも九世紀後半には善光寺が成立していたということがいえる。平安時代まではおそらくは地方の一寺院であった善光寺は、十一世紀末に園城寺の末寺となったのを契機として、次第に中央での知名度が上がり、『扶桑略記』『伊呂波字類抄』などに「善光寺縁起」が引用されることにより、阿弥陀如来を本尊とし、女人救済思想を背景とした善光寺信仰が広がりをみせる。鎌倉時代に入ると、源頼朝の崇敬・庇護を受けるようになることで、武士層の信仰を受けるようになる。治承三年（一一七九）には善光寺が火災により焼失したが、文治三年（一一八七）には頼朝により信濃国内の御家人に対して再建が命じられている。

善光寺は信仰ばかりでなく、政治的にも重要な場であったことが史料から窺える。至徳四年（一三八七）守護代二宮氏泰と対立する国人勢力が善光寺で挙兵したことが次にあげた軍忠状にみられる。

市河頼房軍忠状（「市河文書」）

　市川甲斐守頼房申軍忠事

右、当国信州、凶徒村上中務大輔入道（頼国）・小笠原信濃入道（清順）・高梨薩摩守（朝高）・長沼太郎（島津国忠）以下輩、

至徳四月廿八日引率数多勢、於善光寺捧義兵、閏五月廿八日守護所平芝（水内郡）寄来間、（略）

四、

この軍忠状に現れる守護所は、この時善光寺近辺にある平芝に所在した。鎌倉時代には善光寺周辺に後庁が置かれ、眼代（目代）が所在することが『明月記』安貞元年（一二二七）九月二十五日条に記される。後庁については国府の出先機関とする説や国府の移転を想定する説がみられる。[2] また文正元年（一四六六）成立とされる、僧尭深の『大塔物語』には、小笠原長秀が信濃守護として入部し、善光寺に入るようすが描かれる。このように守護の入部や挙兵など政治的に重要な場として善光寺が選択されていることは、当時の在地社会において善光寺が特別視されていたことを示唆している。

門前町の成立について確実な資料は未だ発見されていないが、十三世紀の「一遍上人絵詞」では参道沿いに建物

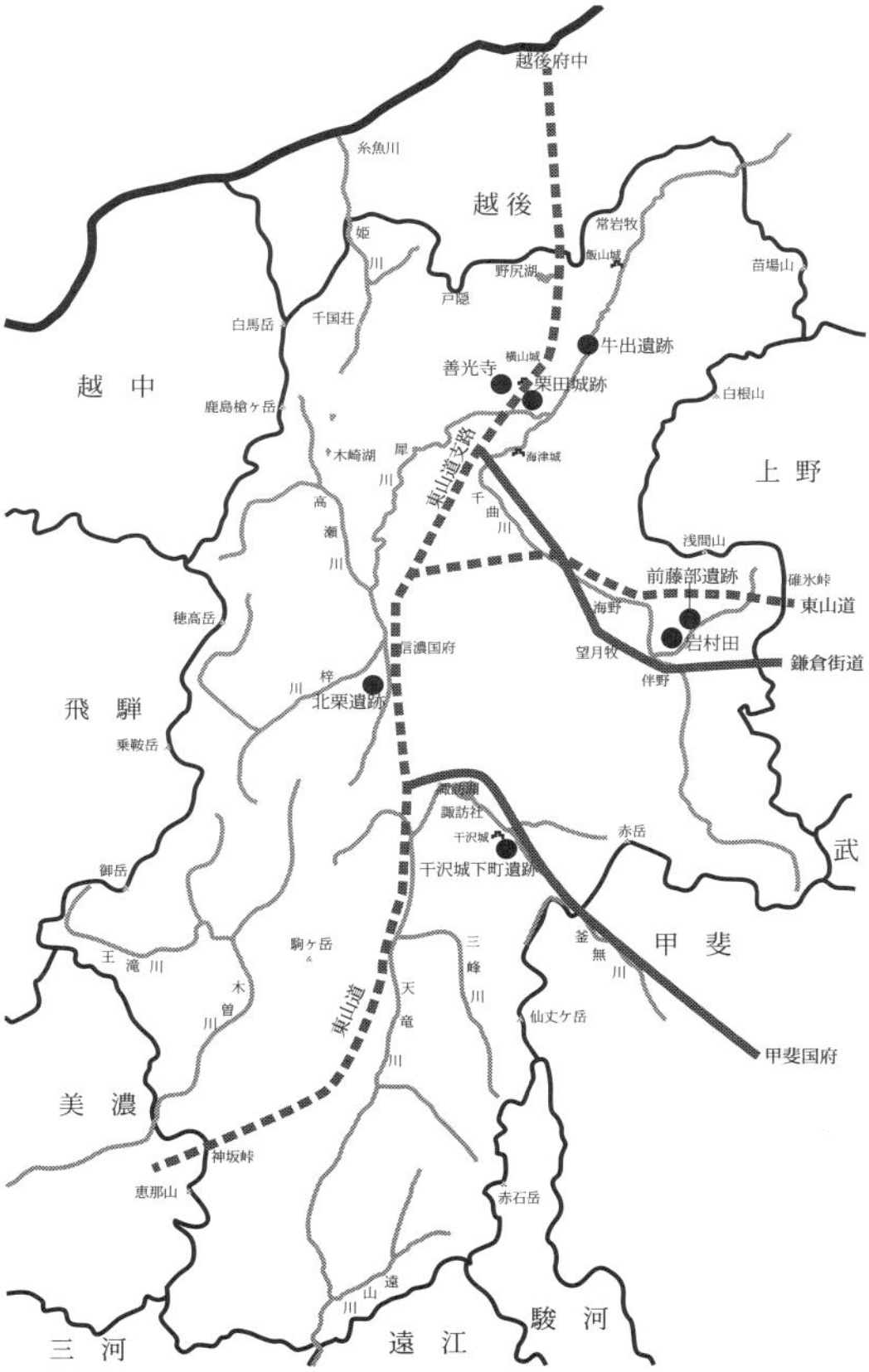

図1　信濃国の交通網（『長野県史』通史編を基に作成）

が見えるため、この時点で門前町の原型はあったのかもしれない。これより下って、『大塔物語』の一節は十五世紀初頭の門前町の賑わいを窺うことのできる史料として有名である。

（略）見物諸人、善光寺南大門及蒼花川高畠打履子無所、凡善光寺者、三国一之霊場、生身弥陀浄土、日本国之津、門前成市、堂上如花、（略）

守護小笠原長秀が善光寺に向かう行列を見物するために、善光寺南大門から高畠まで大勢の人々が集うようすが描かれているが、高畠については現在の刈萱堂辺りと想定されているので、約一・三キロメートルの長さにもなる。門前市をなすという表現からも、この時期には都市として機能していたと想定される。後述するように交易・流通の面では北信地域のなかで善光寺周辺の特殊な状況が看取される。本論では考古学的成果、特に焼物に関して概観し、長野県内の他地域との比較も行うことで、善光寺門前町を含む北信地域と北東日本海との繋がりについて検討していきたい。

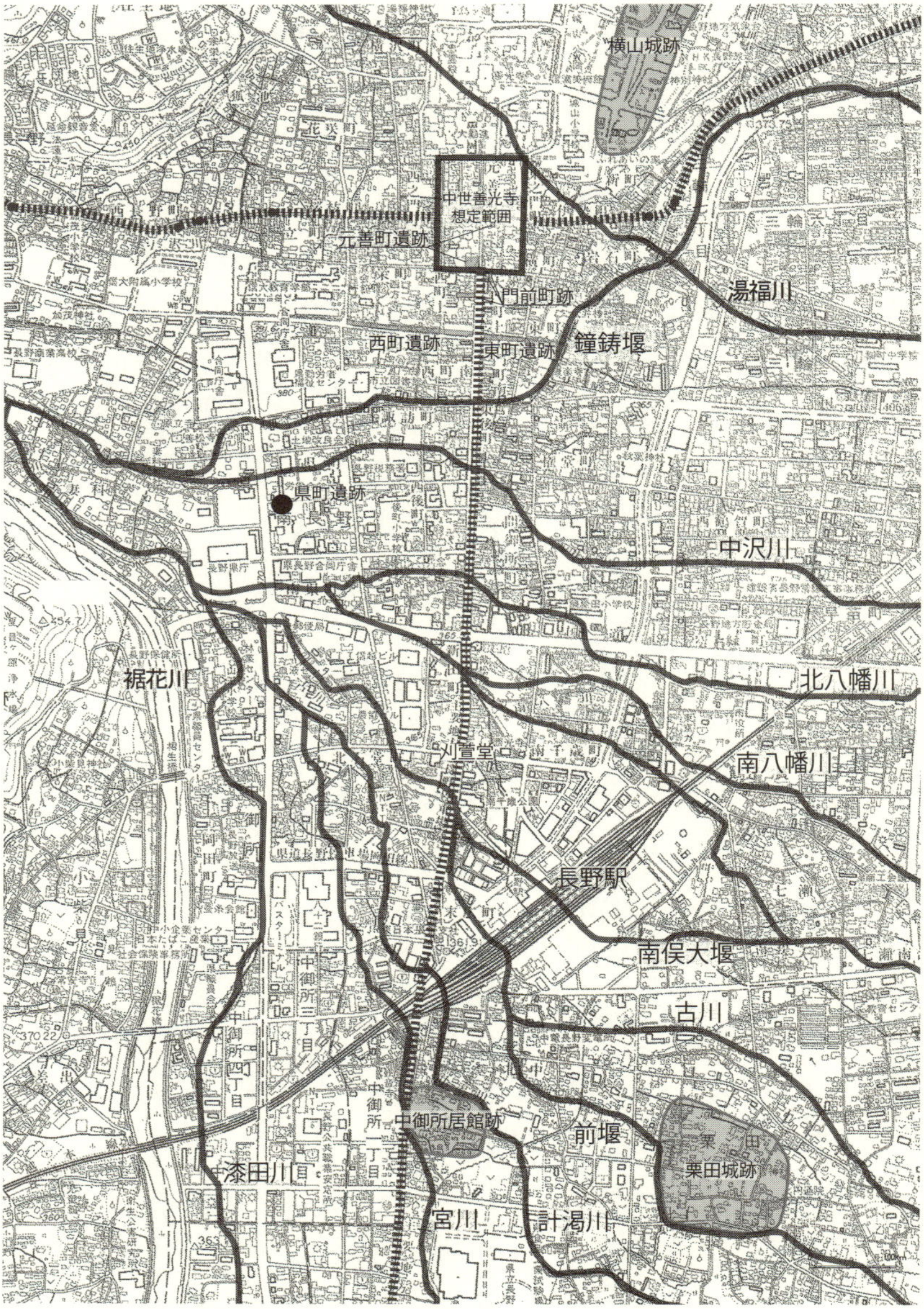

図2　善光寺周辺の地形と遺跡（S=1：20,000）

二　善光寺周辺の調査成果

図2に見られるように、北は善光寺から南は長野県庁にかけての範囲は、裾花川の旧流路が北西から南東に向かい放射状に分流して流下する。これらの河川により河岸段丘が形成され、さらに善光寺の北東を流れる湯福寺川による扇状地が被覆する複合地形を形成している。善光寺や門前町・後庁の遺称地とされる後町も北西―南東方向に傾斜する地形であり、現在も段丘が視認できるほど残存している。善光寺周辺は長野遺跡群に属し、中世以前の善光寺想定範囲である元善町遺跡と、門前町の範囲にあたる門前町跡という二つの遺跡で構成される。近年店舗の改築や道路工事など善光寺周辺の整備に伴い、小面積ながら調査を積み重ねて、次第に善光寺周辺のようすが明らかになりつつある。この他善光寺の参道の南で東西方向に交差する国道四〇三号線の拡幅工事に伴う西町遺跡・東町遺跡では比較的広い面積の調査であったため、門前町の構造に関する貴重な成果が得られている。

①元善町遺跡仁王門東地点（長野市教委二〇〇八、第4図）

調査地点は善光寺仁王門の南東約二四メートルに位置する。善光寺が現在の位置に移転するのは元禄十三年（一七〇〇）の火災後になる。それ以前の善光寺を描いた「信州善光寺惣境内古繪圖」や、「信濃水内彦神別神社遺跡之図」（図3）には現在の仁王門の位置に階段が記され、本堂が現在地よりも南である元善町の六地蔵の付近に描かれる。調査地点と想定されるのは大本願上人屋敷地との位置関係などを考慮して、絵図に法然堂と記される範囲とみられる。図3には現仁王門の位置の階段はその東西にも段が設けられ、法然堂の南には土塀が築かれている。それを裏付けるように、調査で検出された石積1・2は形成年代が異なるものの、近代以降に継承されたとされ、調査区内で検出された造成のための盛土の土留めを目的とした石積みであることも指摘されている。調査区内の盛土は四時期に区分され、盛土1は中世末〜近世、盛土2・3・4は盛土内の出土遺物に中世後期のものが見られないため中世前期の盛土と考えられている。さらに盛土に含まれる炭化材の放射性炭素年代測定が行われ、十一〜十二世紀という結果が得られ、中世の盛土が鎌倉時代のものである可能性が高まった。

②元善町遺跡大本願明照殿地点（長野市教委二〇〇八、図5）

大本願は仁王門の南西に所在する、善光寺創建期から続くといわれる尼僧寺院である。図3や元禄火災以前の絵図を確認しても現代と敷地に変化がみられないようである。その境内の南東隅に位置する明照殿は大正三年（一九一四）に建築された建物で、明照殿の改築に伴い約五〇〇平方メートルの調査が行われた。調査は4次面にわたり、そのうち中世後期の遺構は主に3次面で検出されている。このうち調査区南端に東西方向に走るSD02・03は青磁碗や多量の土器皿が出土し、年代は十五〜十六世紀とみられる。溝は調査区外に延伸しており、門前町跡の他の溝と方位は一致している（図11）。

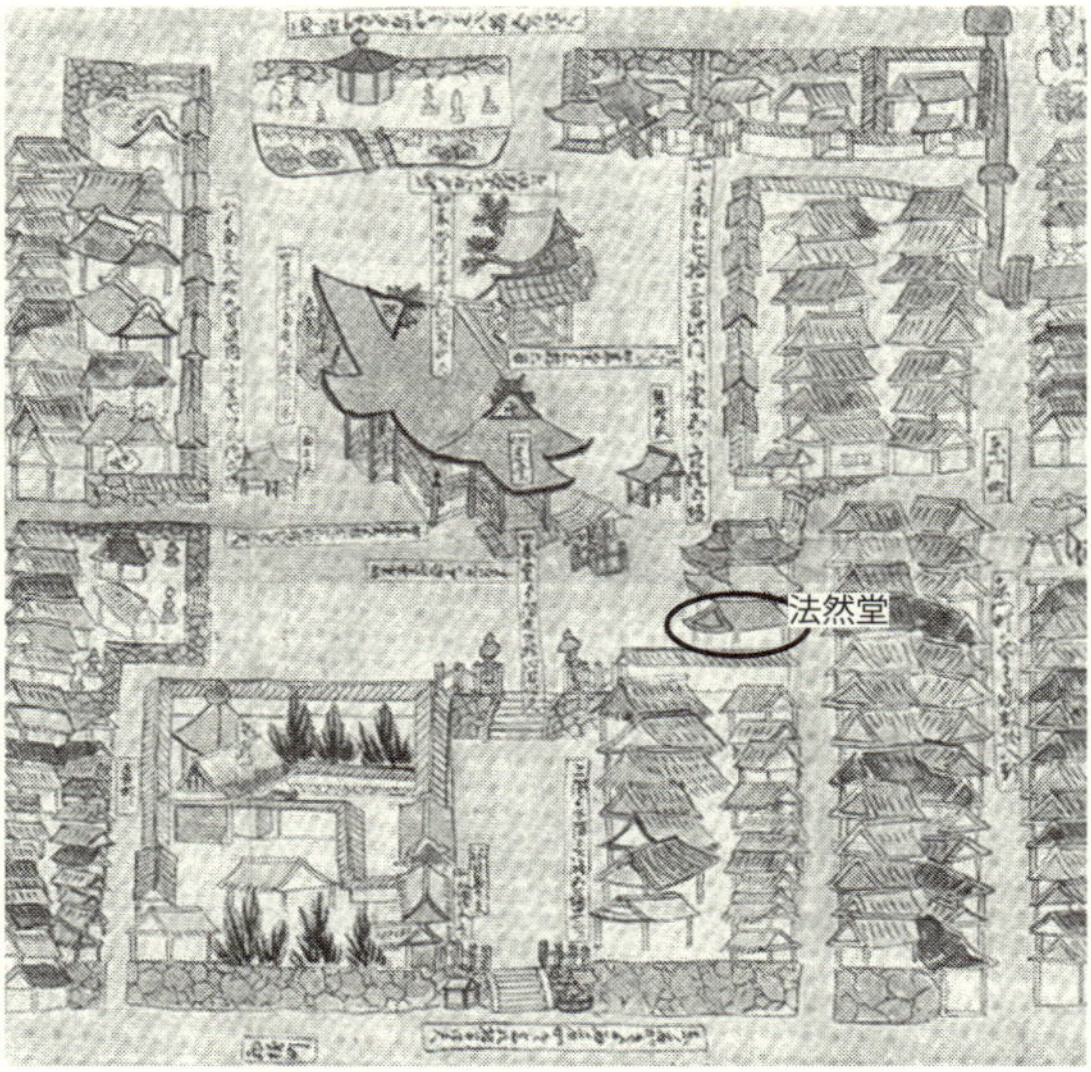

図3　「信濃水内彦神別神社遺跡之図」
（長野市立博物館蔵に加筆）部分拡大

③善光寺門前町跡八幡屋礒五郎大門町店地点（長野市教委二〇〇八、図6）

門前町の北部、表参道の東側に位置する。店舗増築

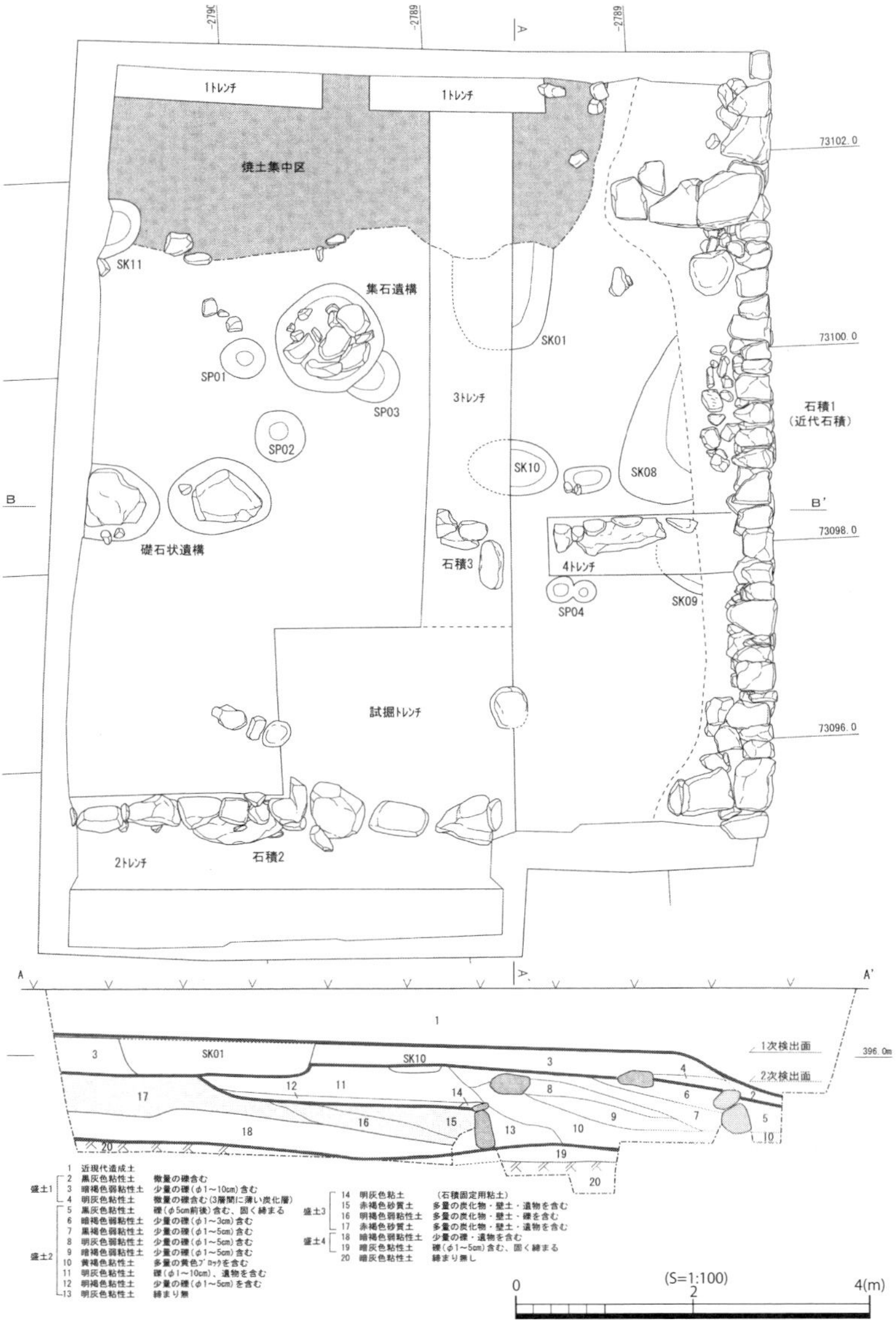

図4　元善町遺跡仁王門東地点（長野市教育委員会2008に加筆）

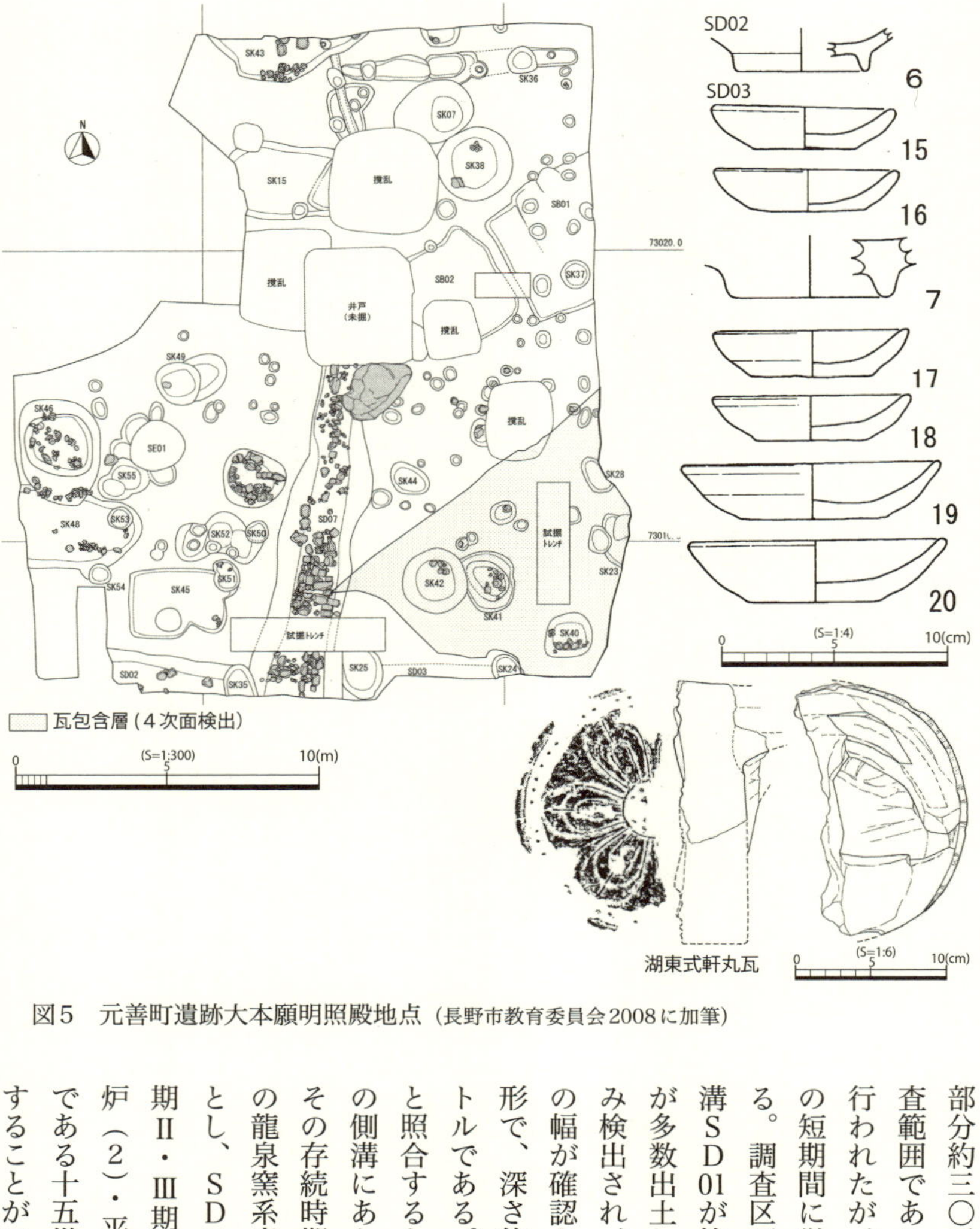

図５　元善町遺跡大本願明照殿地点（長野市教育委員会2008に加筆）

部分約三〇平方メートルが調査範囲である。調査は２次面行われたが、すべて中世後期の短期間に営まれた遺構である。調査区西端に南北方向の溝ＳＤ01が検出され、土器皿が多数出土した。溝は東岸のみ検出され、二メートル以上の幅が確認された。断面逆台形で、深さ約九〇センチメートルである。周辺の調査成果と照合すると、ＳＤ01は参道の側溝にあたると考えられる。その存続時期は、２次面出土の龍泉窯系青磁輪花皿を上限とし、ＳＤ01出土の古瀬戸後期Ⅱ・Ⅲ期の花瓶（１）・香炉（２）・平碗（３）の年代である十五世紀後半を下限とすることができる。よって十

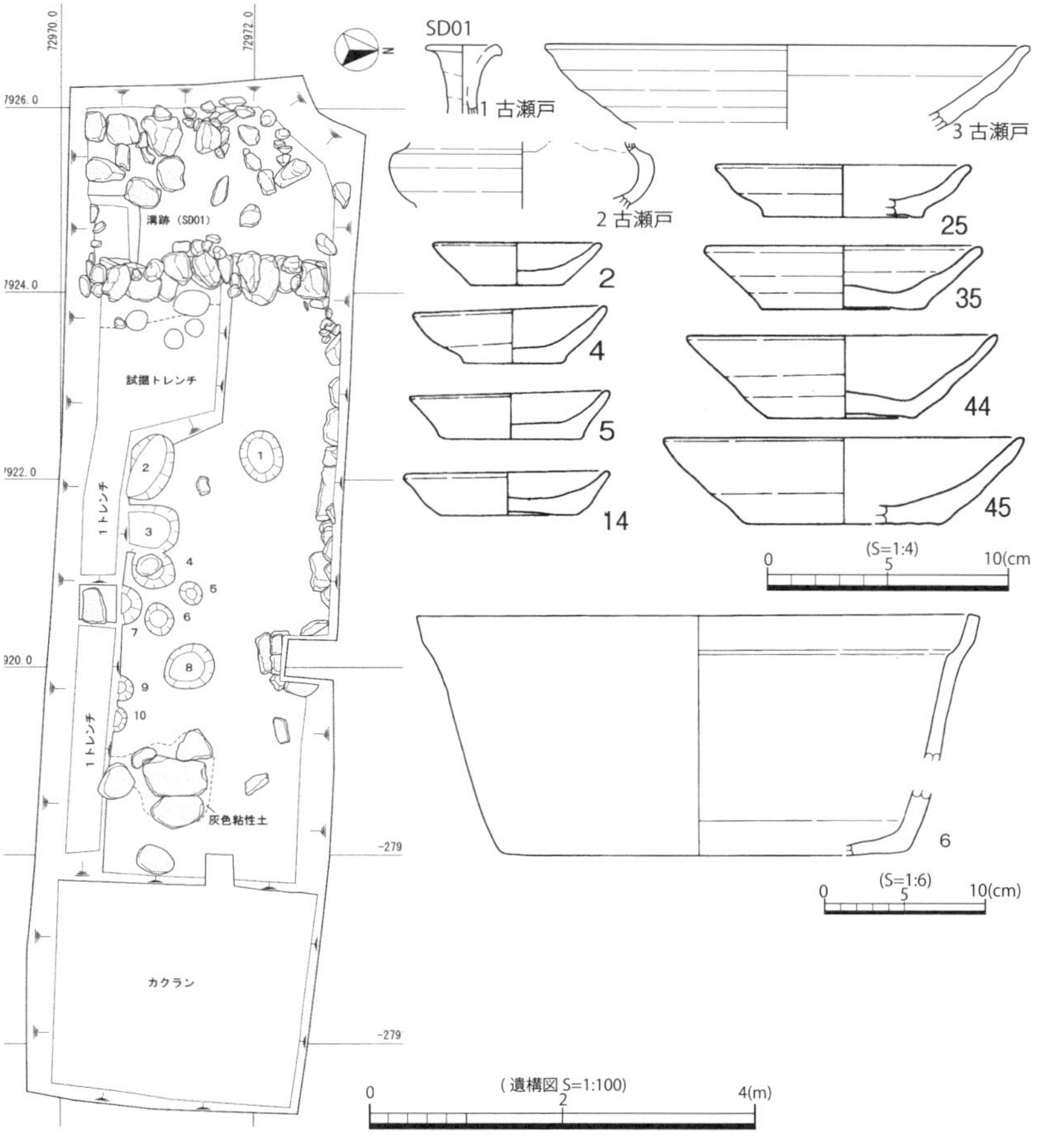

図６　門前町跡八幡屋礒五郎大門町店地点（宿野隆史ほか2008に加筆）

四世紀代〜十五世紀後半の溝と考えられる。

④善光寺門前町跡竹風堂善光寺大門店地点（長野市教委二〇〇六、図7）

表参道西側、八幡屋礒五郎大門町店地点の南西に位置する。古墳後期から近代までの遺構が確認された。中世については後述する西町遺跡の区画溝と同時期である十三世紀後半の区画溝SD01と十四世紀後半〜十五世紀後半の土坑、十六世紀後半〜十七世紀初頭の竪穴建物跡・土坑が検出されている。SD01は上部が削平されているが、幅約二・五メートル、深さ約九〇センチメートルで断面はV字形を呈する。土橋状の高まりをもち、その上に柱穴六本が検出されたことから、橋脚の可能性が指摘され、屋敷地などの出入り口施設と想定されている。SD01の出土遺物には土器皿が多く、青磁大皿（24）・古瀬戸深皿（23）も出土している。

⑤長野遺跡群西町遺跡（長野市教委一九九八）

表参道と直交する国道四〇六号線の拡幅改良工事に伴う調査である。面積約二九〇〇平方メートルと善光寺周辺では最も広い調査区となった。調査区は国道北側に東西に長く設定され、表参道西側から信州大学教育学部東に及んだ。東からA〜Cの3区に区分され、このうちA区では調査面は3面に及び、縄文中期〜近代にいたる複合遺跡である。

中世の遺構は竪穴建物・溝・土坑などが検出された（図8）。A・B区を東西に走るSD2は幅約三・一メートル、深さ約一・八五メートルで、断面V字形である（図9）。走行方位は門前町跡竹風堂地点で検出されている区画溝と一致しており、出土遺物には白磁皿・珠洲窯水瓶（31）・東濃系山茶碗・尾張系山皿・手捏ね土器皿がみられ、手捏ね土器皿の年代については十三世紀後半であることが指摘されている（鋤柄二〇一〇）。また鋤柄氏は竹風堂地点のSD01とともに福原や鎌倉大倉地区の事例をあげられ、特定の館に伴う施設とされている。SD2が廃絶後竪

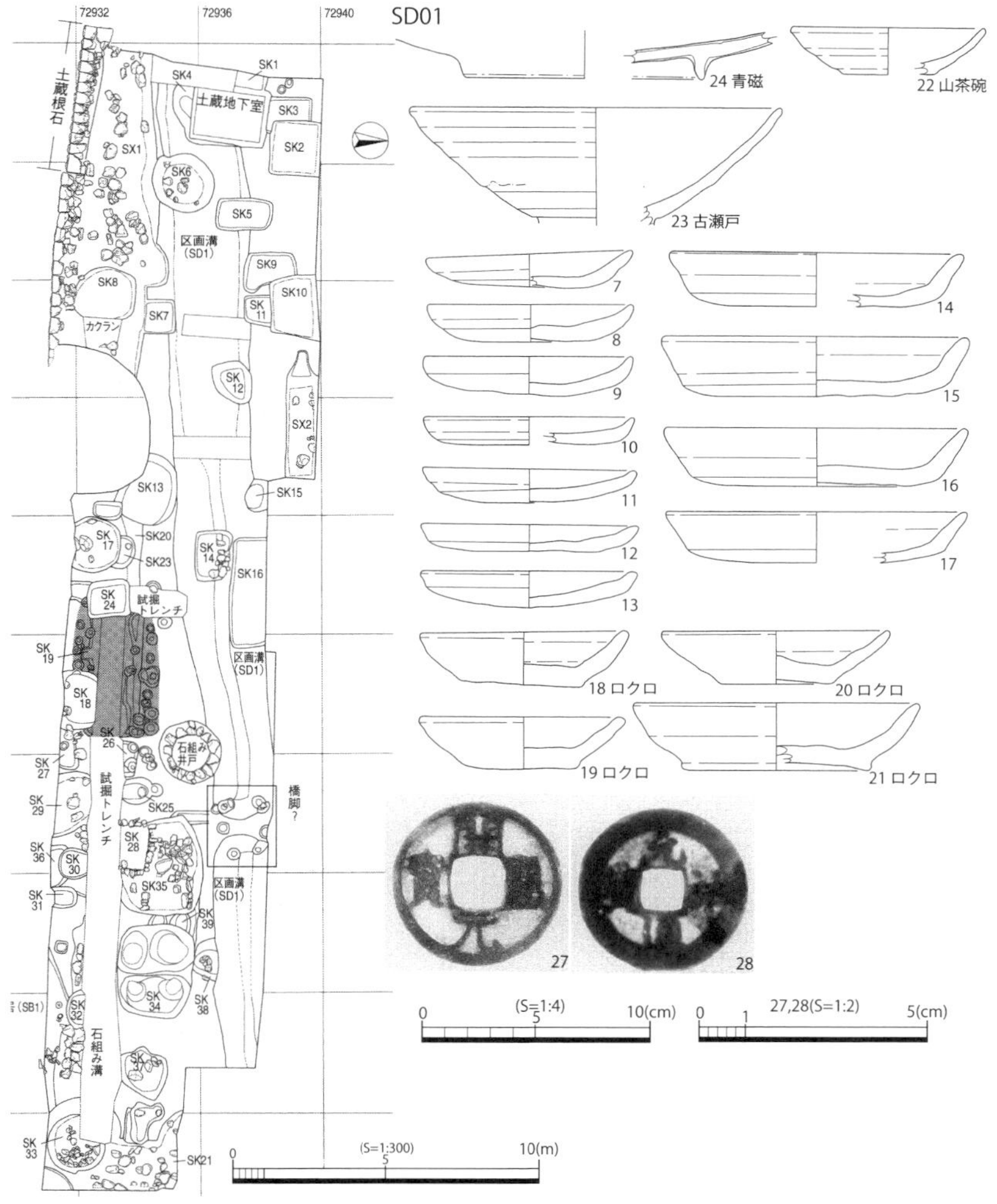

図7　善光寺門前町跡竹風堂善光寺大門店地点

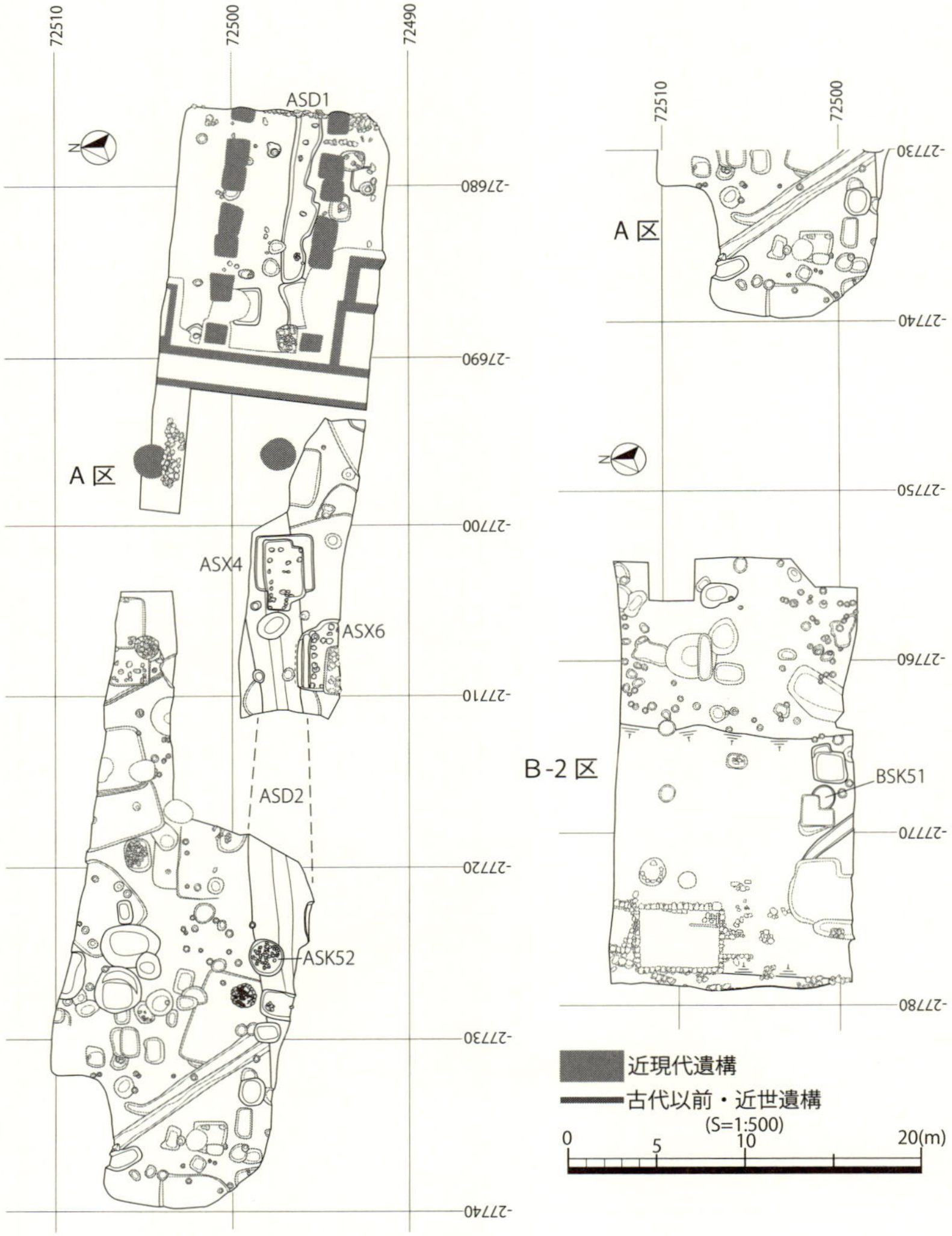

図8　西町遺跡A・B区（長野市教育委員会1998に加筆）

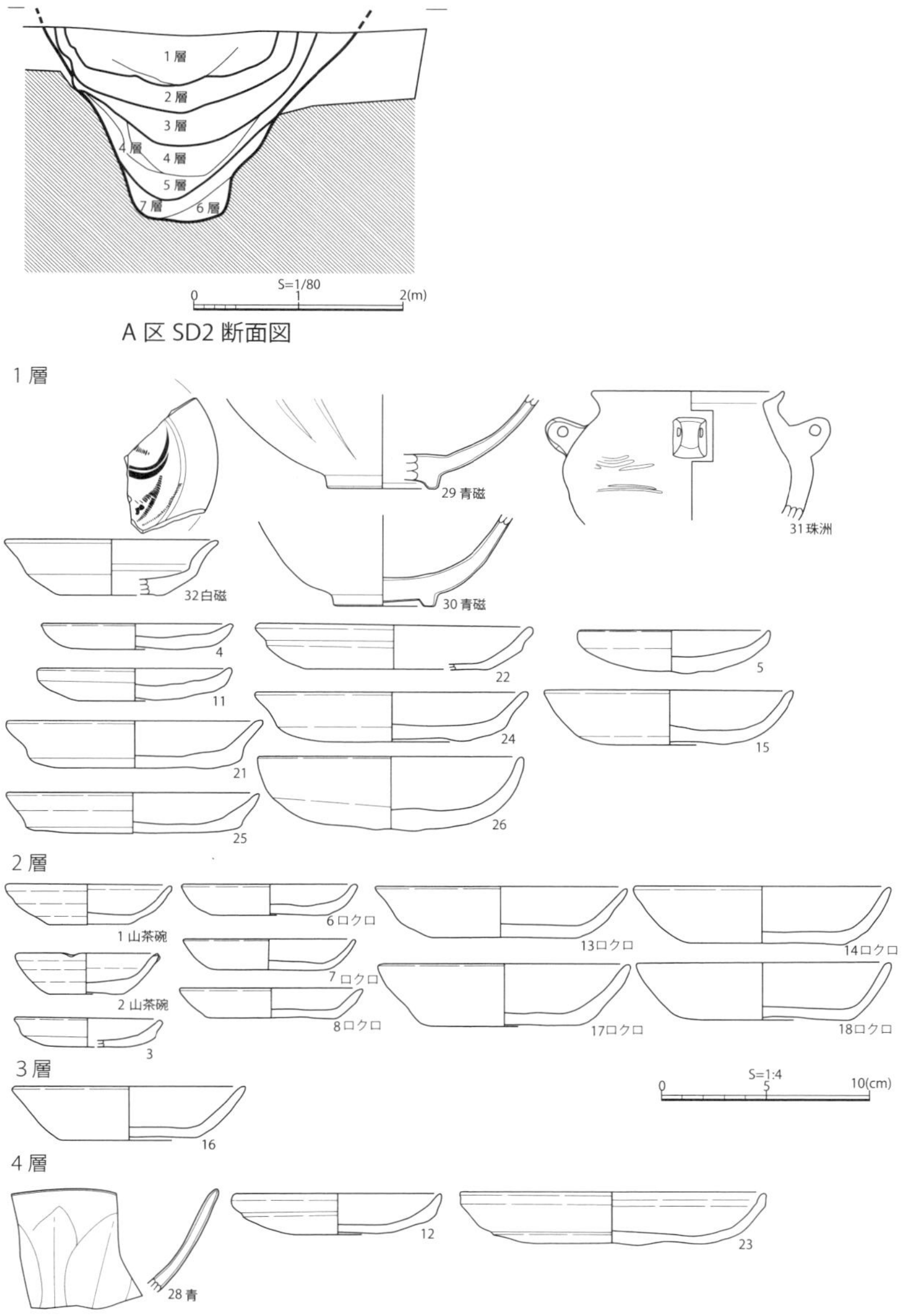

図9　西町遺跡A区SD2（長野市教育委員会1998をもとに再トレース）

穴建物ＳＸ４・５が構築されている。深さ約八〇センチメートル、内部に礎石がみられることから半地下式の倉庫が想定されている。区画溝であるＳＤ２が廃絶したにもかかわらず、ＳＸ４・５は同方位を軸としており、門前町の規格が整備され、規格として意識されていることを示している。ＳＸ４からはロクロ土器皿・青磁碗・古瀬戸中Ⅳ期の卸皿が出土し、十四世紀中葉の年代が考えられる。このほかＳＸ４北西横に逆位に埋設された珠洲焼壺、Ａ区東端で古瀬戸香炉・大皿の埋納遺構が検出された（図10）。いずれも十四世紀中葉の遺物である。

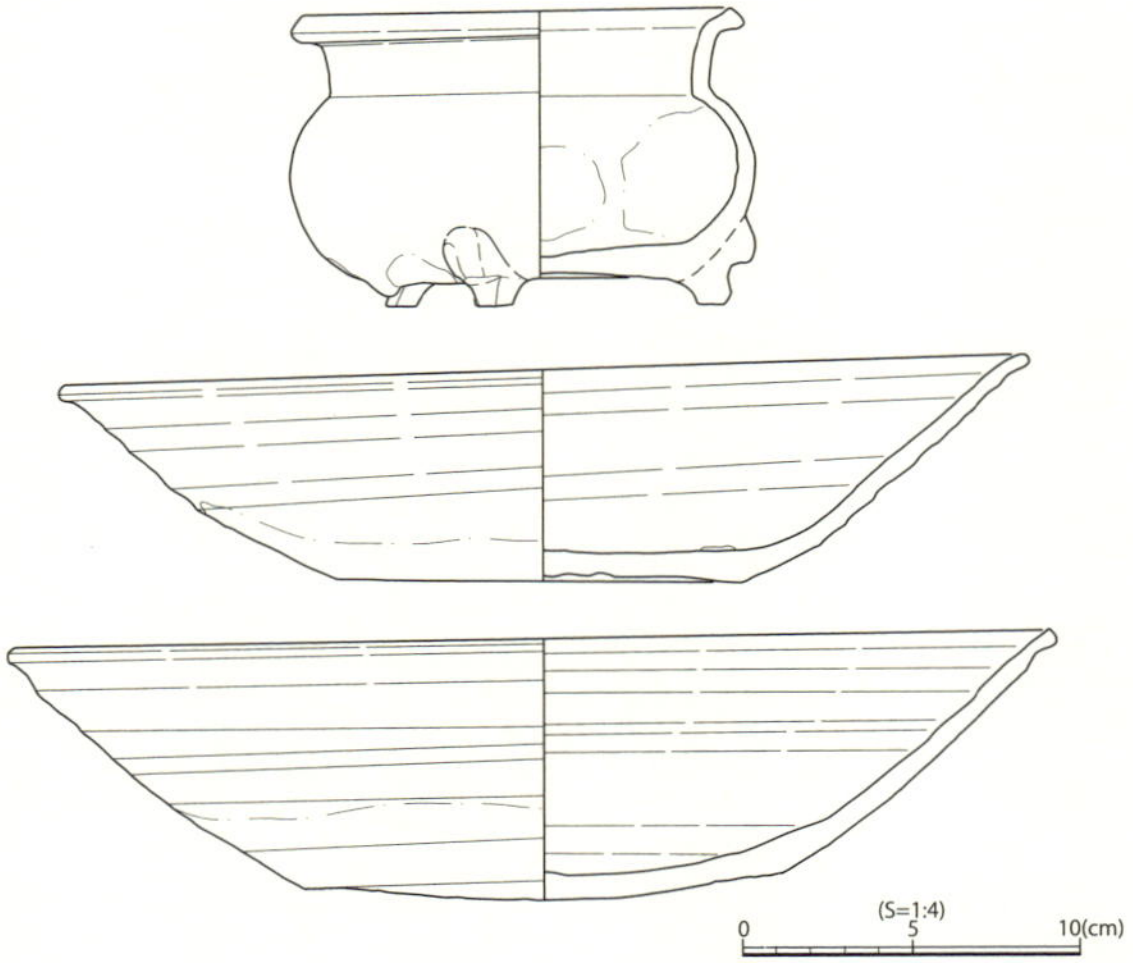

図10　西町遺跡古瀬戸埋納遺構出土遺物（報告書未掲載）

以上のように調査のなかで善光寺・門前町の姿は次第に明らかになりつつある。中世以前の善光寺の位置については瓦の出土、整地層が発見された位置と絵図との照合により、図11に示したように現仁王門から北に約九〇メートル、東西約七〇メートルがその範囲として想定されている。周辺各遺跡で検出された区画溝を総合すると、現参道よりも南下するに従い東に振れることになる。既に先学の指摘にあるように、古代の中道とされた、仁王門北側の東西道路を基準として門前町の街区が構築されているのであろう（鋤柄二〇一〇・福島二〇〇二）。出土遺物では貿易陶磁・古瀬戸の比率が高く、青磁大皿や古瀬戸香炉・直縁大皿など上級品もみられ、周辺の城館遺跡や集落遺跡とは様相を異にする。いわば都市的な場と捉えられ、鎌倉時代から既に都市として、交易拠点としての門前町が成立していたと考えられる。

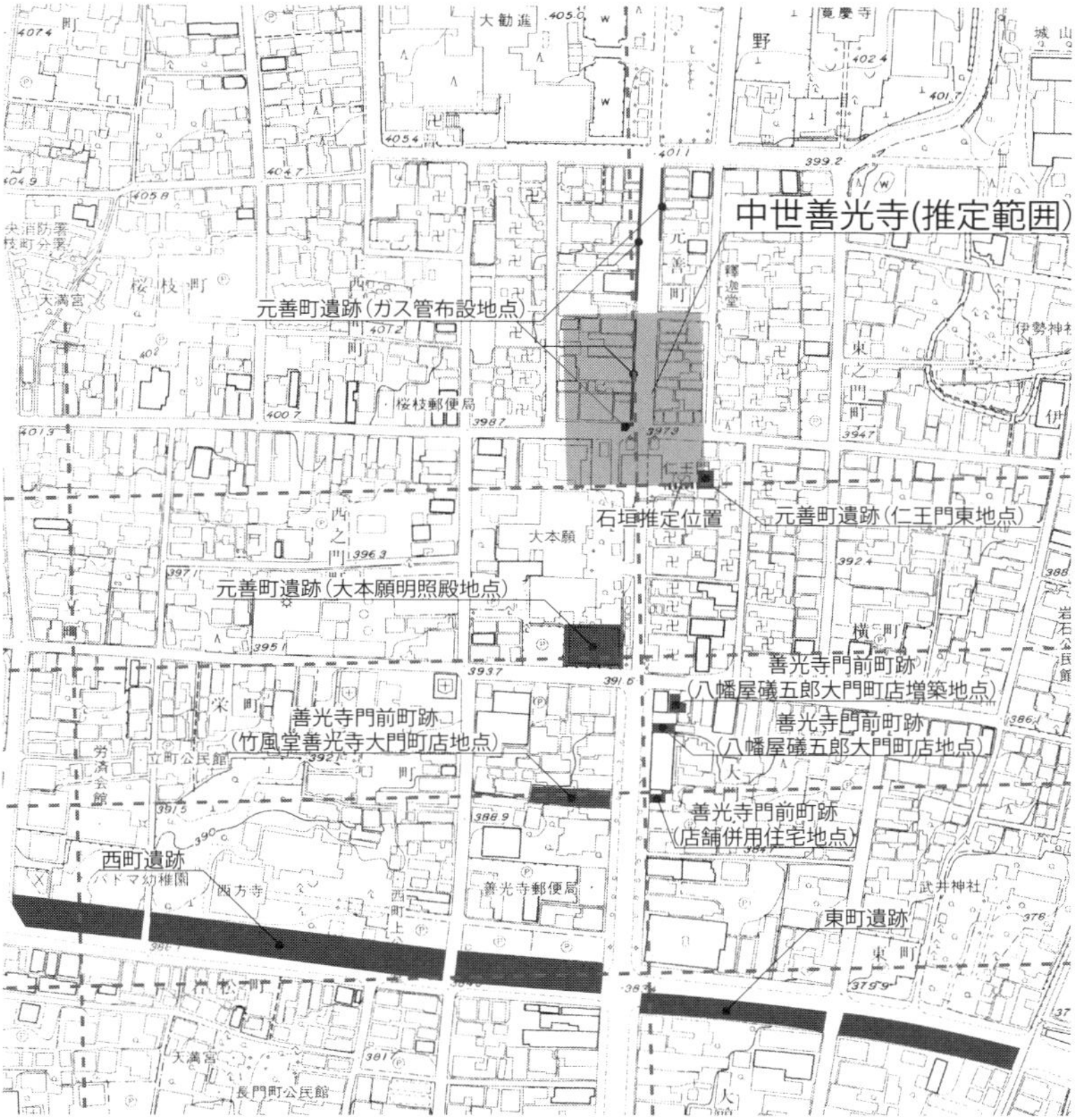

図11　善光寺周辺調査位置図（S=1：5000）

三　中世信濃国の陶磁器流通

長野県は山間地であるため、「平」と称される、山地以外の開けた土地が主な居住範囲となり、善光寺平・松本平などいくつかの核を形成している。それぞれの位置により、北信は北流してきた千曲川が善光寺平（長野盆地）に入る千曲市から信越国境にあたる飯山市・信濃町までを範囲とする。東山道支路や鎌倉街道などが通る、信越を結節する重要な地域である。東信は上田平・塩田平・佐久平を中心とし、碓氷峠を介して上毛野へと通じ、千曲川を通じて日本海側と繋がる交通の要衝でもある。中信は国府が所在する松本平、美濃に接する木曽地方、国府のある筑摩郡から越後・糸魚川を結ぶ千国街道が通る大北地域が含まれる。南信は諏訪地方以南、飯田市や伊那など、美濃・尾張・三河・遠江という東海地方に接する地域である。

中世における交通を考えるうえで、考古学的なアプローチのひとつとして陶磁器流通の検討があげられる。長野県においても、北・東・中・南信という地域によって、その流通に違いがみられる。ここでは、遺跡から出土する陶磁器の産地組成を検討することにより、県内の流通について考えてみたい。

陶磁器組成をデータ化するにあたり陶磁器出土量を報告書に掲載している遺跡を選択した。このためデータに若干の偏りが生じていると思われるが、陶磁器流通の傾向を析出するには支障はないと考える。

①干沢城下町遺跡（茅野市教委一九九三）

南信である茅野市大字宮川字城下に所在し、JR中央線茅野駅の南西約一・三キロメートルに位置する。南アルプス連峰北西端である西山山地の一部である晴ヶ峰・杖突峠から延びる北西山麓や扇状地があり、この扇端部に、宮川により形成された沖積地が接している。干沢城下町遺跡がある安国寺地区はこのような地形に立地する。西山山地の山際を抜け諏訪湖西岸へ通じる大町通が走り、諏訪と高遠・伊那地方を結ぶ交通の要衝である。周辺には諏訪大祝の館である諏訪大社上社前宮、室町時代に建立された安国寺、諏訪大祝の城である干沢城があり、政治・経済的な中枢であったとみられている。調査区はA・B区に分かれているが、A区では掘立柱建物跡五棟、礎石建物跡一棟、方形竪穴六基、井戸七基などが検出されている。B区では屋敷割が確認され、これにより区画された屋敷地は四ヵ所となる（図12）。屋敷地内には築地や礎石建物跡・掘立柱建物跡・井戸・溝・土坑・池状遺構が検出された。両地区では建物の構築、建物構成について相違が見られ、B区のほうが屋敷割の規制が強く、建物基礎についても客土を用い造成を行うという点で、恒久性・計画性の窺える建物群である。報告書では遺跡をⅠ～Ⅵ期に時

干沢城下町遺跡Ｂ区全体図

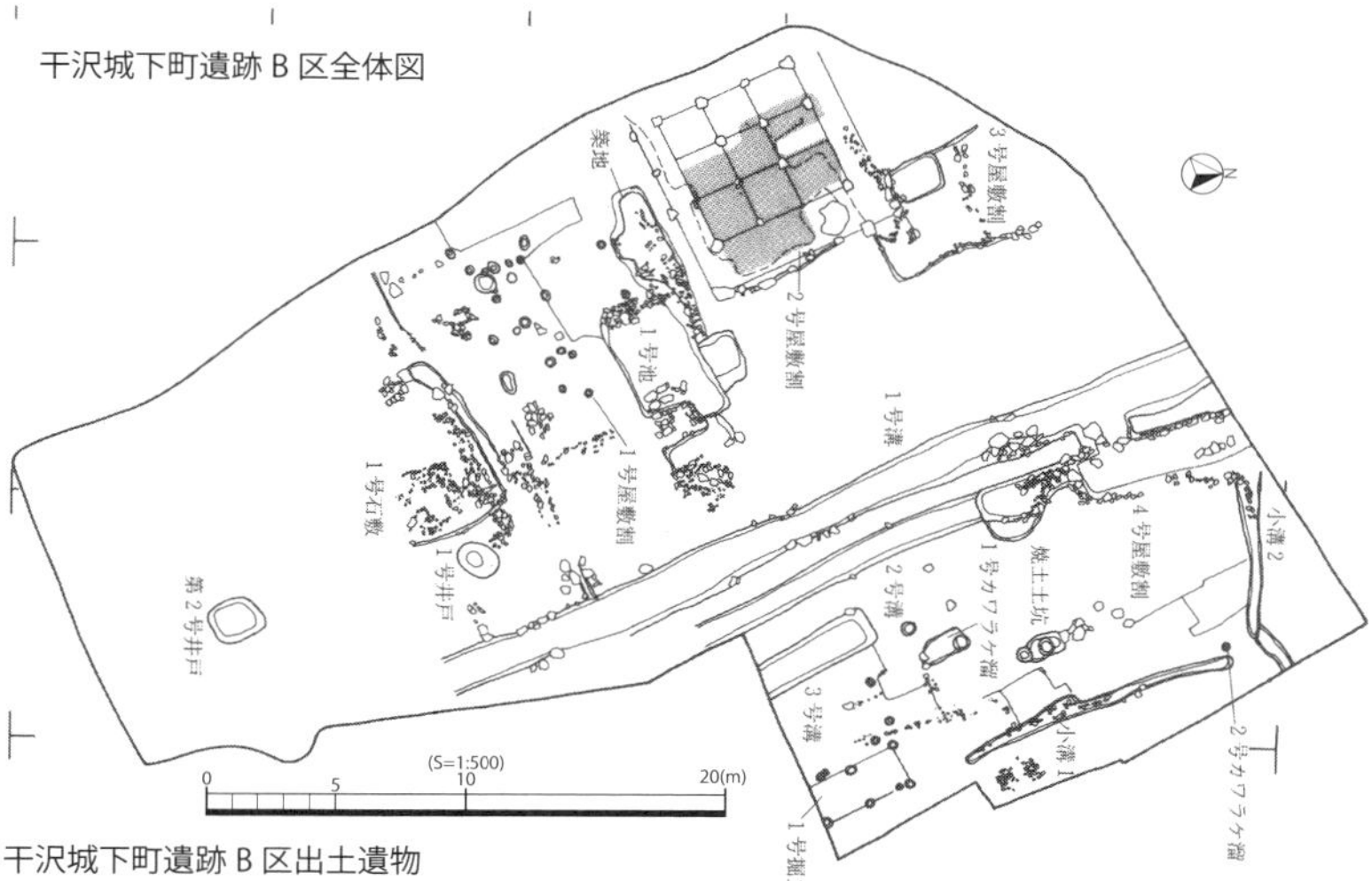

干沢城下町遺跡Ｂ区出土遺物

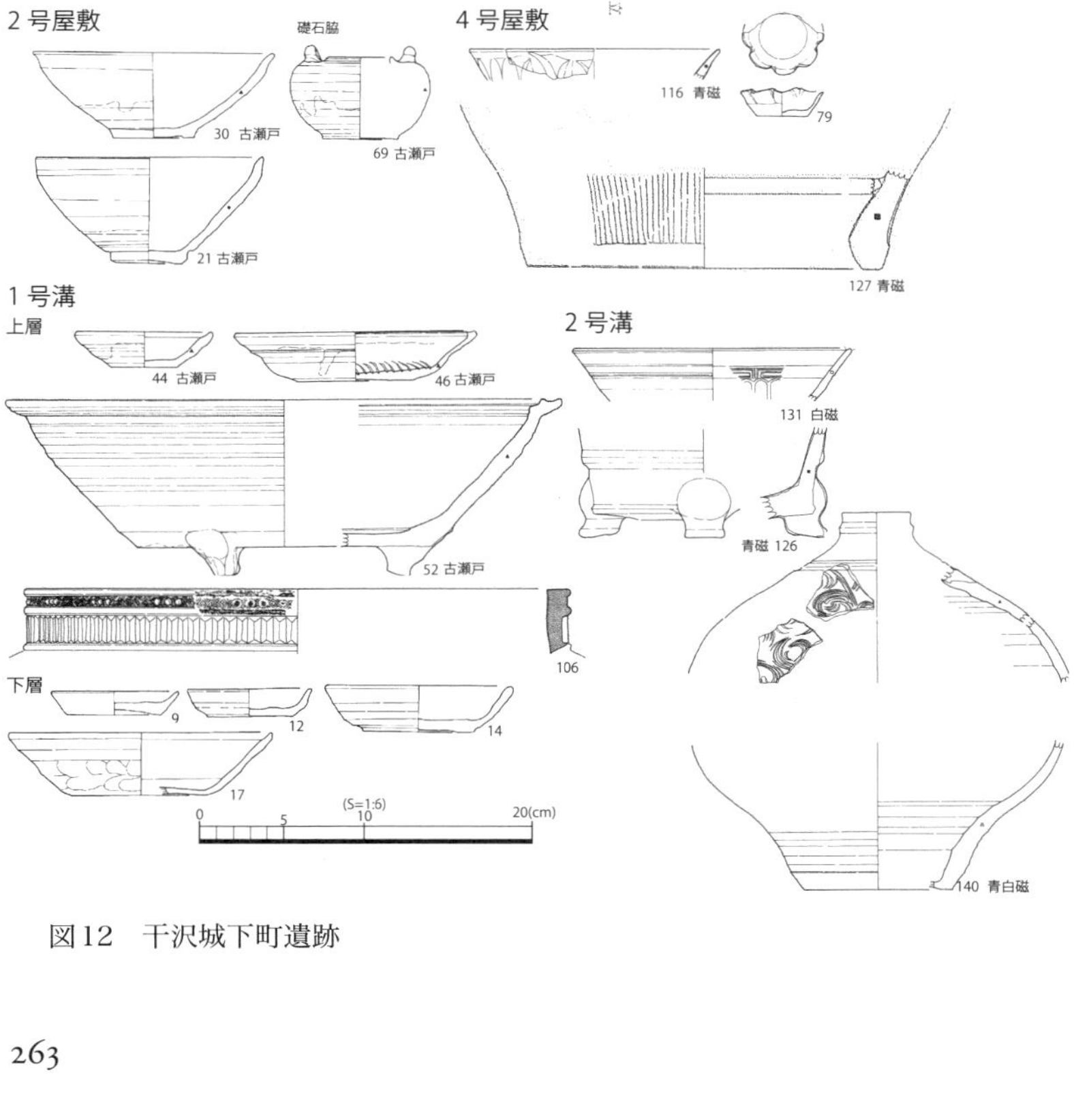

図12　干沢城下町遺跡

期区分しているがB区はⅡ〜Ⅴ期にわたりほぼ変化のない建物配置が続き、寺院関連の建物群を想定している。

遺物の全体的な様相としては土器皿の遺物総量に占める比率は七四・二パーセントと高い。古瀬戸陶器の出土が多いが、茶壺・茶入・水注・香炉など一般集落では出土しにくい器種がみられる。東海系陶器の比率は高く、山茶碗・捏鉢に加え、入子が出土している。このほか瓦質風炉が一四点出土し、貿易陶磁では酒会壺や梅瓶・香炉・盤などがみられ、城館・寺院の出土傾向と見なすことができる。このほか多量の木製品、銭貨・鋳銅製仏像・茶臼が出土した。報告書によれば、年代としては十四世紀〜十五世紀末が遺跡の存続時期とされ、調査区は千沢城下町のなかでも南端に位置する、寺院ゾーンであると位置づけている。

②北栗遺跡　㈶長野県埋蔵文化財センター一九九〇

中央自動車道建設に伴い調査が行われた。北栗遺跡は松本平のほぼ中央、松本市大字島立字鍵田四二七四―一を中心とする、奈良井川左岸に所在する。松本市街地とは奈良井川を挟み対岸に位置する。鎖川と梓川により形成された扇状地端部の緩斜面に立地する。調査対象面積は五万四三二〇平方メートルで高速道路法線に沿って北東―南西に緩い弧状を呈する調査区である。縄文・弥生時代の遺構が若干みられたが、古代〜中世の集落遺跡である。古代では二三〇軒以上の竪穴住居跡、七〇棟以上の掘立柱建物跡、溝跡・柵列などが検出された。一方中世の遺構は、調査区のなかでも分布域が限定されているが、竪穴住居跡二七軒、掘立柱建物跡三七棟、溝跡三九条、墓跡四〇基、土坑などが検出された。十三世紀〜十五世紀前半が集落の存続期間である。中世1期3段階には区画溝に囲繞された中世集落がみられ、中世での最盛期にあたる（図13）。SD59は中世1期1段階の溝跡で十二世紀後半〜十三世紀前半の遺物が出土している。図には遺構からの出土遺物を示した。東海系陶器を主体とし、手捏土器皿、貿易陶磁が含まれている。中世集落の存続時期は十二世紀後半〜十五世紀前半である。

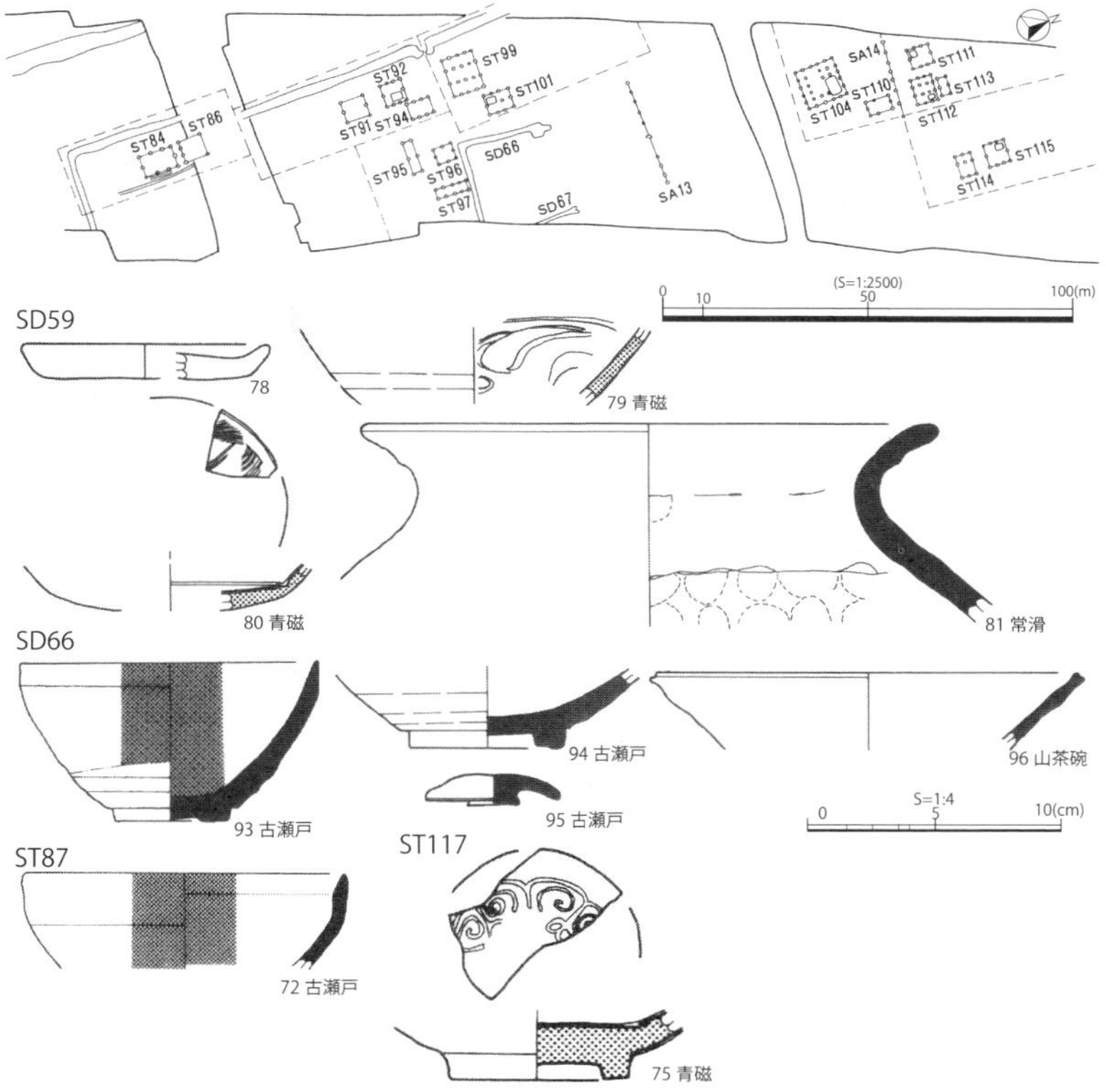

図13　北栗遺跡

③東信地方の遺跡

『岩村田遺跡群北一本柳遺跡Ⅲ』（佐久市教委二〇一〇）において、佐久市北部の中世遺跡のなかで代表的な遺跡について焼物構成比率が掲載されているが、それに基づいて再構成を行った（図14）。

大井城跡は承久の乱以降岩村田地域を支配した大井氏が居城とした城とされる。湯川西岸に形成された台地上に築かれ、城下町は南西に展開している（図15）。十五世紀代が最盛期とされ、文明六年（一四七四）に村上氏の攻撃を受け陥落した。下信濃石遺跡は龍雲寺があったという伝承が残る遺跡である。大井城跡の南約五七〇メートル、湯川に臨む台地端部に位置する。観音堂遺跡は下信濃石遺跡から西に約七三〇メートルに

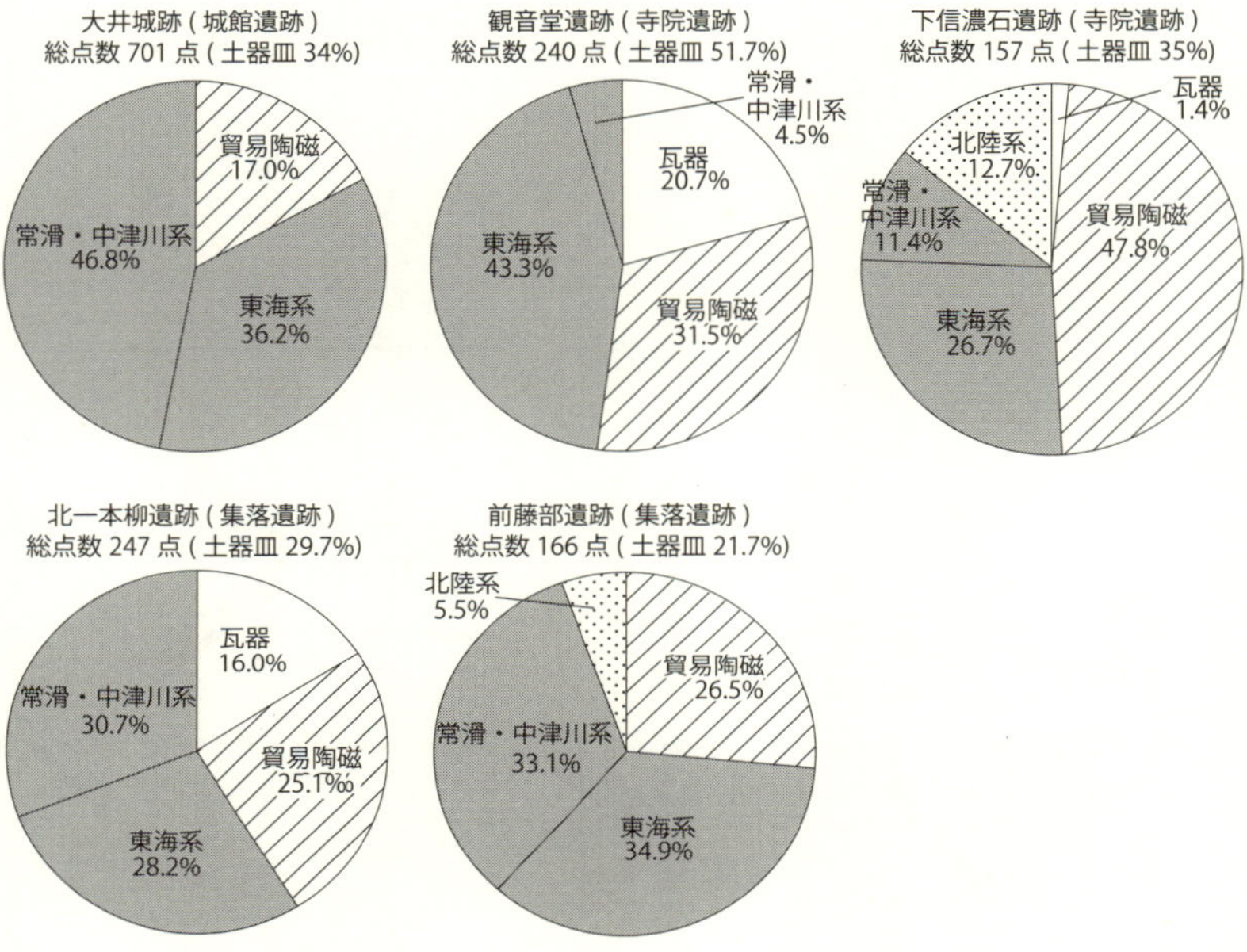

図14　東信陶磁器組成グラフ

あり、中世の八日市場の西に位置する。仏堂とみられる廂付き掘立柱建物を検出しており、出土遺物の年代は十三世紀と十四世紀後半〜十五世紀前半とされる（佐久市教委一九九三）。北一本柳遺跡は大井城跡の南西約一・二キロメートルにあり、報告書では大井城と関連する工人の集落と想定されている（佐久市教委二〇一〇）。前藤部遺跡は大井城跡の北東約二キロメートルにあり、中世後期の竪穴建物跡・溝・土坑が検出され、遺物の年代は貿易陶磁に関しては十一世紀末から確認されているが、その他については概ね十三〜十五世紀代となっている（佐久市教委一九九九）。

データで取り上げた遺物の年代は十五世紀を主体としている。城・寺院では土器皿の比率が三〇パーセントを超え、集落との差異がみられる。東海系の比率は常滑・中津川系も含め、三九・一〜八三パーセントと高率であり、大井城跡では特に高い。寺院遺跡である観音堂遺跡・下信濃石遺跡では貿易陶磁がやや比率が高い。北陸系である珠洲焼は下信濃石遺跡・前藤部遺跡で少量含まれて

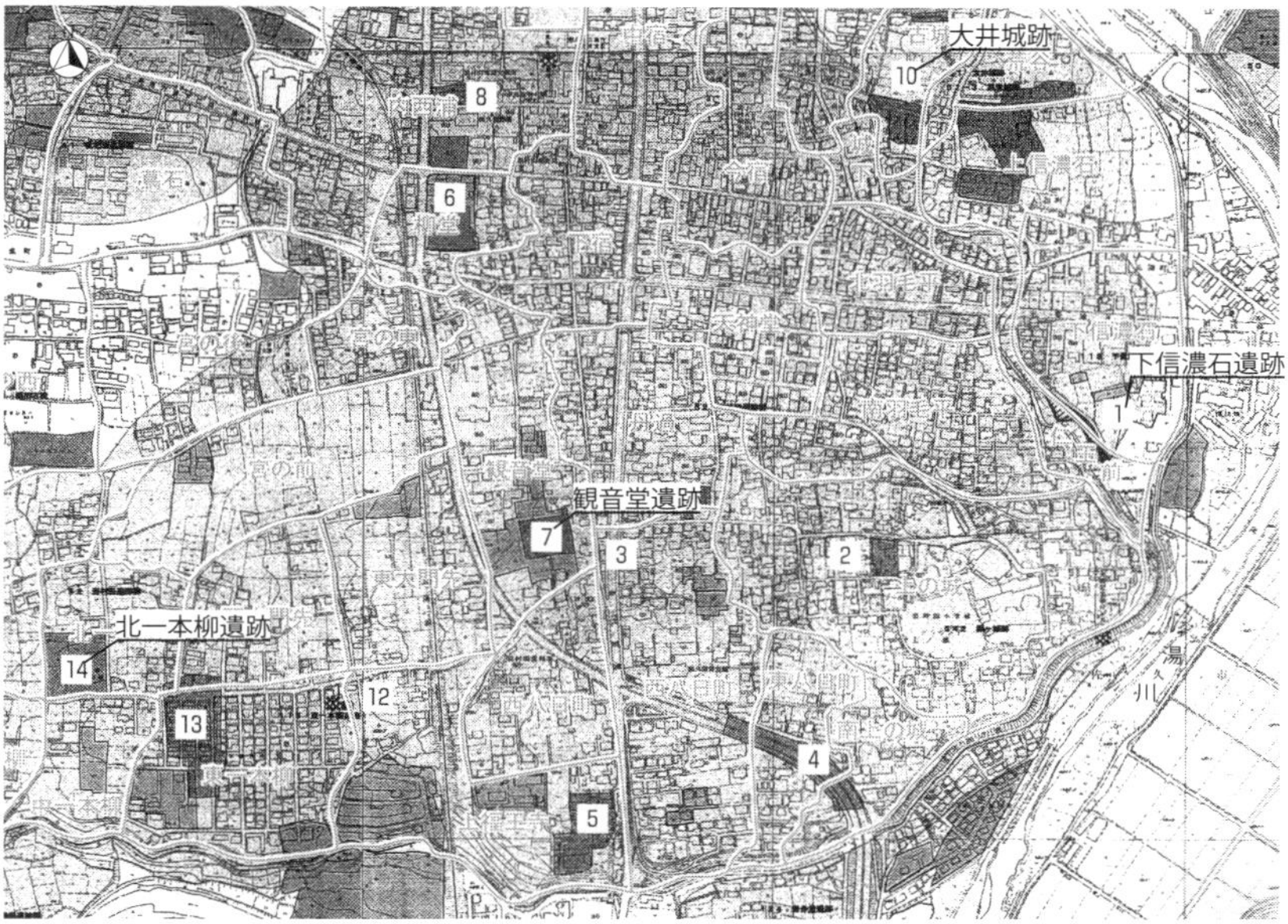

図15　岩村田の遺跡（佐久市教育委員会『下信濃石遺跡』に加筆、S＝1：15,000）

おり、東信地域でも北陸系の焼物が流通していたことがわかる。

④北信地方の遺跡

善光寺周辺以外の北信の遺跡も比較のために取り上げた。善光寺近隣の城館跡である栗田城跡、北信でもより信越国境に近い中野市の牛出遺跡である。

栗田城跡は長野市栗田に所在し（図2）、館の北西隅には日吉神社があり、その社殿が建つ高台が土塁跡に想定されている。外郭東西約七〇九メートル、南北約一〇九〇メートルの複郭式の城館とされ、長野市内では最大級の中世城館である。郭内での調査は平成二年から三回行われ、竪穴建物跡・掘立柱建物跡が検出され、十三世紀後半〜十五世紀前半の遺物が出土した（図16）。館主に比定されている栗田氏は鎌倉時代から栗田周辺を支配した国人であり、善光寺・戸隠顕光寺の別当を勤めた氏族である。

牛出遺跡は中野市大字北原に所在し、ＪＲ飯山線立ヶ花駅北東約一・三キロメートル、千曲川に面して立地する。千曲川と高丘丘陵の間に形成された段

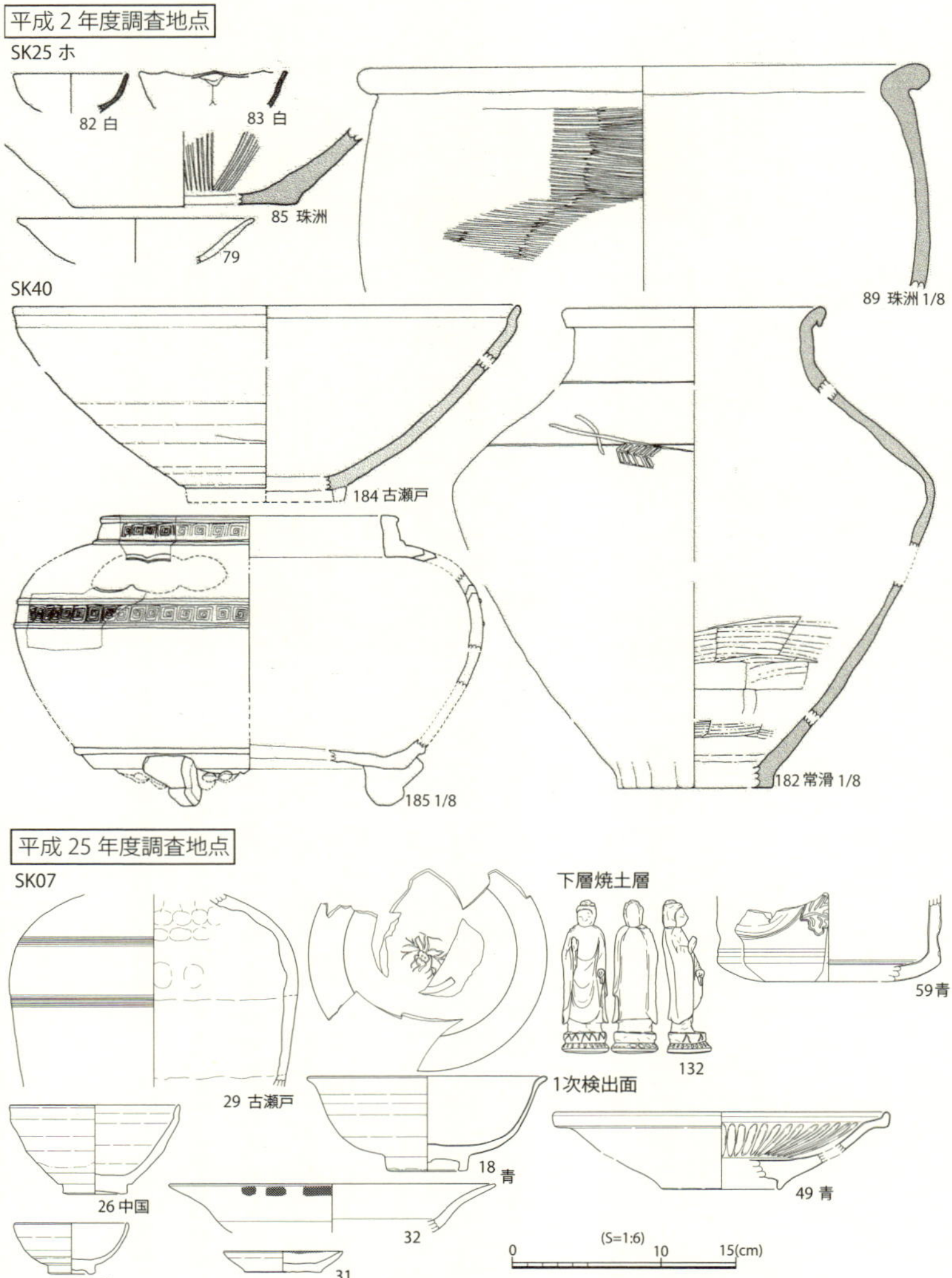

図16　栗田城跡出土遺物

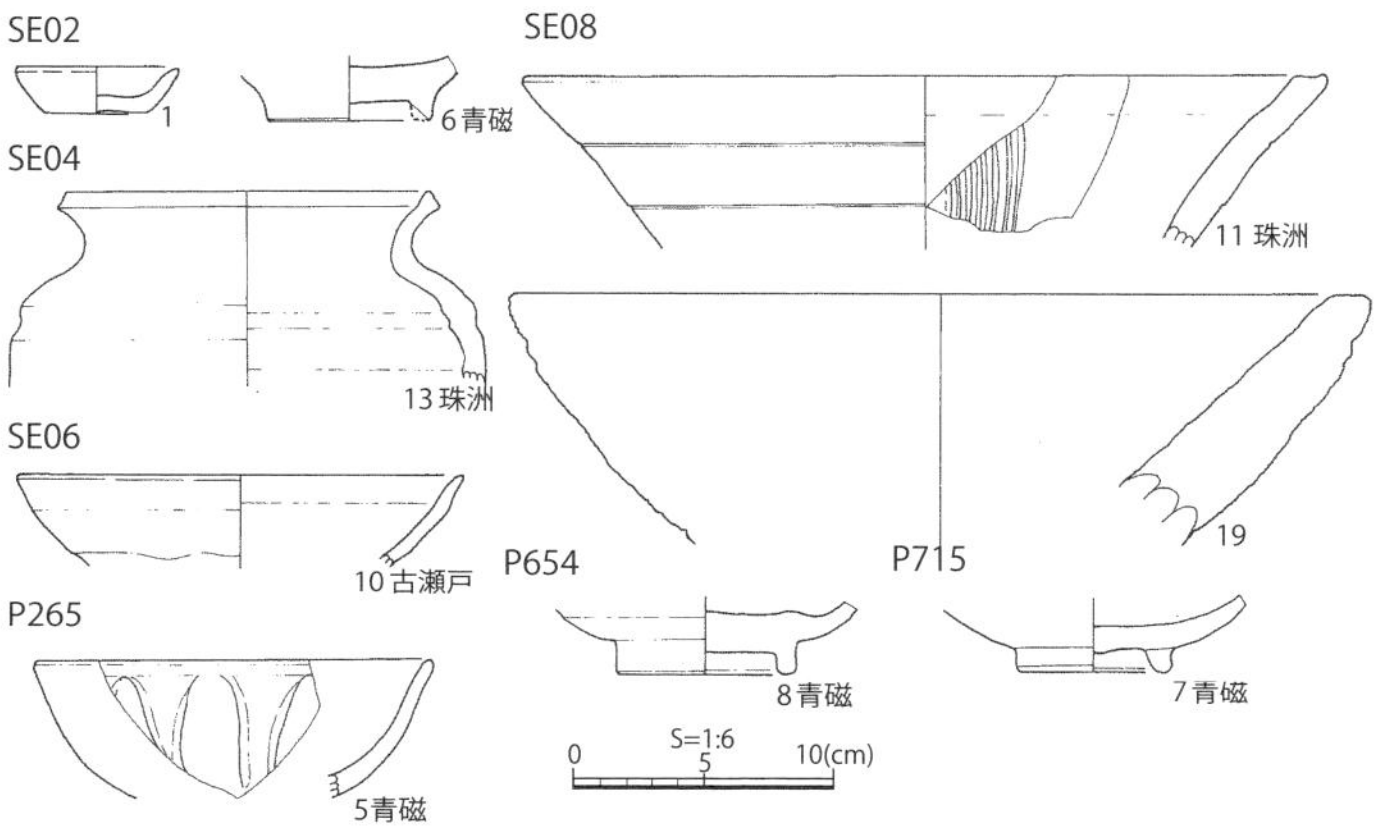

図17　牛出遺跡第1地点

丘の最低位面の東端に位置する。遺跡南西約七〇〇メートルに牛出城跡、約九〇〇メートルに本誓寺跡がある。中世の遺構は主に第1地点に集中し、掘立柱建物と推定される柱穴群、井戸跡一二基、溝一条が検出されており、十四世紀末〜十五世紀の土器皿、青磁碗、珠洲焼（壺・甕・擂鉢）、古瀬戸（鉢・平碗）、在地産の擂鉢・内耳鍋が出土した（図17）。牛出城に関連する集落跡とされている（㈶長野県埋蔵文化財センター一九九七）。

四　むすび

前節で取り上げた遺跡の焼物産地組成を図18に示した。既に先行研究で指摘されてきたとおり[3]、北信では北陸系（珠洲焼）がやや比率が高く、中南信では東海系に大きく偏るという結果が得られた。東信については中南信と同様東海系が大半を占めているが、北陸系もみられる。特に前藤部遺跡のような集落遺跡において北陸系が出土していることは、東信が北信的傾向も備えていることを示している。南信の干沢城下町遺跡において微量の北陸系が確認されたのは、城下町という遺跡の性格によると考えられるが、今後は南信地域の一般集落遺跡での北陸系のあり方も詳細に確認する必要があろう。北信でありながら善光寺の門前である西町遺跡で北陸系よりも東海

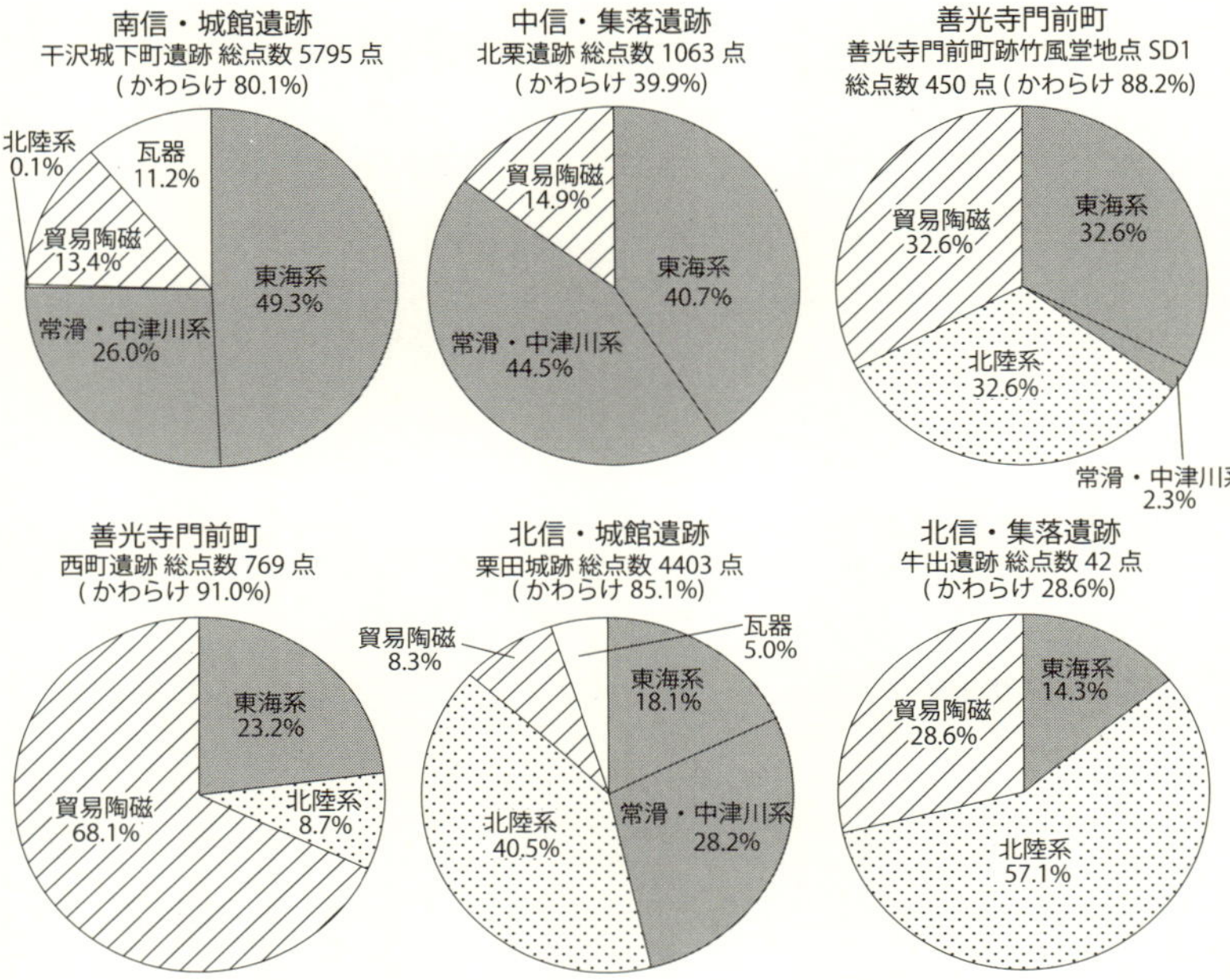

図18　陶磁器組成

系の焼物の比率が高いことと共通するのではないだろうか。当然のことながら地理的遠近という条件のみで焼物産地が選択されているのではなく、寺院であれば宗派・本山末寺のネットワークによるもの、城下町・門前町であれば交通網・流通網の多様性などがその要素となる。遺跡から出土する焼物の様相は遺跡の性格を決定する要因のひとつであり、中世社会の縮図でもある。それぞれの遺跡の複雑な歴史的背景を丁寧に読み解く必要があるが、今回は全体を捉えることに重点を置いたため、その点が疎かになっている。

長野県内では徐々に中世遺跡の調査事例が蓄積されてきており、今後その成果と文献史学の研究成果の融合が図られ、北東日本海交通だけでなく、関東・東海との関係性についても解明されていくことと思われる。

【註】

（1）元善町遺跡大本願明照殿地点から出土した湖東式軒丸瓦が、近江国においては七世紀後半〜九世紀に生産されていることを根拠としている。

（2）後庁および善光寺門前に関する代表的な先行研究としては井原今朝男氏・牛山佳幸氏・鋤柄俊夫氏があげられる。牛山氏は門前に置かれた諸施設を国衙よりも鎌倉幕府によるものとして捉えられている。鋤柄氏は後庁の所在地を遺称である「後町」の範囲と推定されている。後町に所在する県町遺跡では古代の役所を想定させる蹄脚硯の出土や掘立柱建物跡が検出されている。

（3）鋤柄俊夫氏一九八六「中世信濃における陶磁器の産地構成と流通」『信濃』38—4・市川隆之氏・竹内靖長氏などにより既に指摘されている。

【参考文献】

井原今朝男「中世善光寺平の災害と開発 開発勢力としての伊勢平氏と越後平氏」『国立歴史民俗博物館研究報告』96集 二〇〇一年

牛山佳幸「善光寺創建と善光寺信仰の発展」『善光寺　心とかたち』第一法規出版　一九九一年

「中世武士社会と善光寺信仰」『鎌倉時代の社会と文化』東京堂出版　一九九九年

小林計一郎『善光寺史研究』信濃毎日新聞社　二〇〇〇年

鋤柄俊夫「鎌倉時代の善光寺門前」『善光寺の中世』高志書院　二〇一〇年

福島正樹「古代における善光寺平の開発について」『国立歴史民俗博物館研究報告』96集　二〇〇二年

佐久市教育委員会『岩村田遺跡群観音堂遺跡』一九九九年

『下信濃石遺跡』二〇〇六年

『岩村田遺跡群北一本柳遺跡Ⅲ』二〇一〇年

茅野市教育委員会『干沢城下町遺跡』一九九三年

長野県『長野県史』通史編第二巻中世一

長野県教育委員会『中央自動車道長野線埋蔵文化財発掘調査報告書8—松本市内その5—北栗遺跡』一九九〇年

長野市教育委員会
『上信越自動車道埋蔵文化財発掘調査報告書14―中野市内その3・豊田村内―』 一九九八年
『栗田城跡・下宇木遺跡・三輪遺跡（3）』 一九九一年
『長野遺跡群西町遺跡』 一九九八年
『長野遺跡群善光寺門前町跡』 二〇〇六年
『長野遺跡群元善町遺跡・善光寺門前町跡（2）』 二〇〇八年
『裾花川扇状地遺跡群栗田城跡（4）』 二〇一四年

上越大会全体討論『中世日本海の地域圏と都市』

〈司会〉
福原圭一（上越市公文書センター）
山口博之（山形県立博物館）

発言者一覧〈発言順〉
村井章介（立正大学）
高橋一樹（武蔵大学）
向井裕知（金沢市文化財保護課）
和田　学（七尾市教育委員会）
田中　聡（長岡工業高等専門学校）
宮武正登（佐賀大学）
阿部　来（勝山市教育委員会）
田中暁穂（長野市埋蔵文化財センター）
松山充宏（射水市新湊博物館）
水澤幸一（胎内市教育委員会）
伊藤正義（鶴見大学）
中島圭一（慶応義塾大学）
山田邦和（同志社女子大学）
五味文彦（横浜市ふるさと歴史財団）

福原　これから午後の討論を始めたいと思います。司会は私、実行委員の福原です。それともう一人、山口さん。

山口　山形県立博物館の山口でございます。よろしくお願いいたします。

福原　今回この「中世日本海の地域圏と都市」というテーマをなぜ選んだかという話を最初にさせていただいて、それから具体的な討論に入っていきたいと思います。

去年、石見益田で開催された中世都市研究会のときに、五味先生から「来年は上越でできないか」というお話をいただきました。年明けに上越で打ち合わせ会と称して新潟県立歴史博物館の前嶋さんと事務局の高橋慎一朗さんと呑みながら、ふと頭に浮かんだのが、新潟県立歴史博物館の「なむの大地と親鸞」展での高橋一樹さんのご講演です。昨日の基調報告でもお話しされていた恵信尼書状の話がとても心に残っていまして。そこから越後、越中、能登、佐渡という四つの地域を挟んだ地域圏が設定できないかということを思いつきました。

ただ中世都市研究会ですから、単なる日本海流通の話ではなくて、港町という視点を入れてテーマを設定し、報告者もそれぞれの地域から立てました。また、少し奥行きをもたせようと、内陸部と日本海とのつながりを求められるような話がないかと、信濃の善光寺門前の発掘事例をもとに田中暁穂さんにご報告をお願いした次第です。

討論は、二つのテーマを考えてみました。ひとつは、地域圏という概念がどういう中身をもつのだろうかということ。もう一つはそれぞれの港町の具体相です。ここで、高橋一樹さんに村井章介さんから質問が届いています。直接ご質問していただいたほうがよいと思います。村井先生お願いします。

村井　高橋さんのお話の大きな功績は、能登半島の付け根部分の陸路と、内水面を繋ぐルートに光をあてたところにあるのではないかと思います。日本海側の水上交通を考える場合、潟が沢山あるという特徴がありますね。これは瀬戸内海なんかとは全然違う。そういう潟や潟に注ぐ川を利用し、一部はどうしても陸路が必要になる、そういった組み合わせでの交通を大きく考えないと実像に迫れないだろう。そういうことで、たいへん重要な問題提起だったと思います。ほかの方々の報告のなかにも、そういう指摘がいくつかありまして、今回の研究会の特徴かなと思います。

それを踏まえたうえでなのですけれども、高橋さんの報告では、その能登半島の付け根部分のルートと、能登半島の北側を通って珠洲の岬から、越中なり越後なり佐渡なりへ行く、直航ルートとでもいうべきものとが対比されていて、それを時代差という観点から捉えていたと思うんですね。より新しい時代になると直航ルートが重要になるというような、一種の発達史観のような感じを受けたんですけれども、果たしてそれでいいのかというのが第一点目の疑問です。

そういう直航ルートといわばローカルルート、とくに能登半島の南側の海は湖のようだというお話があったけれども、そこを辿るような船のルートというのは、文献史料からも検出できますね。そういうものと、珠洲から例えば佐渡へというルートとが共存しているほうが実態に近いのではないか。私はそのように感じています。ですから、もし共存しているとすれば、どういう場合にどちらが選択されるのかということを詰めて考えていく必要があろうかと思うんですね。

内水面と陸路を繋ぐという場合、距離的には近いけれども、荷物を運ぶ場合には積み替えが必要になりますから、コスト的には相当高くなるという問題があります。運ぶモノが物であるのか人であるのかという違いも影響するだろうということで、組み合わせとして考えたほうが立体的になって面白いのではないかなというのが一つめです。もう一つは、今の問題ともかかわるのですけれども、季節性ということを考えるべきでなかろうか。これも北陸の海の大きな特徴だと思うんですが、冬場が酷く厳しい状況になるわけですね。幕末の「皇国海岸図」という、日本全国の海上ルートを記した史料に、港ごとの特徴が注記されています。それによると、やはり加賀とか能登、越中・越後もそうですが、日本海に面した港というのは冬場何ヵ月か使えないと書いてある。そういう季節にどういう代替措置があったのかを考えると、やはり内水面および陸路の組み合わせが頭に浮かぶわけです。

実際私が注目した、名護屋城に米を運ぶことを命じた前田家が出した文書があります。正月の日付で三国湊の商人に宛てたもので、米を敦賀まで持っていくのですが、可能な限り内水面と陸路を利用していることがわかります。これは季節的な問題ではなかろうかと、以前に書いたことがあるんですが、そういったことも考えていく必要があるのではないでしょうか。

高橋　ありがとうございます。いま村井さんから、ご質問の意図をご説明いただきました。昨日の基調報告のなかでもポイントとなる、能登から佐渡くらいまでを一つのまとまりとして考えるということに関して、たいへん重要な点を突いてくださいました。まず一点めからお話したいと思います。昨日の報告では、たとえば『実隆公記』の記事ですとか、冷泉為広が七尾から善光寺へ行く途中に越後府中へ移動してくる際のルート、あるいは、十三世紀後半以降の大船を取り上げました。これらの船あるいは航跡は大きく異なっており、したがってそれぞれ湊との関わりも大きく異なることが考えられます。この問題を、中世を通じてどういうふうに整理したらいいかというのは、正直迷っていたところがあります。

史料の出方としては、ローカルな動きをする船が、中世の後半にならないと出てこない。中世前期、例えば十三世紀くらいまでに関しては、ほとんど点と点でしか史料に現れない。その点と点の距離も非常に大きかったりして、その間をどのように考えるかということが難しいわけです。私は二つの可能性を考えていて、一つは段階的にどちらかが出てくるとどちらかがなくなる、もう一つはある段階からは重層すると考えてよいのではないかということです。後者が可能性としては一番強く考えていたパターンです。ただし、もう一度申し上げますけれども、史料の出方としては、ローカルなものは後期にならないと出てこない。そこでもう一つのパターンですが、今回の地域圏という概念の設定ともかかわりますけれども、鈴木敦子さんの提示された地域経済圏という概念（鈴木敦子『日本中世社会の流通構造』校倉書房、二〇〇〇年）ともかかわって、ローカルな船の動きというものは、むしろ中世前期よりも後期のほうが、濃密化していく可能性がある、という認識も一方ではもっておりました。

ですから、これは史料の出方を長いスパンのなかでどのように解釈するか、いかなる全体像を描くかということとかかわっているんですけれども、最後に申し上げたようなパターン、つまりローカルな船の動きは前からあるにせよ、私が昨日『実隆公記』などでみたような動きというのは、むしろ前期よりも後期に、史料の出方と同じように、ビビッドに発展していったものであって、それはそのままでは前期には遡らないのではないか、ということもこのフィールドに関しては捨てきれないという思いがありまして、少し揺れ動いている、というのが率直なところです。

ただ、昨日はそうも言っていられませんので、わりと大きな動きをするものも含めて、ローカルな動きをするものは中世前期から存在している、しかし史料に明確に表れてくるのは後期だという、こういう立場で話をしました。二〇一一年に書いた論文（「北陸社会の交通と地域区分」、高橋慎一朗編『列島の鎌倉時代』、高志書院）でも、そのように書いているつもりですが、私としては、ローカルな動きも「大船」のような航行も中世前期のある段階からは海流などの問題もあるし、京都との関係も含めてさまざまな働きによって、ある程度併存ないしは重層したような関係にあるだろうと、このように考えています。

そのうえで、どう競合しているかということなどに関してはなかなか材料がありませんが、例えば珠洲焼の問題から考えることができるかもしれない、と思っています。その流通圏・分布圏について、吉岡康暢さん（たとえば『中世須恵器の研究』吉川弘文館、一九九四年）以後の研究や事実関係を踏まえて、文献・考古ともにいまの段階でどう解釈できるか、まだみえておりませんけれども、珠洲焼が能登半島の先端から、どういう船で運ばれていくのか、たとえば年貢を運搬するようなものの返り船とか、いろいろなことが考えられると思うのですが、その際にはわりと大きな動きをする船と、湊々を立ち寄りながら地廻りをしていくような、そういう船の二つの動きがあるのかもしれない。そうした背後関係に着目することによって、大きな動きをするものとローカルな動きをするものの違いというものを、十三世紀くらいから考えることができるかもしれない、とは考えています。ただ、いまはその程度しかお答えできない、ということでお許しいただければと思います。

次に二点めですけれども、季節性の問題についてはまったくおっしゃる通りだと思います。これも有名な話でありますが、十二世紀前半の『中右記』に、平泉からの馬と檀紙と金が、北越後の小泉荘というところで押し取られてしまった、という事件の記述があります。戸田芳実さんも取り上げて（『中右記　躍動する院政時代の群像』そしえて、一九七九年）、平泉と京都との人やモノの動きを考えるうえでの重要な史料ということになっていますけれども、この事件は冬場におきたものであって、荒れる日本海を避けて北越後まで陸路で来たのか、それとも出羽のある場所で海に出て海岸沿いを船で移動して運んできたのか、こういう論争があったわけです。私としては、冬ということもあって、とくに内水面の問題から、内陸部を優先的に選択して平泉から運んでいたのではないか、と考えていたわけです。まさにそうした季節性の問題は重要で、今回はその問題が論点として十分に組み込まれていませんでしたので、それはご指摘いただいた点を入れて、地域圏という問題を考えるうえでの一つの重要なファクターにしたいと思っております。

福原　村井さんがおっしゃったことのなかで、荷物の積み替えの話は重要な視点かなと思いました。向井さんが、南黒丸遺跡とか、堅田の館がある意味海と陸の接点にあたるところだというお話をされていたと思うのですけれども、何か遺物の出方とかで、積み替えというか、集散地的なことがわかるような事例が、もしあれば少し教えていただきたいのですが。

向井　南黒丸遺跡につきましては、珠洲焼はたくさん出ているんですけれども、使用痕があまりみられないので、そこから出荷をしていたのではないかというような推測がされています。窯からそのまま持ってきた釉着したものとか、それをストックしておいたような遺構とか、窯跡に直結するような資料はないんですけれども、使われていないものがある、ということです。

堅田館につきましては、なにかしらの積み替えの痕跡はないのですが、報告でも申し上げたように普通の遺跡には入ってこないような物、たとえば山茶碗ですとか瓦器碗、そういった物が入っています。ただ、これは輸送ということではなくて、他地域の人間がよく館を訪れた痕跡かな、と考えています。ということで、出土した遺物からは、堅田は人が来るような、あるいは来やすい環境、立地だったのかな、と思います。

福原　佐賀大学の宮武さんから、「能登外海での古代期渤海使の来航のように、越後から越前一帯で大陸・半島からの船がダイレクトに来着しているような例はないのか」という質問がきています。能登の話ですので、和田さん、何かご存じですか。

和田　渤海使の話は金沢学院大学の小嶋芳孝さんの研究（「日本海の島々と靺鞨・渤海の交流」村井章介・佐藤信・吉田伸之編『境界の日本史』山川出版社、一九九七年）によっています。能登半島では福浦というところに客院ができていて、渤海から福浦へは何回も来ています。それから日本海側では、加賀に着くルート、あと小嶋さんの研究では秋田のほうに行くルートもあったような気がします。ただ、秋田とか、日本海側のほかのところには、回数はあまり行ってないのではないかと思います。それで、朝鮮半島から直接来着するというのは、最初は恐らく漂流に似たかたちで来るのではないかと思います。能登半島までの距離はわかりませんけれども、何かの風や潮に乗れば着いてしまう、それが何回か繰り返されるうちに、ルートができてくる。そんなかたちで後々ルートが確立されていくのではないかなと考えます。

福原　能登の向かいということで、田中さん佐渡の事例はなにかありませんか。

田中聡　海外からの漂着事例ということで、いま思いついたのが三件ほどあります。一つめは八世紀中ごろに能登を目指していた渤海使が佐渡に漂着している事例です。当時は佐渡が越後国に合併されていた時期で、越後を通しての対応は大変だったらしく、その直後、佐渡国が復活しています。

それから、時代が前後しますが、五世紀中ごろ、粛慎人が佐渡に移り住んでいることを伝える史料も確認できます。滞在地は佐渡の旧相川町、外海府地域の一角だと推測されていますが、北方の人びとと佐渡の関係を示す事例として注目されています。

もう一つ、佐渡の事例ではありませんが、鎌倉時代に越後の寺泊に漂着物があって、それを守護が将軍の閲覧に供するという『吾妻鏡』の記事があります。年代的には承久の乱の直後くらいですけれども、その漂着物に書かれた文字がいわゆる女真文字ということで、大陸と越後の関係がうかがえると思います。ちなみに寺泊周辺には、この一件と関係すると思われる「新羅王の墓」の遺跡が分布していたりすることも付け加えておきたいと思います。

福原　宮武さん、今の話を聞いていかがですか。

宮武　九州側の目線からみて不思議だと思ったんですね。というのは、大陸・半島から北陸までの直線距離（クラスキノ→能登＝九二〇キロメートル）は寧波から五島まで一気に突っ切る距離（八八〇キロメートル）と変わらないんですよ。でも今回扱っている素材は、ローカルという言葉も出てきましたし、内水面の問題もあるのでしょうが、ほとんど国内流通に関する事柄です。どうして半島とか大陸からストレートにポーンと日本海を渡って越後に来ないのか。海流の問題、あるいは自然環境の問題、あるいは船舶の技術的な問題、さまざまあって来られないのか。ただ、実際に能登より西の地方には外国船が来ているわけですから、見ようによっては、能登半島を挟んで東側と西側では対外的な遠路航海のかたちが違っている可能性もあるんですよね。史料のうえでも実情でも、やはり越後〜越前の海岸線沿いには、大陸からの貿易船は直接は来られないのか、その点が教えていただきたかった最大の疑問なんです。対外交易の内容をみても、どうも東と西のあいだでかたちが変わる。でも変わっているのはなぜか、という部分についての見通しみたいなものをおうかがいできればと思うんですけれども。

村井　漂着以外で、中世で日本海を横断して船が来たという事例は、私は一つしか知らないのですけれども、一三二〇年代に大智というお坊さんが中国に行くわけですが、帰り道で嵐に遭って、高麗の国家が救助してくれるんです。暫く高麗に滞在して、最終的に到着したのが加賀の宮腰である、という史料があります。この場合は、はっきりわかるように書いてあるわけではないのですけれども、恐らく高麗側が用意した船で帰ってきている。もちろん彼を送還するためだけに用意したとはいえないかもしれませんが、少なくとも漂着ではありません。ただ、回数が非常に少ないことだけはまちがいない。答えが簡単に出るわけではないですが、朝鮮半島との貿易関係は、やはり壱岐・対馬ルートが主流であろうと思います。鎌倉時代にも、のちの倭館に相当するような施設が、いまの釜山の近くに設けられていたという史料もあります。その担い手というのは、やはり主として対馬の人間であると考えてよさそうなんです。積極的に高麗の側が、対日貿易に乗り出しているという印象はあまりありません。対馬の人間はもっぱら媒介者であって、二つの地域を繋いでいるということなので、そのこともあって北陸地方に来るということが少ないのかなと思います。

福原　テーマの〝地域圏〟という話ををもう少し深めたいと思います。ここまで「能登半島を境に北のほうをみる」といいながら、それがどこまで伸びるのか、ということについて議論しておりませんでしたので、北のほうが地域圏として、どのようにこの越後・越中・能登と結びついているか、ということに目を向けてみたいと思います。山形からきていただいた山口さんに少しお話をいただきたいと思います。

山口　北のほうからの話ということですが、佐渡を含むこの地域が非常に密接だというのは皆さんご理解の通りかと思います。これは内界といいますか、ローカルな動きが一義的なものではないかと思います。山形でも飛島《とびしま》という離島が酒田の北西二キロメートルほどのところに浮かんでおりまして、本州側には鳥海山の小物忌神社があります。鳥海山自体が御神体でありまして、鳥海山は現在も火山の警報が出ておりますが、時々噴火するわけで、小物忌神は国家のさまざまな災害を予兆するということで、正二位の神階を授けられています。それで、その鳥海山と飛島のあいだから甕が一個底引き網によって引き上げられました。八世紀から九世紀代の須恵器の大甕です。どこの甕かはよくわからなかったのですけれども、特徴的な型の叩きの状態から、新潟県の新発田の中世の北沢窯など東側の山麓一帯で作られた甕だ、ということをこの前新発田の鶴巻さんから教えていただきました。ですから、八世紀から九世紀代くらいにそういった動きがあったといえます。それからその地域では、北海道の石狩低地にまでいくような甕の動きもありまして、山海窯というこれも酒田の大きな窯があるのですが、そこで作られたものが石狩低地まで行くという動きも八世紀から九世紀の段階にみられます。それよりも広い動きをもつものとしては、中世に入りますと、先ほどから、向井さんらもご説明されておりますす十二世紀代の珠洲焼がその代表になるわけですが、珠洲の動きはやはり能登半島から北東のほう、そちらのほうが中心になりまして、一番北は余市の大川遺跡で、あと上ノ国の勝山館といったところで珠洲焼のⅠ期の甕の破片が出土しております。Ⅰ期は活動が非常に大きい時期なのかなと私は個人的には思っているのですけれども、そういった出土の事例があるということで、基本的にはローカルな動きと広い動きが二つ組み合わされて展開するんだということです。それから湊というのは後背地に湖などに流れ込む河川が存在しますので、その河川を通って上流のより大きな平野にも影響を及ぼしていくことになっていくんだと思います。それもまた十二世紀代からの大きな動きかなと思っています。

あともう一つ、大きな動き・広い動きのなかでちょっと注目してみたいなと思うものに、渥美、皆さんもご存じの東海地方の陶磁器ですが、その動きがあります。私たち東北の人間は渥美というと平泉、というふうに思うのですが、平泉以外にも日本海側にある秋田県の本庄市で渥美の大甕の破片が出土しました。あと昔から知られている事例としては、津軽半島の蓬田大館の事例もあります。石川県では、ちょっと遺跡名を失念したのですが、常滑の1b形式の甕の広縁部破片が出ている遺跡もあります。そしてこれがどこまでいくのかといいますと、南は鹿児島の持躰松遺跡とか鹿児島神宮の遺跡とか、そこまで広がるわけですね。十二世紀初頭にこういう大きな動きというものがあるということを把握しておいてもよいのではないのかと思います。

勝山市の阿部さんと次に和田さんとに、お話をお伺いしたいと思います。このような現状を考えてみますと、広域の地域のなかでさまざまに影響し合うことが活発化されてくる時期があるというのがわかってくるんですけれども、都市平泉と白山平泉寺との関係でありますとか、あと先ほど和田さんのご発表を聞いて私は衝撃を受けたのですけれども、出羽国の立石寺に関係する仏像が、保元年間（一一五六〜五九）の記銘をもって存在するという事例を紹介していただきましたので、そのようなことをおうかがいしてみたいなと思っています。まず、勝山市の阿部さん。平泉と平泉寺とのことについて少しお話しいただけませんでしょうか。

阿部　白山平泉寺という遺跡をいつも調査しているのですけれども、そこから地域圏というものを、山口さんからどう考えられるのかということを言われましたので、お答えしたいと思います。

奥州平泉と平泉寺との関係ですけれども、平泉寺側の関係を示すものとして、まず白山平泉寺に奥州藤原氏から黄金の鐘が寄進されたという伝承があります。これは昭和のころに新聞記事などにもなっておりまして、地元の方々も本気で探していたというようなこともあったそうです。それから岐阜県内の石徹白という地が、もともとは越前なのですけれども、そちらの集落に奥州藤原氏の家臣の末裔といっておられる家とかその集落がございます。それから白山の仏像を奥州藤原氏が寄進したというような伝承も残っております。平泉寺側も縁起には「平泉」という地名は、平泉寺からとったものだというふうに書かれています。そういった、越前平泉寺と奥州平泉を結びつける伝承がいくつかあります。

それと今日は内水面の話が少し出ていたかと思うのですけれども、平泉寺と三国湊の関係をあらわす伝承もあります。三国に東尋坊という有名な場所がありますけれども、東尋坊は平泉寺のお坊さんの名前だといわれています。『朝倉始末記』に出てくるのですけれども、寿永年間（一一八二〜八五）の平泉寺の悪僧で、寺内でも誰の手にも負えなくなりまして、三国の海岸に連れて行って、皆で酒盛りをして酔っ払ったところを崖から突き落としたという伝承があります。ですから九頭竜川を介して平泉寺と三国湊も繋がっているという、こういうエピソードが平泉寺では残っております。

山口　ありがとうございます。十二世紀段階で「平泉」という地名を名乗っているところは日本に二ヵ所しかないわけですから、これは関係があるのではないかと、もしかしたらそういった都市のできかたとか、そういうようなものも相互に影響を及ぼしているのではないかなみたいなことも、想像していると楽しくなるような気もいたします。

次に海から内水面を通って、そして河川、それから街道を繋いで当然いろいろなものが運ばれていくわけですが、和田さんがご発表された立石寺の事例もそういったことなのかと思います。立石寺自体は東北の天台の大道場になるわけなんですけれども、さまざまな活動をするわけです。それから目の前には陸奥と出羽を結ぶ最短のルートで街道が通っておりますし、そしてその街道は最上川に直線道路でぶつかるんですね。そこに日枝社を勧請しまして、その港は寺津になっています。それでこの結びつきについて、和田さんのお話をお伺いしたいのですけれども。

和田 仏像は不慣れなのですけれども、海門寺が天台宗だったということは考えにくいですね。というのは、この開基のなかに畠山氏の三男で建長寺の第何代目かの貫首を務めた方が、そこを辞められて海門寺の住職になっています。その方の無縫塔が先般、市の指定になりました。七尾市では、もとは真言宗であったのが真宗寺院に変わった、というようなことは結構あるのですが、海門寺に関してはそういったことは聞いていません。ですから、この観音さま自体が海からどうやって来たかは私もわからないのです。もともとこのお寺にあったものなのか、という問題が一つあります。実は隣に熊野神社という小さい祠がありまして、そこに絵馬などが掛けられていまして、もしかしたらそこに関連するものではないか、というふうにも言われております。ですから、お寺自身と結びつくのはその後のようにも思います。それから立石寺との関係で、たとえば中世の海運として七尾と酒田とが結びつくというのは、あまり史料的には出てこないですね。近世ですと、私が近世の海運史料集(『新修七尾市史』九 海運編、一九九九年)を作るときに客船帳を調査するために日本海側の北前船の寄港地を廻りまして、鶴岡へも行ったりしました。そういった客船帳とかの海運史料での繋がりは出てくるのですけども、なかなかこの時期のルートといいますか、海上でそういったものを見出すのはちょっと難しいと思っています。海門寺自身もあまり史料がないお寺なので、この仏像の胎内銘が出てきたことによって何か手掛かりになるかなと思ったのですが。また山口さんからでも、そういった関係が反対に出てくれれば、こちらも何か助かるかなと思います。

この観音坐像に関しては、『新修七尾市史』の調査で大谷大学博物館の齋藤望さんが十二世紀末と判定していました。そのあとの解体修理でこのような銘が出てきました。その後杉崎貴英さんの論文（「富山県外所在の中世彫刻銘文にみえる「越中」二題―七尾市海門寺千手観音像と磐田市西光寺薬師如来像―」『富山史壇』一六〇、二〇〇九年）とかが発表されたりして、話題が広がってきました。そのような関係から、さらに能登と山形の関係がわかればすごくよいかなと思います。

山口　内陸との交通にかかわって、田中暁穂さんなにかコメントをお願いします。

田中　ここまで海上交通・内水面交通ということに関してのお話ですが、信濃の場合はその港・集積地からさらにどのように展開していくのかということが問題になります。人の流れについていえば、一遍や他阿真教は北陸から越後国府を経て、善光寺に向かいますが、『とわずがたり』の後深草院二条は鎌倉街道を北上して参詣しています。藤原定家『明月記』には信濃の国情視察の使者のルートが記されていますが、やはり京都から東海道で鎌倉に行き、鎌倉街道で善光寺に来ています。このように越後から南下して東山道・鎌倉街道上つ道に接続するこのルートは、北陸と関東を結ぶ主要ルートであったと考えられます。考古学の立場からはモノで検討していくしかありませんが、陶磁器ではやはり珠洲焼が北陸とのつながりを判断する基準になります。珠洲焼の出土量が多いという点では、地域的には北信が北陸とつながりが深いといえますが、各遺跡の評価はそれ以外の産地とのバランスや製品の性格などでもみています。その点では善光寺門前町とその他の北信地域とでは様相が異なり、単純に珠洲焼が多いだけではない、さまざまなモノが流入する都市的場であり、交通・流通の拠点のひとつであることがわかります。ただこのような核というか拠点は信濃国内に地域ごとにあり、それはやはり門前町・城下町などが主で、例えば南信の干沢城下町遺跡や東信では大井庄の中心である岩村田などは交通の要衝といわれる立地です。今回の報告で取り上げた遺跡は十四～十五世紀が主体となっていますが、善光寺門前町についてはおそらく鎌倉時代の前半で、ある程度都市としての機能が備わっていたと考えられます。考古学的成果で信濃の中世を語るのはまだ難しい段階なのですが、このような拠点が有機的に結合することで信濃国内の流通は成立しているのであろう、というのが今の時点での見通しです。

山口 ありがとうございます。松山さん、神人のことについても知りたいですのですがよろしいでしょうか。あと今まで陶磁器の流通とかは、経済的な側面が強いかと思うんですけれども、そうではなくてこの時代に宗教的なところで地域圏とか、そういったものがいかに意識されていたのかというところ、もし何か事例がありましたら教えていただきたいのですが。

松山 まず神人について補足いたします。越中国における山王神人の活動は、先ほどご紹介した半井家本「医心方」紙背文書に大治年間（一一二六〜三一）の動きが出てきます。山王神人は、まず越中国府の対岸にあたる六渡寺に拠点としての山王社を勧請します。この神人たちはその後、東にある放生津へ進出し、山王社を勧請しました。その門前として山王町を形成します。そして山王町に流入していた西神楽川の上流部、つまり射水平野へ遡上していき、分霊社を続々と勧請していきます。こうした分霊社の特徴として、山王三聖像、いわゆる阿弥陀・釈迦・薬師の三体仏を神体として今日も安置しているのです。一番古い像は、六渡寺の日枝神社が所蔵する三尊のうち中尊とされる釈迦如来像で、院政期の作とされています。次に、放生津は足利義満の元服判始にあたり石清水八幡宮へ寄進されています。石清水の神人らも山王神人と同様に、放生津へ流入する東神楽川や下条川の上流部や水源地との間にどんどん分霊社を勧請していきます。いずれの神人たちも、分霊社のそばに艀状の舟着き場を設け、流通網を拡大していったというべきでしょう。山王社・八幡社は今も射水平野を流れる中小河川に沿って存在しています。ただ、これはあくまで内水面の話です。残念ながら、越中が面する富山湾での神人の動きは判然としていません。

福原 では、次に港と都市の話に進みたいと思います。

高橋 具体的な場に即したテーマに討論を移していくに際して、最初に少し発言させてください。村井さんからご質問をいただいたところでも話しましたが、中世の後期ですと、地域経済圏であったり、あるいは海運を中心とした水運という問題に関しては、市村高男さんが列島――網野さんのお仕事などを踏まえながら――列島沿岸をいくつかに分けていく、航海圏という概念(「日本中世の港町―その景観と航海圏―」歴史学研究会編、深沢克己責任編集『港町の世界史二　港町のトポグラフィー』青木書店、二〇〇六年)など、いくつか関連概念があるわけです。地域圏という概念自体は、もちろん経済的な関係という点では地域経済圏とも重なり合うかもしれないし、船の問題ともかかわって船がどういう動き方をするのだろうかという、航海圏の問題とも重なり合うかもしれない。それから、必ずしも自明なものではなくて、一国という単位だとかを取り払い、それ自体が伸び縮みをするかもしれない範囲、あるいは国と国の境界をまたいで一つの河川が貫いているような場合にはその流域、こうしたものを一つの地域社会とみたらどうだろうか、というような捉え方、さらに数カ国単位で、海流の問題なども視野に入れて、こういうまとまりを考えてみることが、中世における都市の成立なり、いくつかの段階的な機能の変化だとかという問題を考えるうえでの重要な要素の一つになるのではないか。そういう思いが大会の実行委員の方たちとの議論のなかで、私のなかにもあって、またそれに類するような問題をこのフィールドに即して書いてきたこともあって、大きなテーマとして取り上げてみようか、という話になりました。都市そのものの場を論じているわけではないけれども、その成立だとか、そのバックグラウンドなり機能なりといった、さまざまな要素を考えるうえでの一つの切り口として、こういう地域的なまとまりを意識して、またそれと別の地域圏との結びつき方というようなところから、中世における都市の問題を考えられないかと、こういうねらいであります。

その背景について、もう一つだけ申し上げておきますと、皆さんもご承知のとおり、同じ日本海で西日本の海運研究の状況というものがあります。井上寛司さんはじめ、最近では錦織勤さん、長谷川博史さんらの文献側のお仕事があるわけですが、とくに錦織さんや長谷川さんが一貫して主張されているのは、西日本海の水運を美保関を分岐点とする分節構造で捉えようという問題です(たとえば錦織勤「中世山陰海運の構造―美保関と隠岐の位置づけを中心に」『鳥取地域史研究』六、二〇〇四年、長谷川博史『中世水運と松江―城下町形成の前史を探る―』松江市教育委員会、二〇一三年、など)。少なくとも文献史料からの現象面をみていくと、美保関がそれ以東の海運状況を少し集約する動きが確かにあって、そこでワンクッションおいて、そこからさまざまなポイントへ分かれていくようなイメージが、ごく最近の仁木宏さん、綿貫友子さんが編まれた論文集、そのなかの長谷川博史さんの論文のなかであらためてまとめ直されているわけです(「中世山陰の流通と港町」『中世日本海の流通と港町』清文堂、二〇一五年)。そういった研究状況を踏まえつつ、では私たちが今回フィールドとしている北東日本海は、ともすれば「大船」などで強調されてきた一体性という性格規定だけで見ていって果たしていいのだろうかという、そこに研究史上の大きな問題、関心もあったということであります。私は文献からしか研究史的には申し上げられませんでしたけれども、そういったことを踏まえつつ、今回の地域圏という仮説的な概念ないしは見方を設定したところで、それを都市の成立なり機能の変化なりを考える要素の一つとして入れてみたらどうだろう、そういった点をぜひお考えのどこかに入れていただいたうえで、具体的な場というものを、これからさらに洗い出していけるとよいなと思います。どうぞ宜しくお願いいいたします。

福原　各報告で取り上げた港の立地と形態をもう少し詳しく知りたいということで、宮武さんから質問が出ております。宮武さん補足をお願いします。

宮武　私の場合、関心は非常に単純で、この議論の主人公である「船」がどのように繋留されていたのですか、ということなのです。

この中世都市研究会の第三回が「津・泊・宿」という名称で、第四回が確か「都市と宗教」でした。開催地は草戸千軒と博多で、私もその時、唐津の港湾についてのお話をさせていただいたのですが、その際に市村さんが港湾の形自体を類型化して報告されたのが、恐らく最初の体系的な話だったのではないかと思います(市村高男「中世後期の津・湊と地域社会」『中世都市研究三　津・泊・宿』新人物往来社、一九九六年)。当時、持躰松遺跡(鹿児島県南さつま市)とか非常に注目を浴びた鎌倉期の港湾遺跡が九州で出てきたわけなのですが、その後の議論のなかで、ここはどうも鎌倉時代が終わったところで止まっていて、室町期になってくると南薩のリアス式海岸の坊津（同市）のほうに機能が移ってくるという方向性が見えてきたのですね。去年の研究会が開かれた益田もそうですし、いま九州で注目されています肥後の高瀬津（熊本県玉名市）もそうなのですが、やはり持躰松と同様に河口よりもちょっと内側に入った蛇行部分のところに遺物が集中していて、船がそこに繋留されていた、と。皆さんの昨日からのご報告をうかがっていると、大体まずラグーン型と、それと砂丘堤防の真後ろのバックマーシュになるようなところ、とくに川が砂丘に遮られて蛇行したところの縁にくるのと、繋留場所の立地には二、三の種類があるのだろうと思うのです。持躰松の場合は、蛇行型なのですけれども、最後には埋まってしまって使えなくなってしまう。よく考えてみると、博多についても、博多津から「息の浜」に移っていくというように、徐々に外洋のほうに出て行っているという事実があるわけです。唐津の場合もそうですし、どうも内陸部の中流域に繋留の機能をもっていたのが、中世の後半期になってくると外洋沿いに出ていくという一つの傾向が見えてくる。

これは先ほど高橋先生のお話にもありましたように、これが航海圏と認識されるようなローカルな視点での話にどう繋げるべきかわかりませんけれども、船舶の形状変化という問題も大きいと思うのです。越後の場合リアス式海岸はあまり発展していないわけですけれども、海岸線沿いにそれぞれ成立している湊・津や港町といわれている場所、これについて船を繋げる形を前提にして、先ほどの直江津のような潟なのか、それとも河川の蛇行線なのか、おおよそどういうところが停泊地としては多いのかという見通しと、それは九州で見つかっているように移動性が強い経歴をもつのか、つまり中世前半の段階で使っていた場所が後半になるとなくなるというような傾向が共通するのか、この点が見えてくるとよりビジュアルなかたちで港町の立地を理解しやすいような気がしてならないのです。

福原　折角なので、私から直江津の話をさせていただきたいと思います。先ほどの伊藤さんのご質問にもあったのですけれども、中世の直江津の町がどこにあったのかというのは、はっきりとはわかっていません。ただ、新潟大学の矢田さんは、橋と港の関係というものを非常に重視していまして、恐らく直江津も川から上がったところに応化の橋が架かっていて、その周辺に繋留施設があったのではないかと言われていまして（「直江津の橋と港湾都市」『上越市史研究』六、二〇〇一年）、私もそのように考えています。それで、近世にどうつながるか、ということを少しお話させていただきたいと思います。上越では戦国～近世に春日山城、福島城、高田城と築城されて、その中心は動くのですが、直江津の町はたぶん福島城のときまではそのままあったんですが、高田城が築城されたときに城下に移されます。直江町という町ができまして、応化の橋も、河口部に架かっていた橋を落として城下にもっていきます。それで、高田を築城するときの伊達政宗の文書のなかに「今日舟入を造った」という文書がありまして、高田城の初期の絵図をみると、堀の周辺にちょっと舟入っぽいものがありまして、もしかするとそこに舟入があるのかなと、私は考えています。それから、港は近世になるともう一度移ります。江戸時代、直江津というのは今町と呼ばれていますが、この地名は「古町」があったうえだと思いますので、恐らく中世の直江津の町が「古町」だろうと思います。それで、寛永年間（一六二四～四四）くらいからはそのように史料に出てくるのですが、そのころには高田の城下までは船は上がらなくなっているのではないか、と考えています。宮武さんの船舶の構造という質問があったので、こういうお話をさせていただいたんですけど、そういうふうに港町も移る例があるということです。綺麗な復元像を出していただいた放生津の松山さん、よろしくお願いします。

松山　放生津は、越中国府とのあいだに射水川が流れています。その射水川河口に繋がるかたちで放生津潟を起点とする放生津内川が町の南を流れています。射水川と放生津内川の合流地周辺は非常に低い低湿地があったことがわかっています。現在は仮に「西潟」と呼んでいますが、ちょうどその場所に「舟付」という小字があります。地元の伝承で、興国四年（一三四三）に後醍醐天皇の皇子である宗良親王が越後国寺泊から越中へ来たときに船が着いた場所といわれています。この仮称「西潟」周辺に港湾と結びついていたとみられる律宗寺や臨済宗法燈派の寺院が進出しています。中世初期の放生津における繋留地は、仮称「西潟」の周囲にあった低湿地帯が想定されます。ただ、小型の船であれば出入りできる水路もありました。

福原　水澤さん越後の蒲原津はどんな感じですか。

水澤　信濃川河口部の港についてですが、資料集十九頁の図をご覧ください。こちらに地名が書いてありまして、「沼垂」とありますね。中世までこの位置に阿賀野川という川が流れていました。それから、図に「新潟」と書いたところがありますが、ここが戦国時代に「新潟」の港があったあたりと考えております。ちなみに「新潟」という地名の初見は、高野山の『越後過去名簿』という史料で、十六世紀初頭くらいですね。そして、さらに西側に一つ川が砂丘を切っているところがありますが、これを新川といいまして、室町時代まではこのあたりに信濃川の河口があったと考えられております。ということで、室町時代以降、急激に砂丘が発達して、東へ東へと動きまして、恐らくそれにつれて港も動いていくということになります。それで、一六三〇年代に、中世を通じて、会津から流れてきた阿賀野川と河口で一つになりますので、戦国時代以後もさらに東へ東へとずれていったと、そう考えております。それで蒲原についてですけれども、戦国時代には三ヶ津、三つの港というのがあって、新潟・沼垂・蒲原とあるのですけれども、その蒲原は、私はその阿賀野川に伴う沼垂の対岸にあるような港だ、と一応考えております。少し話は飛ぶのですけれども、南北朝期に、南朝方が蒲原津に城郭を構えるのですね。北朝方は阿賀野川を押さえられるとたいへんなので、沼垂を拠点に蒲原津を攻めています。阿賀北、阿賀野川から北の地区の領主たちの生命線は、この阿賀野川になりますので、古代以来の蒲原津というのは、阿賀野川にともなう港、そういうふうに考えています。それで報告でも申しましたけれども、山木戸遺跡というのが、その「沼垂」という文字の下あたり、砂丘の近くあたりにありますので、その辺を蒲原津もウロウロしていたのではないか、というふうに今は考えています。時代によって港が動くのは当然の話なので、とりあえずは信濃川にともなう港の名前は、新潟が出てくるまではよくわからないということになります。

福原　ありがとうございます。せっかく来ていらっしゃるので、伊藤正義さん、岩船の話を少ししていただけないでしょうか。

伊藤　鶴見大学の伊藤と申します。出身が阿賀北の新発田でして、越後国郡絵図にかかわって、岩船のことをいろいろと書いたりしています。岩船もラグーンの内側に港があります。多分、町自体は何度も動いてはいないですね、同じ潟にずっと継続してあります。色部氏にとって一番大事な町場なのですけれども、どうもほとんどコントロールできていません。どちらかというと町衆の権限が強くて、相当自治都市に近いようなところだったのではないかと思っています。昨日・今日とお話を聞いていると、港町の場合は宗教勢力とくっつくので、領主の介入というのは相当難しかったのかなと思っています。今回は港がどういうふうに立ち上がっていくか、とくに北陸は時宗の影響が強いとかいろいろなことが発表されましたけれども、そういう成り立ちからすると、在地の領主たちが港町を直接支配するということはできなかったのではないかと思います。

それから確か「津・泊・宿」の都市研究会のときに草戸千軒の話も出たと思いますが、草戸千軒よりも現在の福山城惣門に繋がる深津という、違う港町のほうがメインだということを岩本さんが証明しています（岩本正二「草戸千軒の発掘成果から」前掲『津・泊・宿』）。それから隣の三原市へいくと沼田庄というのがあって小早川氏が入ったところです。その沼田の新庄というのは、ちょうど小早川氏の城のすぐ下にあるのですが、現地へ行って川の護岸をずっとみていくと、ちょうどその辺で海の貝殻が消えるのですね。地元の人に聞いたら、この辺まで潮が上がって、潮が上がらないところから上が昔の市場だというふうに言っていました。日本海の場合は、朝夕の差が大きくても五〇センチくらいしかないのですが、瀬戸内だと三メートルくらいあるんです。そうすると、気水域の部分では船食い虫が入ってくるので、海水と混じらないところに港をつくらないと木造船は何年かすると底が抜けてしまうんですね。日本海の場合もラグーンのところに港を造るというのは、多分船食い虫の被害を避けるために真水域まで上がって停泊するということで、和船のためにはそれが絶対条件だったのではないかなと。それから日本海側の場合、河川にどれだけ押し出す力があるか。流水量ですね。河川に潮の上がってくるのを止める力があれば、相当海岸部に近い部分でも船が停泊できる。それから季節性の話を村井先生がされていましたけれども、船は多分冬のあいだ陸に引き揚げておかないと、どんどん底が腐っていきます。そういう意味では、港は私たちがイメージしているよりも相当広くて、船を冬のあいだは陸に揚げておけるような作業宿がないと成立しないのではないかと思います。岩船の場合は、恐らく町の近くにいまある港のところに揚げるのではなくて、もっと奥のほうの、何もない今は田んぼになっているようなところに冬は船を揚げていたのではないか、というふうにイメージしています。今は全部木造船ではなくなりましたけども、私が子供のころ、船というのはずっと水に浸かっているのではなくて、使わない時は陸に引き揚げていた、というのを鮮明に覚えております。

福原　ありがとうございました。越中と越後のようすはわかりましたので、和田さん七尾の港なのですけれども、中世の小島遺跡をあげてらっしゃいます。中世と小丸山に移ってからの港が変わっているのか、変わっていないのか、私も聞き漏らしたところがありますので、中世から近世の港のようすを教えていただければと思います。

和田　七尾の中世の港についてですが、まず資料集四十四頁下段の写真を見ていただきたいと思います。真ん中やや下あたりの、こんもりとしたところが小丸山城です。この地域の町場造りは、前田利家がここに城を移してから始まったとされています。実際、天正十七・十八年頃の町造りの史料が出てきます。ではそれ以前、とくに報告でお話をした、小島西遺跡のあるその右側の河川付近が、十六世紀から十七世紀初頭の港湾的施設としてどのように変わっていくのか、少し振り返ってみたいと思います。まず、今の七尾の港から南側内陸部に五キロメートルくらい入ったところに国分寺跡がありまして、確定できませんが国府も大体その周辺ではないかと考えられています。それで、古代くらいですと、羽咋からそこまでについては、潟を通って、與木とか越蘇とかの駅家を通って国府に入る、という交通ルートが考えられています。たとえば羽咋市の気多大社では、三月に平国祭という祭りを行っておりまして、羽咋から行列を作って七尾にある本宮神社に来る、というものなのですが、それは、もともと気多の神様が七尾へ降りてから羽咋へ向かった、という伝承によります。それで、その祭礼の行列は旧越蘇駅を通ってきたといわれています。そして、鎌倉時代に入ると、国府にあった政治機能は所口というところに移転すると考えられているのですが、実は小島西遺跡の左側の河川は、所口に繋がります。つまり、ここは中世の初頭に国府と所口をつなぐ水運に使用されていた可能性があるわけです。それから応仁の乱以降、畠山氏が能登の在国守護になりまして、この写真から東側三〇〇メートルあたりの丘陵地に七尾城を築き、守護館も東に移動させたと思われます。ですから、畠山氏の時代には、おそらく東側に流れる大谷川を利用した流通経路や水運があったのではないかと思います。ただ、国府近くから七尾城へ登る、古い縄手の道も残っています。ですから、皆さんの話を聞きながら、中世では二つのルート、畠山氏が使った水運と、古代から鎌倉期（十三世紀から十四世紀）に使っていた水運は並行して生きていた、というふうにもいえるかと思いました。つまり大きな物を運ぶときには、大谷川を使っていて、町場といいますか、国府に近い役所的なところに運ぶときには西側の水運を使っていた、ということです。ちなみに資料集四十四頁の写真ですが、海側は全部埋め立てです。ですから、もともとは二〇〇メートルくらい町場が南側にせりあがります。このあたりは、小さい町場といいますか、港町だったわけです。それで、今申したような川が内陸に入るための交通手段となっていました。府中館も内陸にあったわけですから、それが移転することによって、港湾機能も若干ながら変わっていったのではないかと思います。ただし、それらの水運というのは、近代以後の港湾事業で、たとえば大谷川のようにずっと東のほうに曲げられたりしていてわからなくなっていることが多い、という感じはします。

宮武　なぜ私が港湾の形について話をさせてもらったか、質問を出したか、ということを補足させていただきたいと思います。いままでのこの議論では、船舶自体の構造変化という視点からは、まだ十分には考えられていないように思うのです。以前、石井謙治先生から直接うかがった話なのですけれども、中世の船舶が一番構造的にはよくわからない点が多いのだそうです（石井謙治『和船Ⅱ』法政大学出版局、一九九五年）。古代のものは埴輪ですとか装飾古墳の壁画で復元されたりしていますし、近世も北前船以降の船になってくると大体見当がつくようになる。

ですから一番わからないのは中世だというんです。それを考えていく必要があるのではないか、ということです。それで、中世の前半と後半では、船の構造も大きくかわっているという点だけはわかっているんです。中世前半の船のスタイルというのは、平底の箱船なんですよね。いわゆるキールと肋骨をもたないスタイルが日本の古い船の主流なわけですが、これは要するに船底を海底に擦ってでも前に行ける、スピードは出ないけれども潟のなかに突っ込んでいって繋留するのに、汀線ギリギリまで近寄って行けるスタイルなわけです。そして後半期は、いつごろからかはわかっていないのですけれども、二形船《ふたなりぶね》というタイプが出てくるのです。これは底部分が一本水押《いっぽんみおし》の、つまり波切りしながら向かい波に突っ込んでいける船底の深いタイプです。遠洋の航海でも、荒波でも切っていけるスピード型の船に変わっていく。問題は、このタイプは潟のなかに突っ込んだら最後、あっというまに海底がつかえて動かなくなる、ということです。先ほど自然環境の変化の話がありましたが、結局のところ、繋留できる港湾がその水域の地形に応じて変わっていく、船にとって使い勝手のよい地形とそうじゃない地形とに時代推移に従って分かれていってるはずなんです。だから港湾の場所と繋留地が変わっていく。

　さらにいうと、船の構造が変わってスピードも変わりますから、中世後期には伸び足の進む船も出てくるので、移動距離的にも中世前半とは違う、という話です。そこからきますので、船の形と機能上の問題と船舶技術から中世の船の航海範囲を考えていかなければいけない。風の話もありましたけれども、近世初頭までは、日本式の船では帆桁が下に一本通ってしまっていますので、向かい風のときには艪を使わないと真っ直ぐ行けないわけです。たとえば能登から冬の風に煽られて北東のほうに進むとすれば、逆方向には簡単には戻れないということです。

　それともう一点、私は六年ほど前に日本三津の一つの坊津の海底調査を日本財団の助成でやりました。その結果、大船舶が停泊していた形跡を示す碇石の集中地区が湾内にはなく、実は、港の入り口よりも外洋に離れた浅瀬のところに小型の碇石が大量に沈んでいることが判明したのです。つまり、岸に成立した集落の近くにそのまま大船が繋留するのではなく、沖合に一時停泊させておいて、艀で且つ且つ人や積み荷を運んでくるという形態。そういう点においても、港の形状と使い勝手が、現在我々が想像しているものとまったく違っている可能性があるといえる。そういうわりとミクロな部分からの景観復元を心がける必要があって、中世の港・津というものの構造を考えていくためには、船の形や装備、操船、具体的な停泊の仕方などから見ていかなければならないんではないか、ということです。

中島　東京の中島です。内水面とか陸路などといった、能登半島の付け根を通るルートを考えなければいけないのではないか、という高橋さんのお話について、なるほどと思ったのですが、そうしたルートを使って荷物を運ぶときに、積み替えの問題とか、重い物を運ぶのに障害はないのか、といった点が気になります。そんなことを考えたきっかけは、昨日の巡見のときに、直江津の八坂神社のお祭りの話で、現在では御神輿を高田までもってきてお祭りをやって、お祭りの後半に直江津に戻るのですが、その直江津への帰りだけ船に乗せて下っていき、高田への上りはトラックに載せていくとうかがったことです。高橋さんに限らず、現在の研究のなかでは当たり前のように川を使った水運を想定しますし、私自身あまり深く考えずにそういう言葉を使ってきたのですが、川を遡って船に荷物を積んで上がるのがどのくらい大変なことなのか、という点に関するイメージを、実は私はもっていないのです。ラグーンとかであればあまり高低差がないので問題はないでしょうが、例えば能登半島の付け根あたりで内水面に入って、川船に積み替えて上がっていくというときに、そこを上がるのにどれくらい大変なのか、ということは考えておかないといけないと思いました。他方、能登半島のような突きだしたところは、伊豆半島の石廊崎沖などもそうですが、海上交通の難所として知られる所が多いですね。今日の向井さんの資料集〔第四図　海揚がりの珠洲焼分布と年代〕をみていて、中世の早い時期、十二世紀などの段階であれだけ海揚がりの珠洲が出てくるというのは、ひょっとすると単に流通を示すだけではなく、あの時期には運ぼうとする船がたくさん沈んだことをも示しているのではないか、そして時期が下ると海揚がりの陶磁器が減るのは、航路が変わって沿岸を行くとか、航海技術が進歩したとか、そういったことを物語っているのではないかと思いました。ただ、そのように想像は広がるのだけれども、半島沖を通る航海がどの程度難しいのか、具体的なイメージをもっていないので、もっと航海技術とか海流の問題とかを勉強しないと、あまりいい加減なことは言えません。シンポジウム全体に対する感想とは言い難いかもしれませんが、関連する学問を、考古とか文献とかだけではなく、いろいろと勉強しないと、なかなか具体的な歴史像が描けないのではないかというのが、私の反省でございます。

山田　京都の山田邦和と申します。一昨日に高橋一樹さんといろいろ話をさせていただいたのですが、そのなかで話題に出ましたのは、内陸の都市と外港（外側の港）との関係を、もっと綿密に考えていかなければならないのだろう、ということでした。私は新潟のことについては詳しく知らないのですが、一昨日に新潟市の歴史博物館にうかがい、いろいろと勉強させてもらいました。特に興味深かったのは、近世の新潟には、新潟と蒲原と沼垂、その三つの港が向かい合わせに存在している。そこで、沼垂は新発田藩の外港、新潟は長岡藩の外港だったということです。遠くから見たら一つの港のように見えるものでありながら、実は三つに分かれており、それらが内陸の全然違う都市もしくは権力機構によって支配されており、それぞれの外港になっているということを知って非常に興味をひかれたのです。ほかの地域の港町についても、もちろん在地の港湾都市という意義だけでも大事だとは思うんですが、その背後にあるもっと大きな権力や大きな都市とのつながりを解明することが重要であることを実感いたしました。そこには当然ながら、外港と内陸都市とを結ぶ河川交通も存在していたし、さらには街道もあるでしょう。そういったものが全部有機的に結び合ってこそ、港町というのはうまく機能するのだろう、というふうに思いました。そういう点でも、今日は北陸地方のいろいろな都市を勉強させていただいて大変ありがたい思いを味わっております。今後、そういう目でも各地の港湾都市を考えてみたいと思っております。

福原　ありがとうございました。約束していたお時間は過ぎてしまいましたので、これで討論を終わりにしたいと思います。パネラーのみなさん、どうもありがとうございました。

五味　パネラー、報告者、そして司会者の皆さん、どうもありがとうございました。ここ数年中世都市研究会は、鎌倉大会、益田大会、そして今回の上越大会など、それぞれの地域の実情に即した問題を取り上げて、中世都市をさまざまな角度から探ってみようということでやってきました。非常に勉強させていただき、文献だけを見ただけではわからない、考古学でみただけでもわからない、まさに総合力が試される有意義な場となっていると実感しています。今回の地域の海の流通・交通は、江戸時代になると北前船などでさらに展開してゆくのですけれども、もともとは東海道側とは違うかたちで古代社会以来、展開してきていたわけで、さらにほかとの比較が大いにのぞまれるところです。例えば瀬戸内海と比べると海賊や水軍の存在は一体どうだったのだろうかとか、あるいは鎌倉幕府との関係、それから日枝神人や渡辺党の存在が指摘されていたのですけれども、それ以外の担い手にどういう人がいたのか。そのような視点からもう一度まとめてみると、新たなテーマが見えてくるのかなと思いました。これらについては、どうしても断片的な史料にたよらざるをえなくてはならないでしょう。それぞれの史料の性格を見極めてやっていかなければならないでしょう。中世都市研究には非常に総合力が求められているのです。

今回はとくに難解なテーマだと思うのですけれども、それに果敢にチャレンジしていただいた皆様に本当にお礼申し上げたいと思います。今日いらっしゃれなかった方は、あとになって残念だったと思われる方も随分多いのではないかと思います。次回になりますけれども、今度は内陸部に入り、何と南都です。奈良で着々と準備が進んでいるようです。今回は映画館でやったのだから、次回はどこなのか、国立奈良博物館を予定しています、ぜひお楽しみにしていただきたいと思います。九月の第一土・日ですから、ほかのものは断ってでも出ていただきたいと思います。

本当にどうもありがとうございました。

上越大会を振り返って

玉井哲雄

平成二十七年（二〇一五）の中世都市研究会は九月の五日（土）・六日（日）の二日間、新潟県の上越市高田で行われた。前年平成二十六年に島根県益田市で開かれた大会「石見益田の都市と景観」で日本海側の都市に関心が向けられたのを受けるかたちで、「中世日本海地域圏と都市」というテーマが掲げられた。特定の都市を取り上げるのではなく、日本海側でも主に能登半島以東の広い領域を取り上げ、中世における流通・交易による地域ネットワークとその結節点としての都市を扱うということであった。実際には能登・越中・越後・佐渡、そして内陸の信州善光寺を中心とする地域が報告テーマとしてあげられ、地元で活動している考古学と文献史学の研究者が報告した。

研究会初日は午前中の現地見学会から始まった。直江津駅改札口集合、福原圭一氏の解説と案内で、一行四〇名ほどが、応化の橋推定地、伝至徳寺遺跡、御館跡直江津国府関連の遺跡をじっくり見てまわった。天気に恵まれ、配布資料と丁寧な説明により、中世までさかのぼる痕跡は少ないなか、発掘整備された遺構や、川や街道、そして今でも残る地形とその伝承などから、かつての直江津国府を含む地域全体の雰囲気を感じ取ることができた。

午後は、高橋一樹（武蔵大学人文学部）氏による基調講演「中世北東日本海の水運と湊津都市」から始まり、午後は報告二編と夜は懇親会。二日目は午前中に報告四編と午後には討論が行われた。その内容はそれぞれの報告と最後の討論の記録をみていただくこととして、ここでは会場となった上越高田の町と会場の建物である高田世界館について少し述べておきたい。

慶長十九年（一六一四）、高田城築城とともに建設された近世城下町高田は、近年再建された天守、公園となっている城や武家屋敷、周辺の寺社地、そして近世までさかのぼる町家も並ぶ町人地など城下町としての雰囲気がよく残されている。なかでも町人地大通りに沿って残された雁木は、全国的にみても特徴ある都市景観といってよい。雁木とは町家前面の庇が連続して通路となっているもので、積雪時の通路として知られている。残されているものではこの高田の周辺では長野県の城下町飯山の雁木が知られ、同じく雪の多い青森県の黒石や弘前では「こみせ」と呼ばれる同様の町家前面の連続庇が残されている。ただこれらのなかでも高田の雁木は総延長一四キロメートルといわれ、最もよく残された雁木として壮観である。

この町並みの一角にある高田世界館の建物は、明治四十四年（一九一一）に芝居小屋「高田座」として建てられた。表通りから少し奥まった位置の洋風建物は、「ルネッサンス式白亜の大劇場」として評判になったという。この白壁にアーチ窓が並ぶ正面外観のみならず、客席をとりまく黒い列柱上には西洋古典建築様式の一つであるトスカナ式オーダーが用いられているのがルネッサンス式といわれる所以である。一方、内部は現在は椅子に改造されているが当初は畳敷きであり、舞台には芝居小屋特有の廻り舞台もあったという。天井の中央部には高田藩主榊原家の家紋があしらわれた木組みが今でもよく残されている。

この高田座の建てられた時期には、明治以降、各地の都市の繁栄にともなって芝居小屋が建てられており、現存のものとしては秋田県鹿角郡小坂町の康楽館（一九一〇年・小坂鉱山の厚生施設）、熊本県山鹿市の八千代座（一九一一年）が知られている。これらはいずれも国指定重要文化財の建築であり、それぞれの困難な時期を経ながらも住民に守られ続け維持整備されている。

高田座は移転してきた陸軍第一三師団の軍関係者や家族のための娯楽施設として建てられたもので、高田市内には旧師団長官舎建物（一九一〇年竣工）が移築されて整備復元されている。この明治から大正にかけての時期は高田の発展にとって重要な時期であり、高田座は高田という都市繁栄の記憶をとどめる重要な建築ということになる。
その後まもなく高田座の建物は新興娯楽である映画のために映画館に改造され、大正五年(一九一六)には常設映画館として「高田館」となり、その後、名前を変えつつも営業を続けてきた。しかし二〇〇七年頃には映画館として立ち行かなくなり、建物も損壊のため取り壊しの話があった。しかし、地域の遺産を残そうという市民や映画ファンによって再生の声があがり、特定非営利活動法人(NPO法人)街なか映画館再生委員会(岸田國昭委員長)により、高田世界館として今でも現役映画館として運営されている。

この高田世界館の高田という都市の歴史を背景とした和洋折衷の室内は、映画館としての快適な椅子と、少し薄暗いながらもなつかしい落ち着いた雰囲気とともに、中世都市研究会上越大会にはじつにふさわしかった。この会場を選び手配していただいたのは、実行委員の福原圭一氏(上越市公文書センター)と前嶋敏氏(新潟県立歴史博物館)である。高田の地元に拠点があるわけではないにもかかわらず、二人という少人数で見事に二日間の大会を運営された。なかでもこの会場を選んだのが最大の功績であったかもしれない。中世都市研究会上越大会のいい思い出をつくっていただいたことにあらためて感謝したい。

執筆者一覧（掲載順）

市村 高男　大阪産業大学

井上 寛司　島根大学名誉教授

小島 道裕　国立歴史民俗博物館

木原　 光　益田市教育委員会

松本 美樹　益田市教育委員会

長澤 和幸　益田市教育委員会

中司 健一　益田市教育委員会

村上　 勇　益田市文化財保護審議会

五味 文彦　横浜市ふるさと歴史財団

高橋 一樹　武蔵大学

水澤 幸一　胎内市教育委員会

田中　 聡　長岡工業高等専門学校

向井 裕知　金沢市役所

和田　 学　七尾市教育委員会

松山 充宏　射水市新湊博物館

田中 暁穂　長野市埋蔵文化財センター

玉井 哲雄　生活史研究所

編　者　中世都市研究会

代　表　五味文彦・小野正敏・玉井哲雄

事務局　髙橋慎一朗

日本海交易《にほんかいこうえき》と都市《とし》

2016年8月20日　第1版第1刷印刷　　2016年8月31日　第1版第1刷発行

著　者　中世都市研究会

発行者　野澤伸平

発行所　株式会社　山川出版社

〒101-0047　東京都千代田区内神田1-13-13

電話　03(3293)8131(営業)　03(3293)1802(編集)

http://www.yamakawa.co.jp/

振替　00120-9-43993

企画・編集　山川図書出版株式会社

印刷所　明和印刷株式会社

製本所　株式会社ブロケード

装　幀　山崎　登

本　文　梅沢　博

　ISBN978-4-634-16003-3 C0021